FLENSBURGER HEFTE

Das Lernen lernen

Zukunftssicherung durch Selbstqualifikation

Aus dem Inhalt

Zu den Steiner-Zitatangaben in den FLENSBURGER HEFTEN: Die GA-Nummern beziehen sich auf die jeweilige Bibliographie-Nummer der Rudolf Steiner Gesamtausgabe im Rudolf Steiner Verlag, Dornach/Schweiz. Danach sind in der Regel das Erscheinungsjahr der benutzten Ausgabe, das Vortragsdatum bzw. Kapitel und die Seitenzahl angegeben, von der Autor-, Titel- und Ortsnennung wird abgesehen. Nach Bibliographie-Nummern geordnet ist die Rudolf Steiner Gesamtausgabe im Katalog des Rudolf Steiner Verlags aufgeführt. Der Katalog ist durch den Buchhandel erhältlich.

Liebe Leserinnen und Leser!

Nach wie vor herrscht in Deutschland ein Ungleichgewicht zwischen den zwei großen Bereichen, aus denen sich unser Bildungssystem zusammensetzt: dem allgemeinbildenden und dem berufsbildenden Bereich. Dieses Ungleichgewicht schlägt sich z.B. in der unterschiedlichen Wertschätzung nieder, die beide Bereiche in den Augen der Öffentlichkeit haben. Nach wie vor gilt der allgemeine Bildungsweg als Königsweg: „Das Beste, was ich meinem Kind mitgeben kann, ist eine gute Ausbildung. Wenn irgend möglich soll es das Abitur machen, dann stehen ihm alle Wege offen." Diesem Motto entsprechend wünschen sich die meisten Eltern heute für ihre Kinder einen möglichst hohen Schulabschluß, immer mehr Schülerinnen und Schüler eines Jahrgangs streben daher die allgemeine Hochschulreife an. Ob jedoch das Abitur tatsächlich die bestmögliche Ausbildung testiert, ist eine Frage, die selten gestellt wird und sich pauschal auch gar nicht beantworten läßt. Denn der Sinn jeder Ausbildung ist es, den Menschen mit dem Wissen und den Fähigkeiten auszustatten, die er braucht, um sein Leben bewältigen zu können. Dazu leistet die Berufsausbildung häufig einen ergiebigeren Beitrag als alle theoretischen Lektionen der gymnasialen Oberstufe.

Das Ungleichgewicht von allgemeiner und beruflicher Bildung spiegelt sich weiterhin in den unterschiedlichen Möglichkeiten wider, eine Hochschulzugangsberechtigung zu erlangen. Ein Studium setzt in aller Regel die im allgemeinbildenden System erworbene Fachhochschulreife oder das Abitur voraus. Eine entsprechende Berechtigung im berufsbildenden Zweig zu erwerben ist nach wie vor nur unter erschwerten Bedingungen möglich.

Ein Schwerpunkt dieses FLENSBURGER HEFTES ist daher die Forderung nach Gleichstellung von allgemeiner und beruflicher Bildung. Ein Weg dahin kann in einer verstärkten Integration beider Bereiche bestehen. Berufliche Bildung sollte in unterschiedlicher Weise in die allgemeine Bildung integriert werden. Auf diese Weise würde schulisches Lernen praxisbezogener werden, und gleichzeitig könnte die Unkenntnis der Schulabgänger hinsichtlich beruflicher Bildungswege und beruflicher Praxis abgebaut werden.

Ein zweites Anliegen, das wir mit diesem FLENSBURGER HEFT verfolgen, ist die notwendige Veränderung des betrieblichen Aus- und Weiterbildungswesens. Vielen Menschen ist der Sinn ihrer Arbeit – insbesondere innerhalb großindustrieller Fertigung – lange schon verloren gegangen. Sie suchen die Erfüllung ihres Lebens daher ausschließlich in ihrer Freizeit, und Arbeit ist nur ein notwendiges Übel zur Sicherung des Lebensunterhalts. Diese Haltung wird häufig durch eine Unternehmensphilosophie unterstützt, die den Mitarbeitern keine Entscheidungsspielräume und Möglichkeiten zur Mitgestaltung eröffnet. Damit wird aber die Kreativität und die Lernbereitschaft der Mitarbeiter erstickt.

Die Arbeitswelt wird dem einzelnen Menschen nur dann eine Perspektive bieten, wenn er einen Sinn mit seiner Arbeit verbinden kann und wenn er Möglichkeiten der Mitgestaltung hat, also seine Kreativität im Rahmen seiner Fähigkeiten entfalten kann. Damit verbunden muß die Bereitschaft sein, stetig hinzuzulernen, sich neue Kenntnisse anzueignen und Fertigkeiten zu entwickeln. Dies ist nicht nur ein Gebot eines sich fortwährend dynamisch wandelnden Marktgeschehens. Ein Merkmal des Menschen ist seine Lernfähigkeit. Diese Lernfähigkeit zu nutzen und wachzuhalten ist ein Weg zur Entwicklung der eigenen Persönlichkeit und damit zur Sinnfindung.

Die Bereitschaft zu stetigem Lernen zu fördern ist ein Gebot der Stunde, auch aus betrieblicher Sicht. Die Entscheidung qualifizierter Mitarbeiterinnen und Mitarbeiter, in einem bestimmten Betrieb zu arbeiten – sofern sie eine Wahlmöglichkeit haben –, wird in Zukunft immer mehr davon abhangen, ob es in diesem Betrieb möglich und erwünscht ist, Eigeninitiative zu entfalten. Die Menschen akzeptieren es immer weniger, ein anonymes Glied in einer langen Kette zu sein, sie möchten sich vielmehr mit all ihren Fähigkeiten und Kenntnissen einbringen, möchten im Rahmen ihrer Fähigkeiten verändernd und gestaltend in den Arbeitsprozeß eingreifen können.

Betriebe, die solche Initiative nicht zulassen, weil sie nach einem Modell autoritärer Hierarchie aufgebaut sind, werden mit solchen Mitarbeitern nicht zurechtkommen, denn sie brauchen gehorchende und ausführende, aber keine mitdenkenden und selbstverantwortlich handelnden Arbeitskräfte. Indem aber von der Betriebsleitung die produktive Phantasie der arbeitenden Menschen nicht gefördert oder sogar unterdrückt wird, verschenkt sie ein immenses geistiges Kapital und damit einen entscheidenden Wettbewerbsvorteil.

Mit diesem FLENSBURGER HEFT wollen wir zeigen, daß allgemeine und berufliche Bildung lediglich zwei Seiten einer ganzheitlichen Bildung sind, denn Wissen muß, wenn es fruchtbar werden will, immer praxisbezogen sein, und jede Praxis muß, will sie wirklich Nutzen bringen, von Erkenntnis durchdrungen sein. Beide Komponenten vereinen sich in dem aus Erkenntnis handelnden Menschen, der sein Leben lang darum bemüht ist, dazuzulernen, um sich und die Welt zu verstehen, um sein Leben zu bewältigen und ihm einen Sinn zu geben.

Es grüßt Sie
Ihre FLENSBURGER HEFTE-Redaktion

Teamarbeit verwandelt die Welt

Interview mit Wilfried Gabriel und Peter Schneider

von Wolfgang Weirauch

Prof. Dr. Peter Schneider, *geb. 1942 in Neidenburg. Beruflicher Werdegang: Lehre als Mechaniker und mehrjährige Berufstätigkeit. Erwerb der Hochschulreife auf dem zweiten Bildungsweg, Studium der Pädagogik, Philosophie, Psychologie und Politikwissenschaft, anschließend M.A., Staatsexamen und Promotion in Pädagogik an der Universität Stuttgart. 1975–1983 Fachlehrer an der Hiberniaschule und Leiter eines Modellversuchs der Bund-Länder-Kommission für Bildungsplanung und Forschungsförderung (BLK). 1981 Habilitation an der Universität Dortmund und Privatdozent. Seit 1983 Professor für Erziehungswissenschaft und Berufspädagogik/Weiterbildung an der Universität-Gesamthochschule Paderborn. Aufgabenschwerpunkte im Fachgebiet: Integration beruflicher und allgemeiner Bildung, berufspädagogisch ori-*

entierte Personal- und Organisationsentwicklung und alternative pädagogische Konzepte mit dem Schwerpunkt Rudolf Steiner-Pädagogik. Wissenschaftliche Leitung verschiedener Modellversuche zur beruflichen Bildung.
Veröffentlichungen: „Die Hiberniaschule" (mit G. Rist), Reinbek ^{3}1982, Berlin 1990; „Einführung in die Waldorfpädagogik", Stuttgart ^{3}1987; „Praktisches Lernen in der Hibernia-Pädagogik" (Hg. mit F. Edding und C. Matern), Stuttgart 1985; „Berufliche Bildung im lernenden Unternehmen" (Hg. mit P. Meyer-Dohm), Stuttgart 1991; „Leitfaden 'Kontinuierliche und kooperative Selbstqualifikation und Selbstorganisation (KoKoSS)'" (Hg.), Paderborn 1993; „Lernen und Arbeiten im Team. Praxisfibel kooperative Berufsausbildung" (mit R. Selbach), Berlin 1994.

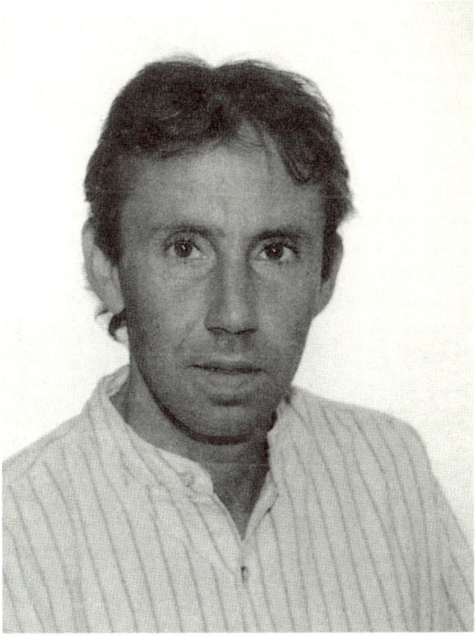

Dr. Wilfried Gabriel, *geb. 1955 in Hagen. Studium der Mathematik, Physik, Pädagogik und Philosophie an der Ruhr-Universität Bochum und der Universität Dortmund. 1986–1994 wissenschaftlicher Mitarbeiter an der Universität-GH Paderborn. Wissenschaftliche Begleitung von Modellversuchen in der beruflichen Bildung. Promotion in den Erziehungswissenschaften. Praktische Tätigkeit als Berater und Trainer in der Personalqualifizierung und Organisationsentwicklung. Seit 1994 Unternehmensberater: Gründung der Firma TriAlog, Gesellschaft für Personalentwicklung und Organisationsgestaltung.*

Das letzte Jahrzehnt dieses Jahrtausends trägt die Signatur einer rasanten Entwicklung auf den meisten Gebieten des Lebens, so auch in der Arbeits- und Berufswelt. Der europäische Markt konstituiert sich zunehmend, durch den Zusammenbruch des Ostblocks ergeben sich neue Märkte im Osten, und die sich ständig weiterentwickelnde globale Technisierung der Arbeitswelt bringt eine radikale Neuorientierung der Berufe und der Arbeitsorganisation mit sich. Die Unternehmen müssen sich mit erhöhter Flexibilität auf den Markt und die individuellen Wünsche ihrer Kunden einstellen.

Das erfordert neue Organisationsformen und die grundsätzliche Überlegung, worin man investieren will: in die technische Ausstattung eines Betriebes oder in die Weiterbildung der Mitarbeiterinnen und Mitarbeiter. Will man menschenleere Fabriken, hierarchische Arbeits- und Befehlsstrukturen und die Kontrolle sämtlicher Arbeitsvorgänge, oder setzt man auf die innovative, kreative Kraft einzelner Individualitäten, die in neuen Arbeitsstrukturen ihr schöpferisches Potential innerhalb eines gleichberechtigt arbeitenden Teams in den Arbeitsprozeß einbringen?

Die vielseitigen neuen Anforderungen der Arbeitswelt erfordern ein ebenso radikales Umdenken im schulischen und berufsbildenden Bereich. Da die Schule auf das Leben vorbereiten soll, ist ein neues Denken angesagt. Nur das, was in der Schule innerlich vorgelebt wird, kann dem Leben vermittelt werden und zu einer gewünschten Veränderung der Arbeitswelt, z.B. der Einführung von Teamarbeit in den Betrieben, beitragen. Aber dazu muß man sich Fähigkeiten erwerben, die schon in der Schule erübt werden können: alles, was zur Selbstverwaltung einer Organisation gehört, was zur Dynamisierung von Organisationsstrukturen und Arbeitsprozessen beiträgt, die Übernahme von Verantwortung durch den einzelnen, eine selbständig in die Hand genommene Weiterbildung und vor allem das Arbeiten im Team.

Aufgrund seiner fast zehnjährigen Erfahrung als Waldorflehrer an der Hiberniaschule in Herne hat Peter Schneider zusammen mit Wilfried Gabriel und anderen Kollegen das sogenannte KoKoSS-Modell (Kontinuierliche und Kooperative Selbstqualifikation und Selbstorganisation) in Teamarbeit entwickelt. Dieses Modell gibt einen Leitfaden zur Personal- und Organisationsentwicklung in der Berufsausbildung und verbindet die Förderung des Individuums mit fachlicher Qualifizierung und kooperativen Formen der Arbeitsorganisation. Kurz gesagt: Es ist ein Modell, wie Teamarbeit in einem Betrieb – z.B. im Ausbildungsbereich – eingeführt werden kann.

Die beiden grundlegenden Leitideen von KoKoSS sind die *Selbstqualifikation* und die *Selbstorganisation.* Selbstqualifikation heißt, daß die Mitarbeiterinnen und Mitarbeiter lernen, sich eigenständig weiterzubilden, daß sie dieses zu Erlernende selbständig planen, durchführen und kontrollieren, daß sie im Wechselbezug mit der Praxis Erfahrungen sammeln und im Rahmen eines Teams den gesamten Lernablauf kooperativ koordinieren. Und Selbstorganisation bedeutet, daß ein Team nicht von außen gesteuert wird, sondern sich durch eigene Entscheidungsfähigkeit – vor allem durch eine Konferenz – selbst organisiert.

Diese beiden Elemente – Selbstqualifikation und Selbstorganisation – sind seit Begründung der Waldorfschule im Jahre 1919 Bestandteil dieser Schulform: Sie ist keine behördlich gesteuerte Schule, sondern eine selbstverwaltete. Zwar wird diese Selbstverwaltung oftmals mehr oder weniger dilettantisch gehandhabt, aber die wöchentliche Donnerstagskonferenz ist so gesehen ein Modell für KoKoSS geworden, denn auch dort gibt es einen Weiterbildungs- bzw. Selbstqualifikationsteil – die inhaltliche Arbeit – mit Gespräch, geistiger Vertiefung und im Idealfall einer geistigen Kommunion sowie einen Selbstorganisationsteil, in dem der gesamte Ablauf einer Schule geplant, organisiert, kontrolliert und ausgewertet wird.

Wenn man sich mit dem KoKoSS-Leitfaden beschäftigt, erkennt man, welchen Schatz die Waldorfschule mit dieser Donnerstagskonferenz besitzt, aber man bekommt auch den Eindruck, daß das den meisten Insidern nicht genügend bewußt wird. Zum einen für die Außenwirkung: Diese Selbstqualifikation und Selbstorganisation, wie sie auf den wöchentlichen Konferenzen stattfinden, könnten – wie KoKoSS – als Modell nach außen getragen werden, man müßte die eigenen Erfahrungen rüberbringen, sich an staatlichen Förderprogrammen und Modellversuchen beteiligen, sich in das hineindenken, was in anderen Schulformen sowie in den Berufsschulen und den Betrieben gedacht und gewollt wird, und nicht nur Tagungen abhalten.

Zum anderen für die Innenwirkung: Den Prozeß, der auf einer gelungenen Konferenz stattfinden kann, nennt Rudolf Steiner umgekehrten Kultus. Gemeint ist damit, daß sich Menschen aus völliger Freiheit zusammenfinden und mit ihren seelisch-geistigen Befähigungen in ein Erkenntnisgespräch eintreten. Wenn dabei gewisse Regeln bedacht werden – z.B. das Interesse für die Individualität des anderen, das Zurückhalten persönlichster Emotionen, Sympathien und Antipathien, eine gelungene Gesprächstechnik, das ringende Bemühen um einen geistigen Erkenntnisgegenstand u.v.m. –, bilden alle Gesprächs- bzw. Konferenzteilnehmer ein geistiges Gefäß, in dem sich ein höheres Geistiges, ein geistiges Wesen, wie in einer geistigen Kommunion mit den individuellen Menschen verbinden kann. Das mag abenteuerlich klingen, aber wer sensibel genug ist, wird diese Qualität, diesen Gesprächsumschwung, diese dichte Geistsubstanz bemerken, wenn er aktiv in einem derartig gelungenen Gespräch – zwischen zwei Menschen oder einer Gruppe – anwesend ist.

Teamarbeit verwandelt die Welt! Teamarbeit ist geeignet, eine gestörte Arbeitsorganisation – jede ungesunde Arbeitsteilung bzw. -zersplitterung, Fließbandarbeit, hierarchische Befehlsstrukturen usw. – wieder zu heilen. Das geht aber nur durch den integralen Bestandteil der Weiterbildung, denn das ist der geistige Bereich, in dem einzig eine Gemeinsamkeit aller zusammen Arbeitenden geschaffen werden kann, die ansonsten ihrer getrennten Arbeit nachgehen. Aber Teamarbeit birgt auch Gefahren für den einzelnen, das soll nicht verschwiegen werden: Wer sich nicht in ein Team einordnen kann oder will, z.B. jemand, der gerade in persönlichen Problemen befangen ist, kann von der Gruppe gnadenlos vorgeführt werden.

Deshalb ist es wichtig, daß man bei Einführung der Teamarbeit alle Mitarbeiterinnen und Mitarbeiter für die Sache und den Sinn begeistert und motiviert und daß alle Gruppenprozesse beständig wach begleitet werden. Im nachstehenden Interview mit Wilfried Gabriel und Peter Schneider sprechen wir ausführlich über alle hier angeschnittenen Zusammenhänge der Teamarbeit.

Neue Anforderungen an die Unternehmen

Wolfgang Weirauch: Unsere Gesellschaft wandelt sich immer rasanter, so daß an das Individuum wie auch an jedes Unternehmen entscheidende, sich ständig wandelnde Anforderungen gestellt werden. Mit welchen Schwierigkeiten muß ein Unternehmen in diesem Jahrzehnt – nach Öffnung der Märkte im Osten und in bezug auf den europäischen Zusammenschluß – kämpfen?

Peter Schneider: Vor allem werden an die Qualität der Produkte und Dienstleistungen ganz neue Anforderungen gestellt, denn der Abnehmer ist als Kunde entdeckt worden. Das bedeutet für das Unternehmen, daß es sich stärker als früher auf die Interessen und Wünsche der Kunden einstellen muß. In diesem Zusammenhang sind Fragen aufgekommen, wie die Qualität gesichert werden könne. Das alte Verfahren – auf der einen Seite ein Produktionsprozeß, auf der anderen Seite davon unabhängig ein Qualitätsprüfungsprozeß – hat sich als nicht konkurrenzfähig erwiesen. Hier hat man von den Japanern gelernt: Qualität wird nicht geprüft, Qualität wird erzeugt. Das bedeutet für das Unternehmen, daß im Produktionsprozeß, in der Art und Weise, wie Menschen zusammenwirken, viel mehr für die Qualität des Produktes und für die Kundennähe verlangt wird, als das früher der Fall war. Deswegen benötigt man in einem Unternehmen heutzutage eine viel größere Flexibilität, um die sich wandelnden Bedürfnisse auch entsprechend befriedigen zu können. Kundenorientierung bedeutet zusätzlich auch eine viel stärkere Globalisierung, denn fast alle führenden Unternehmen sind heute weltweit tätig; sei es, daß sie ihre Produktion verlagern, oder sei es, daß sie auf den Märkten präsent sind. Deswegen ist auch eine größere Offenheit für andere Menschen und andere Kulturen erforderlich.

Wenn man diese Gesichtspunkte sowie die neuen Technologien zusammennimmt, dann kommt auf die Organisation die Anforderung zu, eine immer größere Komplexität der Technik und des Marktes zu bewältigen. Das aber kann ein einzelner nicht mehr leisten, sondern es muß aus einer Gruppe bzw. einem Team – einer auf die Arbeit bezogenen Gruppe – erfolgen.

Berufskompetenz

W.W.: Inwieweit ist diese von Ihnen eben geschilderte Entwicklung gleichzeitig auch eine Herausforderung für die berufliche Bildung?

P. Schneider: Insoweit als berufliche Bildung die Qualifikationen zur Verfügung stellen soll, die der Betrieb braucht. Sicher sehen wir als Pädagogen auf der einen Seite den Selbstverwirklichungsanspruch des Individuums, aber bei der beruflichen Bildung geht es um die Professionalität der Berufstätigen, es geht darum, die Bedürfnisse des Kunden so qualifiziert wie möglich zu befriedigen. Das wäre die soziale, altruistische Definition von Beruf.

Infolgedessen muß sich die Berufsbildung an dem orientieren, was die Betriebe brauchen. Und da die Entwicklung sehr dynamisch und offen ist, heißt das, ein Konzept der Qualifizierung zu entwickeln, das genauso dynamisch ist und Lernkompetenz, also das Lernen des Lernens, veranlagt. Diese Lernkompetenz ist deswegen so wichtig, weil wir nicht wissen, welche Produkte z.B. in fünf Jahren nachgefragt werden, und deswegen auch nicht wissen, welche Qualifikationen zu ihrer Herstellung gebraucht werden. Wir können deshalb nur eine gewisse Grundausstattung für die einzelnen beruflichen Felder, wie z.B. Metall oder Elektro, vermitteln.

Das Entscheidende, was zukünftig veranlagt werden sollte, ist die Fähigkeit des beruflich Tätigen, sich auf diese Anforderungen spezialisieren zu können, und zwar aus eigener Einsicht. Das nennen wir im Kern Berufskompetenz, weil hier das Individuum die Verantwortung für seine fachliche Qualifikation, für seine sozialen Fähigkeiten und die Verantwortung für sich selber übernimmt. Es geht weiter darum, sowohl im Gruppenprozeß, also sozial zu lernen, wie auch das eigene Können beständig zu verbessern. Der Auszubildende muß also Fachkompetenz, Sozialkompetenz und Individualkompetenz erwerben.

Der strategische Wettbewerbsvorteil liegt in der Qualifikation der Mitarbeiter

W.W.: Wird es von den Betrieben mittlerweile allgemein erkannt, daß ihre Wettbewerbsfähigkeit entscheidend von der Qualifikation ihrer Mitarbeiterinnen und Mitarbeiter abhängt?

P. Schneider: Das ist meines Erachtens *die* Erkenntnis der letzten zehn bis fünfzehn Jahre. Man weiß, daß die technische Innovation zwar wichtig ist, daß aber der strategische Wettbewerbsvorteil in der Qualifikation der Mitarbeiter liegt. Ich kann ein Beispiel aus der Automobilindustrie geben, wo wir selber einen größeren Modellversuch durchgeführt haben. Die technische Ausstattung der führenden Automobilunternehmen rund um den Globus ist in etwa vergleichbar. Wenn die Japaner aber ein Auto etwa um ein Drittel kostengünstiger herstellen, dann kann das nicht an der Technik liegen, also an der Ausstattung der Fabriken, sondern es muß an der Arbeitsorganisation bzw. an der Qualifikation und Motivation der Mitarbeiter liegen. Die Ökonomen bezeichnen nüchtern die Mitarbeiter als das Humankapital eines Unternehmens. Die Investition in die Qualifizierung der Mitarbeiter, in das Humankapital, ist heute eigentlich der Punkt, an dem der internationale Wettbewerb ausgetragen wird.

Wilfried Gabriel: Wobei es aber vor allem auf die Motivation ankommt. Motivation kommt von movere = in Bewegung bringen. Die Mitarbeiter sollen also bewegt werden, sich selber in Bewegung zu bringen. Sie sollen dahin gebracht werden, das Lernen selber zu lernen, auf dem aktuellen Stand zu bleiben und vorausschauen zu können, wie die aktuellen Trends sein werden, um sich dann entsprechend ins Spiel zu bringen. Im statistischen Mittel wechselt heute jeder Facharbeiter ein- bis zweimal seinen Arbeitsplatz. Das bedeutet, daß das Bildungswesen bzw. die Berufsausbildung nur für einen Einstiegsberuf in das Arbeitsleben qualifizieren kann. Die Verantwortung für das eigene Berufsleben muß also zunehmend von den Mitarbeiterinnen und Mitarbeitern eines Unternehmens selbst übernommen werden, und das ist auch eine Anforderung an die berufliche Bildung und Weiterbildung.

P. Schneider: Wir nennen das Selbstqualifikation. Früher hat man Vorratslernen fremdqualifizierend angeordnet, mit dem Ergebnis, daß man immer zu spät kam. Bis man alle Vorschriften umgesetzt hatte, waren der Markt und die Technik schon viel weiter. Dieses administrative Von-oben-Planen-und-Anordnen hing immer hinterher. Wenn man aber aktuell mit der Entwicklung gehen will, dann wissen diejenigen am besten, was sie benötigen, die aktuell mit der Technik und den Anforderungen des Marktes konfrontiert werden. Deswegen müßten die Mitarbeiter so ausgebildet werden, daß sie sich selbst qualifizieren und sich die Mittel, Programme und Beratungspotentiale dazu selbst besorgen können. Mittelfristig könnten Personal- oder Organisationsentwicklung als eigenständige Abteilungen überflüssig werden, wenn die Mitarbeiter so geschult sind, daß sie ihren Bedarf an Beratung und Unterstützung selbst definieren, ihn auf dem Markt selbst einkaufen und auch überprüfen.

W.W.: Ein Problem der deutschen Unternehmen lag immer in diesem schon angesprochenen Führungsstil und im sogenannten deutschen Gehorsam. Die Mitarbeiter wurden als unselbständige Befehlsempfänger angesehen, so daß sie keine kreativen, innovativen Fähigkeiten entwickeln bzw. freisetzen konnten. Verlieren die Mitarbeiter eines Unternehmens, das noch auf diese alte Weise geführt wird, nicht jegliche Arbeitsmotivation, wenn ihnen alles Mitdenken und jegliche Entscheidungen abgenommen werden? Richtet sich ihre schöpferische Kraft statt dessen nicht ausschließlich auf die Freizeitgestaltung und andere betriebsfremde Gebiete?

W. Gabriel: Selbstverständlich. Deswegen funktioniert diese Selbstqualifikation nur – das ist ein Ergebnis unserer Modellversuche –, wenn die Mitarbeiter auch die entsprechenden Entscheidungskompetenzen erhalten. An dieser Stelle wird es natürlich spannend, weil es strukturelle Veränderungen in einem Unternehmen erfordert.

P. Schneider: Letztendlich ist es auch eine Frage des Menschenbildes. Wenn man davon überzeugt ist, daß in dem arbeitenden Menschen die meisten Fähigkeiten vorhanden sind und er „nur“ die Unterstützung und Schulung braucht, um sie freisetzen zu können, dann wird man Entwicklungen in Gang setzen, die das auch von der Organisation, den Bildungsprogrammen her ermöglichen. Wir haben oft die irrsinnige Situation, daß Mitarbeiter, die auf der einen Seite ihr eigenes Haus planen und zum Teil sogar selbst bauen, also persönlich über Investitionen von mehreren 100.000 DM entscheiden, auf der anderen Seite in ihrem Betrieb gerade einmal entscheiden dürfen, ob sie einen roten oder einen blauen Schraubenzieher nehmen. Das ist eine Vergeudung von Humankapital.

Die polaren Wege Japans und Europas

W.W.: Inwiefern unterscheidet sich der europäische Weg der Qualitätssicherung von dem japanischen?

P. Schneider: Der japanische Weg ist nicht von seinem kulturellen Hintergrund ablösbar. Er geht von der Tradition einer sozialen Großgruppe aus, in der es verbindliche Regeln und Normen gibt, so daß sich der einzelne aus der Tiefe dieser Gruppenbeziehung heraus versteht und sein Arbeiten entsprechend einordnet. Diese Mentalität ist auf die japanischen Firmen und Großunternehmungen übertragen worden, die quasi für den einzelnen seine soziale Heimat bzw. seine Großgruppe darstellen. Von daher rührt eine große Bindung und Treue zu den einzelnen Firmen, obwohl das, von unserem Standpunkt aus gesehen, keine sehr günstigen Arbeitsstrukturen und Einkommensbedingungen sind.

In Europa haben wir ein ganz anderes Verständnis von Mensch und Arbeit, nämlich ein Individualitätsprinzip. Politisch drückt sich das z.B. ganz klar in unserem Grundgesetz aus, das ins Zentrum der staatlichen Ordnung den mündigen Einzelmenschen stellt. Der einzelne muß heute von sich aus seine eigene Gruppe finden und ist gehalten, eigene Beziehungen aufzubauen. Entweder wird er durch Organisation fremdbestimmt dort hingeführt, oder er lenkt sich selber durch Selbstmotivation bzw. setzt sich durch Sinnstiftung seine Aufgaben und schließt sich einer Arbeitsgruppe an, ordnet sich in das Team ein.

In Europa hat man das zu lange über den tayloristischen Weg versucht, indem man die Arbeit so organisiert hat, daß der einzelne faktisch in eine Art Gruppenzwang hineingebracht wurde. Aber dadurch, daß die tayloristisch organisierte Arbeit abnimmt, taucht zunehmend die Frage auf, wie sich der einzelne zur Arbeit motiviert, welche Sinngebung er selbst finden kann. Wenn man Qualitätsmaßstäbe – vor allem die Qualitätskontrolle, auch an die eigene Arbeitszeit – immer stärker auf den einzelnen verlagert, weil es viel zu aufwendig ist, es von außen nachzuprüfen, dann taucht die Frage auf, wie sich das autonome Individuum abendländischer Entwicklung so zur Arbeit motivieren kann, daß es aus freiem Entschluß das schafft, was im asiatischen Raum noch sehr viel stärker durch die Gruppe gesichert ist.

W. Gabriel: Allerdings gibt es zwischen Ost und West noch eine merkwürdige Polarisierung bzw. Umkehrung: Die Japaner haben das stark gruppenbezogene Lernen und Arbeiten, während ihr Bildungsweg relativ individualistisch ist. In der Regel bleibt eine japanische Fachkraft in dem Unternehmen, in dem sie ausgebildet wurde. Das Unternehmen wird als eine Großfamilie empfunden, die für den einzelnen sorgt und in der der einzelne seine Position findet und Aufgaben übernimmt. Das Lernen aus praktischer Erfahrung, das innerhalb des japanischen Bildungssystems höher bewertet wird als im Westen, ist Garant dafür, daß man dann später innerhalb der Hierarchie eines Unternehmens aufsteigen kann. – Wir im Westen dagegen haben uns, obwohl wir diesen individualistischen Ansatz haben, durch ein Bildungssystem blockiert, das auf Gleichwertigkeit und Verallgemeinerung aufgebaut ist. Unser System ist sehr theoriebezogen, also kopflastig, und setzt auf Zertifikate und objektiv scheinende Bewertungssysteme. Wir können also von den Japanern lernen, wenn wir mehr auf individuelle Fähigkeiten, denn auf subjektlose Standards sehen würden. Bildungswege müßten viel stärker biographisch orientiert verlaufen können.

Menschenleere Fabrikhallen oder die Technik als Diener des Menschen

W.W.: Grundlegend unterscheiden Sie den technikzentrierten, tayloristischen Weg von dem qualifikationsorientierten Weg der Arbeitsgestaltung. Wodurch unterscheiden sich beide? Welche Probleme bringt der technikzentrierte Weg mit sich, welche Vorteile hat der qualifikationsorientierte?

P. Schneider: Der technikorientierte Weg durch computergeführte Planung, Fertigung, Logistik etc. rückt den Menschen ziemlich an den Rand. Er ist eigentlich überflüssig. Die menschenleere Fabrik ist Ausdruck dieser Utopie. – Bei dem qualifikationsorientierten Weg fragt man sich, wie man die Technik zum Diener des Menschen machen kann. Dazu muß sich der Mensch so qualifizieren, daß er mit der Technik intelligent umgehen kann. Das würde z.B. bedeuten, daß die Großsysteme der Technik so zerlegt werden, daß immer wieder Menschen eingeschaltet sind und die Übersicht behalten. Hierfür steht die sogenannte Insellösung, bei der relativ autonome Teams von sieben bis zwölf Mitgliedern sozusagen als Subunternehmer Aufträge eigenverantwortlich durchführen.

Diese Insellösung bzw. der qualifikationsorientierte Weg hat Vorteile, nicht nur von der Wirtschaftlichkeit her – die großtechnischen Lösungen sind im Grunde sehr unwirtschaftlich, denn sobald ein Fehler auftaucht, steht das ganze System still –, sondern genauso wichtig ist es, wie sich der Mensch in seinem Verhältnis zur Arbeit versteht und motiviert. Es ist also wichtig, Mensch, Arbeit und Technik eng zusammenzubringen, um die Technik im Arbeitsprozeß zu disziplinieren und zu humanisieren.

W. Gabriel: Was hier gestaltet wird, ist auch eine Frage des Menschenbildes. Wenn man den tayloristischen Systemansatz hat, dann ist man im Grunde davon überzeugt, daß der Mensch ein austauschbares Teilchen einer Maschine sein könnte, und man möchte im Sinne des Taylorismus eine Fabrik völlig durchdeklinieren und strukturieren. Der Mensch wird lediglich als Bediener der Maschinen gesehen, aber nicht als individuelles Subjekt.

Aber an dieser Stelle hat sich in bezug auf die Humanisierung der Arbeit eine ganze Menge getan. Es wird zunehmend erkannt, daß nicht nur die kognitiven und praktischen Fähigkeiten, sondern auch die emotionale und soziale Seite des

Menschen ein wichtiger Faktor im Arbeitsprozeß ist. Auf der anderen Seite hat die Technik aber auch den Menschen gezwungen, darüber nachzudenken, was er selber eigentlich ist. Forschungen aus der künstlichen Intelligenz zeigen deutlich, daß es eine ganze Reihe von Fähigkeiten, auch kognitiven Fähigkeiten des Menschen gibt, die man von ihm ablösen kann, doch sind dies Routinetätigkeiten, die der Mensch selbst halbautomatisch vollzieht. Aber der Bereich der Selbständigkeit, der z.B. schnelle Entscheidungen fordert, also seine geistige Seite, ist nicht ablösbar. In diesem Bereich ist der Mensch ökonomischer als bei der Verwirklichung des tayloristischen Ansatzes.

Konsequenzen für das Bildungswesen

W.W.: Durch die zunehmende Technisierung ergeben sich auch Konsequenzen für das Bildungswesen. Hier gibt es zwei Leitideen, die zur Neuorientierung der Berufe bzw. zum gesellschaftlichen Wandel beitragen sollen: der neue Qualifikationsbegriff und das Stufenkonzept. Bitte erklären Sie, was man unter diesen beiden Begriffen zu verstehen hat.

P. Schneider: Unter *der neuen beruflichen Qualifikation* ist seit 1987 zu verstehen, daß man selbständig eine Aufgabe planen kann, daß man sie selbständig durchführt und daß man selbständig auswertet, d.h. überprüft, inwieweit das Ergebnis plangetreu umgesetzt worden ist. Das ist heute der Kern beruflicher Qualifikation! In offensiver berufspädagogischer Interpretation könnte man von einem Handeln aus Erkenntnis sprechen. Qualifikation ist handlungsorientiert, weil es nicht mehr um isolierte Fertigkeiten oder Kenntnisse geht, sondern darum, Praxis und Theorie zusammenzubringen.

Die zweite Leitidee ist das *Stufenkonzept,* das aus der Erfahrung der Dynamisierung der Berufswelt resultiert. Weil die Qualifikationen, die am Arbeitsplatz gebraucht werden, einem sehr schnellen Verfall und Wechsel unterliegen, hat man sich gefragt, wie man die Berufstätigen auf Berufe hin ausbilden kann, die man noch gar nicht kennt. Deshalb vermittelt man durch dieses Stufenkonzept integriert mit den berufsfachlichen Inhalten – also z.B. Zeichnung lesen, Fräsen, Schleifen etc. – die Fähigkeit, sich immer neu auf die sich verändernden Bedingungen am Arbeitsplatz einstellen zu können. Das wird mit dem Begriff der Spezialisierungsfähigkeit zusammengefaßt. Diese Spezialisierungsfähigkeit wird durch ein berufliches Stufenkonzept erworben, das die Stufe einer breiten Basisausbildung, eine Stufe der fachlichen und eine dritte Stufe der arbeitsplatzbezogenen Qualifikation umfaßt. Die Ausbildung dauert in der Regel dreieinhalb Jahre.

W.W.: Welche Konsequenzen ergeben sich für das Bildungswesen und das Individuum aus der Verwirklichung dieser beiden Leitideen?

P. Schneider: Daß das Individuum lernen muß, Denken und Handeln in seiner jeweiligen Qualität zu kennen, um sie dann miteinander verbinden zu können. Man kann den Beruf verstehen als aus Erkenntnis handeln bzw. das Handeln zum Ausgangspunkt von Erkenntnissen nehmen. Man hat durch den Beruf und für den Beruf das Lernen gelernt. Wir sprechen deshalb auch von beruflicher Erstausbildung, von einem Startberuf in die lebenslange (berufliche) Weiterbildung.

Am Vorbild lernt der Jugendliche!

W.W.: Bei dieser Neuordnung der Berufe kommt den Berufspädagogen eine entscheidende Rolle zu. Ist ihre Kompetenz die Nahtstelle, ohne die die Leitideen für die Neuordnung der Berufe nicht verwirklicht werden können?

P. Schneider: Ja, das ist die entscheidende Einsicht unserer Modellversuche. Kompetenz wird nicht durch Vorschriften, nicht durch Leittexte oder Bücher vermittelt, sondern ist an das Vorbild von Berufspädagogen gebunden, die sie am Arbeitsplatz vorleben. Am Vorbild lernt der Jugendliche! Deswegen unser Leitspruch: Die Berufsausbildung ist nur so gut wie die Berufspädagogen. Natürlich muß die Fachqualifikation, das fachliche Können vorhanden sein; das ist unbestritten. Von gleicher Bedeutung aber – und das ist das Neue – ist die innere Einstellung, die persönliche Verantwortlichkeit für eine berufliche Aufgabe. Das hat sich heute als mindestens gleichwertig daneben geschoben. Aber erst die Verbindung von fachlichem Können und Führung durch die Person begründet Kompetenz!

W. Gabriel: Hinzu kommt, daß sich die Berufsbiographie des Auszubildenden heute anders gestaltet. Denn das Stufenkonzept beinhaltet eine Zurücknahme der hochspezialisierten Berufe zugunsten von Einstiegsberufen in die Arbeitswelt. Dahinter verbirgt sich die Einsicht, daß man der fortschreitenden Spezialisierung der Arbeitstätigkeiten nicht mit einer Spezialisierung der Berufsbilder beikommen kann. Auch hier ist der Ausbilder als Vorbild gefordert. Er muß die Berufsgeschichte z.B. so vermitteln können, daß die Jugendlichen sich selber motivieren lernen, ihre kreativen Fähigkeiten in den Arbeitsprozeß einzubringen, und damit in die Lage versetzt werden, ihre Berufsbiographie selbst gestalten zu können.

Durch Selbstqualifikation zur Fach-, Individual- und Sozialkompetenz

W.W.: Sie formulieren als eine Schlüsselidee, daß Qualifikationen als Kompetenz vermittelt werden müßten. Auch wenn es schon mehrfach angeklungen ist: Was ist unter dieser *Selbstqualifikation* zu verstehen?

P. Schneider: Qualifikation kommt von Qualis facere = für einen vorgegebenen Standard befähigt sein. Dieser Standard ist als Beruf vorgegeben. Der Deutsche Bildungsrat hat dann den Begriff der Kompetenz eingeführt und formuliert, daß zu der Qualifikation die Verantwortlichkeit des Individuums hinzutritt, und zwar sowohl für den Prozeß der Qualifikation – also wie der Auszubildende die Qualifikation erwirbt – als auch für den Einsatz dieser Qualifikation im Beruf. Das würde z.B. bedeuten, daß jemand, der in einer Werbeagentur tätig ist, hochqualifiziert sein kann. Aber erst, wenn er sich auch ethischen Fragen stellt, z.B. bei einer Werbung für Zigaretten oder Alkohol, wäre das Ausdruck eines kompetenten Umgangs mit seinen eigenen Qualifikationen.

Personale Kompetenz, z.B. als Zivilcourage, ist in der deutschen Bildungsgeschichte niemals so sehr ausgeprägt gewesen. Bekanntermaßen war die Frage, wie man seine Qualifikationen einsetzt, sehr stark von oben geregelt, nach dem Motto Befehl und Gehorsam. Aber durch den Kompetenzbegriff ist die Verantwortung stärker an das Individuum verlagert worden. Insoweit gibt es den Weg von der Qualifikation zur Kompetenz. Kompetenz umfaßt im weitesten Sinne des Wortes sowohl die Zuständigkeit und Verantwortung für seine eigene individuelle Weiterentwicklung *(Individualkompetenz)* – traditionell Bildung genannt –, ferner die Zuständigkeit und Verantwortung für sich als soziales Wesen *(Sozialkompetenz)* – im Umgang mit anderen Menschen und zur Lösung von Arbeit im Team – und schließlich die Zuständigkeit und Verantwortung für die fachlichen Qualifikationen, also das, was die Profession eines Berufes ausmacht *(Fachkompetenz).*

W.W.: Gilt diese Selbstqualifikation und das von Ihnen aufgestellte dreiteilige Kompetenzmodell nur für die Berufsbildung oder auch für die Schulpädagogik?

P. Schneider: Meines Erachtens ist es identisch übertragbar. Der Lehrer z.B. ist dann fachkompetent, wenn er für seine fachlich-didaktische Qualifikation zuständig und verantwortlich ist. Dasselbe trifft für seine soziale Kompetenz zu, also die Fähigkeit, mit seinen Kollegen zusammenzuarbeiten, Unterricht gemeinsam zu organisieren oder Elternarbeit zu initiieren. Das dritte wäre seine Individualkompetenz: Wie weit bildet er seine ganz individuellen Anlagen, Fähigkeiten, Interessen und Neigungen aus? Wie entdeckt er sie? Inwieweit bringt er sie

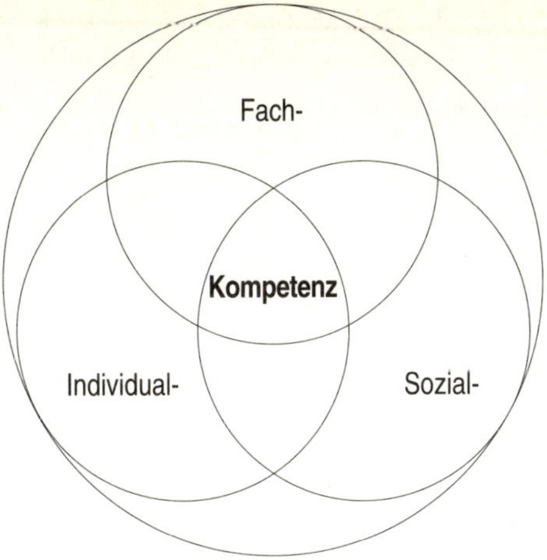

Ganzheitliches Kompetenzmodell

dann in den Kreislauf der fachlichen Kompetenzen seines Berufes oder der Gesellschaft ein?

W. Gabriel: Um es provokativ zu formulieren: Eigentlich hätte die Idee der Selbstqualifikation aus der Schule kommen müssen!

Die Arbeit autonom gestalten

W.W.: Für diese Selbstqualifikation braucht man bestimmte Organisationsformen. Was ist mit der *Selbstorganisation* gemeint?

W. Gabriel: Unter Selbstorganisation verstehen wir, wie einzelne Individuen ihre Arbeit innerhalb einer Gruppe selbst gestalten. Eine sich selbst organisierende Gruppe wird dabei als ein offenes System gesehen, das nach außen in einem lebendigen Austausch mit seiner Umgebung steht und innen einen autonomen Kern besitzt. Es kann und darf nicht allein durch äußere Umstände determiniert werden, sondern es kann spontan aus eigenem Vermögen agieren. Es ist also im Rahmen eines konkreten Aufgabenbereiches frei und dadurch lernfähig.

Das Selbst einer sich selbst organisierenden Gruppe meint dementsprechend deren geistige Seite: Es sind in unserem Fall die Individualitäten der Gruppe und dasjenige, was sich aus ihren Einsichten und Entschlüssen ergibt. Wenn eine Gruppe oder ein einzelner im Auftrag der Gruppe handelt, dann handelt er im Prinzip allein aus den gemeinsamen Erkenntnissen der Gruppe bzw. des Teams heraus. Das schließt natürlich klar definierte Aufgaben- und Verantwortungsbereiche im Rahmen eines Unternehmens ein. Wenn wir also von einem sich selbst organisierenden Team sprechen, meinen wir etwas, was auf die freie Individualität setzt, im Gegensatz zu einer japanischen Arbeitsgruppe, die stark von außen und innen reglementiert wird.

Damit die Selbstorganisation funktioniert, sind allerdings gewisse Bedingungen nötig. Bezogen auf die Bildungsarbeit und als ein Ergebnis unserer Modellversuche kann man beispielsweise sagen, daß Selbstqualifikation und Selbstorganisation etwa so zusammengehören wie Inhalt und Form. Wenn ein Team von Berufspädagogen ihre Arbeit – die Qualifikation von Jugendlichen – selbst organisiert, dann müssen sie ihre Weiterbildung selbst strukturieren und in die Hand nehmen. Sie müssen füreinander und bezogen auf die Arbeit lernen und ihre eigenen Erfahrungen mit den Jugendlichen in den Teamprozeß einbringen. Die Selbstqualifikation muß so eng und konkret wie möglich auf ihre praktische Arbeit mit den Jugendlichen ausgerichtet sein.

Weiter gehört dazu, daß die Entscheidungen dort getroffen werden müssen, wo sie ausgeführt werden sollen. Das heißt also, daß man die Gruppe, die um die Jugendlichen herum organisiert wird, mit bestimmten Entscheidungskompetenzen ausstatten muß. Eine weitere Grundbedingung ist, daß man den organisatorischen Ablauf, der innerhalb einer Gruppe besteht, festlegen muß. Es muß eine deutliche Schnittstelle zwischen der Hierarchie und der Ebene, mit der man arbeitet, geben. Ebenso muß es einen Ort geben, an dem sich das Team als eigene Einheit konstituieren kann. Das ist die Teamkonferenz.

P. Schneider: Selbstqualifikation legt den Schwerpunkt auf den Menschen, als Individuum und als Team. Selbstorganisation bedeutet, daß die Organisation der Arbeit so flexibel ist, daß sie sich – mit der Professionalität und Kreativität des Teams – von „innen“ und prozeßbegleitend steuern und gestalten lassen.

Die Gruppe als lernendes System

W.W.: Damit die Berufspädagogen die Kompetenz, die Fähigkeit zur Vermittlung von Qualifikationen erwerben, müssen sie sich zuerst fortbilden. Dazu werden die Berufspädagogen nach Ihrem KoKoSS-Modell als Gruppe zusammengebracht, so daß sie zu einem *lernenden System* werden. Was ist genau darunter zu verstehen?

W. Gabriel: Wenn man dieses lernende System unter dem Begriff Selbstorganisation faßt, ist das zunächst ein verbindliches Ensemble verschiedener Techniken, mit denen die Gruppe arbeitet, konkreten Verabredungen, mit denen man die Arbeit bestimmt, und Kommunikationsstrukturen, nach denen man arbeitet. Eine derartige Gruppe macht es sich zur Aufgabe, das eigene Lernen ständig selber zu organisieren. Wichtig ist, daß die Beteiligten klar definierte Kompetenzen haben, ihre eigenen Erfahrungen besprechen können und ihre eigene gemeinsame Sprache finden. Von außen bekommen sie zwar Anregungen, etwa über externe Weiterbildungsmaßnahmen, aber alles Wichtige wird von innen heraus beschlossen. Aufgaben und Anregungen von außen werden gemeinsam durchgeplant, durchgeführt, bewertet und kontrolliert. Die Auswertungen werden dann individueller Bestandteil dieser Gruppe, dieses Teams, z.B. in Form von Materialien und Protokollen. Dieses Team wird innerhalb eines größeren Unternehmens zu einer eigenständigen Einheit, die wiederum mit anderen Einheiten kommuniziert.

P. Schneider: Man spricht heute vom lernenden System. Das ist aus der Biologie, zum Teil auch aus der Kybernetik abgeleitet, und man überträgt das auch auf lernende Organisationen. Im Grunde ist mir das nie klargeworden, denn ich glaube nicht, daß eine Organisation lernen kann. Lernen können immer nur die Menschen, die in einer Organisation tätig sind. Das Entscheidende scheint mir deswegen, daß man um die Menschen herum ein Regelwerk hat, wonach man die Einsichten und Erkenntnisse, die hier gewonnen werden, unmittelbar umsetzen kann. Wenn ich lernende Organisation höre, muß ich immer überlegen, wer denn da eigentlich lernt, und bei allen Selbstkonzepten, wie etwa dem unsrigen mit der Selbstqualifikation und der Selbstorganisation, ist der Kern des lernenden Systems der Lernende selbst, also das Ich desjenigen, der hier tätig ist.

W. Gabriel: Trotzdem glaube ich, daß es Strukturen gibt, die sich über die Individuen hinweg verselbständigen. Natürlich sollten sie unter der Kontrolle der Individuen sein. Aber es gibt ja Phänomene, daß z.B. Kommunikationsstrukturen sich verselbständigen. Man spricht z.B. ein bestimmtes Wort, eine Redewendung, und plotzlich sprechen es alle, ohne daß man es bewußt reflektiert hat. Oder es gibt bestimmte Verhaltensweisen, die sich plötzlich in einer Gruppe durchsetzen, ohne daß man eigentlich genau weiß, warum.

P. Schneider: Das ist eine alte Diskussion. Letztendlich ist ein klassisches Beispiel der Hegelsche Weltgeist, der sich im Bewußtsein der ihn denkenden Individuen spiegelt und damit erkennt. Nur – ich kenne diesen Weltgeist nicht! Ich kenne auch niemanden, der mir erklärt hätte, daß er das Denken dieses Weltgeistes beobachtet hätte. An dieser Stelle kenne ich nur die „Bühne" meines individuellen Bewußtseins, mit dem ich reflektieren kann. Natürlich kann ich auch damit den modischen Flächenbrand eines Wortes reflektieren. Denken Sie z.B. an das Wort Lean: Lean-Konzepte, Lean-Organisation, es leant ja überall rund um den Globus! Aber trotzdem muß das einzelne Individuum diesen Begriff in seinem Bewußtsein realisieren oder darüber nachdenken. Ich möchte deshalb dagegen halten: Lernende Organisation ist immer an ein lernendes Bewußtsein gebunden. Sonst müßte man den Lernbegriff anders definieren. Ich würde Lernen an individuelle Bewußtseinsprozesse binden, die sich nur im individuellen Bewußtsein – introperspektiv – beobachten lassen.

W. Gabriel: Die aber trotzdem von außen als Gruppenphänomene wahrgenommen werden können. Der Mensch ist ein Doppelwesen und hat auch einen nichtbewußten Teil. Zwar lernt man individuell, trotzdem können sich gewisse Bereiche des Menschen verselbständigen. Man hat Automatismen, die man nicht ständig bewußt reflektieren kann. Über diesen Weg bildet sich dann z.B. ein gewisses Gruppenklima.

W.W.: Sie haben doch beide recht: Das eine ist der individuelle Lernprozeß eines denkenden und erkennenden Menschen, das andere ist eine Art sich bildende dumpfe wabernde Gruppenstimmung, die das Individuum nicht bewußt durchschaut und von der es sich hinreißen lassen kann. Ich kenne beides.

P. Schneider: Diese dumpfe Gruppenhaftigkeit kann sehr gefährlich sein. Es können ungebetene Geister kommen, die das somnambule Bewußtsein einer solchen Gruppe benutzen. Es wäre also hier kritisch zu prüfen, in welchem „Namen" diese Gruppe versammelt ist.

Im FLENSBURGER HEFT „Partnerschaft und Ehe" (Sonderheft Nr.1), und zwar in dem Interview, das Sie mit Wolfgang Gädeke geführt haben, wird auf die Gruppengeister hingewiesen (vgl. S.112 ff.). Anzustreben seien nur freilassende Gruppengeister, die durch aktive, intuierende Geistesarbeit herbeigebeten werden können. Gefährlich sind demnach die Geister, sind die Einfälle, die von allein kommen, die sich von selbst assoziieren.

Das Nadelöhr des modernen Gruppenbewußtseins ist der Erkenntnis-Individualismus, das des zeitgemäßen Gruppenhandelns ist der ethische Individualismus!

W. Gabriel: Das wäre dann die Aufgabe eines lernenden Systems.

W.W.: Zurück zu den Berufspädagogen: Sie erfüllen im Grunde also einen doppelten Auftrag. Auf der einen Seite qualifizieren sich die Berufspädagogen selbst, auf der anderen Seite dienen sie als Multiplikatoren zur Weitergabe des Erlernten, zur Qualifizierung der Auszubildenden.

P. Schneider: Sie geben ihre Fähigkeiten an die Auszubildenden weiter. Sie schaffen ihre eigene Organisationsstruktur und verändern damit sichtbar die Ausbildung. Sie verändern damit in kleinen Schritten die ganze Welt.

Die Arbeit im Team wird von allen gewollt

W.W.: Das Kernstück ihres Modells ist mit Sicherheit die *Arbeit im Team.* Wir werden darauf noch ausführlich zu sprechen kommen, aber können Sie bereits an dieser Stelle die grundlegenden Vorzüge der Arbeit im Team darstellen?

P. Schneider: Dahinter steht die Erwartung, daß der einzelne in der Tiefe seiner Fähigkeiten und der Breite seiner Möglichkeiten durch das Team gesteigert bzw. multipliziert wird. Es ist also nicht die Addition, sondern die Multiplikation. Eine Vielzahl von empirischen Untersuchungen und Erfahrungen belegen, daß diese Multiplikation eintritt, sofern die entsprechenden Bedingungen für eine solche Teamarbeit gegeben sind. Teamarbeit setzt voraus, daß es ein Zusammenschluß von Gleichen ist, daß alle für die Aufgabe, um die es geht, gleiche Rechte und Pflichten haben. Die Teammitglieder können natürlich aufgrund dieser gleichen Rechte und Pflichten eine funktionale Hierarchie bestimmen, die z.B. im Rotationssystem bestimmte Funktionen besetzt, aber zunächst einmal ist die Gleichwertigkeit aller Beteiligten Voraussetzung. Die Beteiligten müssen das auch innerlich akzeptieren.

Auch in der Teamarbeit gibt es einen bestimmten Ritus, z.B. sollte nach einer festgelegten Zeit eine Reflexion stattfinden. Man wertet dann die Arbeit aus, plant gemeinsam und aktualisiert die Verantwortung für das, was man übernommen hat. Man erfährt genau seine Grenzen und Zuständigkeiten. Das ist ganz wichtig, denn daran scheitern viele Teams. Wenn dieser Punkt ungeklärt ist, werden einzelne Teammitglieder dort zur Verantwortung gezogen, wo sie nicht verantwortlich sind.

Zusätzlich muß das umgebende Organisationsfeld auf die Teams eingestellt sein. Innerhalb der Teams muß Transparenz herrschen, also Entscheidungen müssen für alle nachvollziehbar sein. In dem Sinne müssen sich alle bei den relevanten Fragen äußern können, damit der einzelne den Eindruck bekommen kann, daß die Arbeit auch von ihm abhängt. Wenn er seinen Teil nicht leistet, wird es für alle bemerkbar.

W. Gabriel: Der Unterschied zu einer Arbeitsgruppe, die von oben her eingerichtet wird, besteht darin – und das ist ein ganz wichtiges Element –, daß der einzelne das Team wirklich will und sich darin sozial integrieren kann.

P. Schneider: Der Hauptunterschied ist, daß die Arbeitsgruppe von außen definiert wird und daß sie nach Regeln abläuft, die notfalls von außen kommen, während das Team eine klare Innensteuerung hat. Mit dem Mittel der Konferenz haben wir ein Instrument geschaffen, mit dem sich das Team selber steuern kann. Die Konferenz ist das Bewußtseinsorgan des Teams.

W. Gabriel: Jeder einzelne eines Teams muß alle anderen wollen, d.h. daß er auch den Konflikt wollen muß. Teamarbeit funktioniert nur, wenn man sich als Individuum einbringt, und das bedeutet auch Konflikte bzw. Auseinandersetzungen, mit denen man umgehen können muß. Deswegen braucht man Verfahrensweisen, die einen sachbezogenen Prozeß ermöglichen. Das ist etwas anderes, als wenn man sich zurückzieht und nur auf seinen Tellerrand sieht und nur seinen eigenen Part spielen möchte.

P. Schneider: So gesehen herrscht in einem Team ein höheres Bewußtsein als bei einem einzelnen Menschen. Deswegen können auch eher Konflikte eintreten. Wenn man ein Team als eine Art Großmenschen betrachten will, gehört es zum eigenen Selbst, daß einen andere auf eigene Fehler aufmerksam machen, z.B. daß man laut Protokoll etwas übernommen hat, was man dann aber vergessen hat.

W. Gabriel: Wobei ich mir die ketzerische Frage nicht verkneifen kann, worin der Unterschied zwischen Hegels Weltgeist und Schneiders Teamgeist besteht? *(allgemeines Gelächter)*

P. Schneider: Sie haben das Entscheidende überhört, ich habe mit Gänsefüßchen gesprochen. Aber ich bin mir der Problematik des gemeinsamen Bewußtseins sehr wohl bewußt.

Die historischen Wurzeln der Trennung von allgemeiner und beruflicher Bildung

W.W.: Wie ist die Trennung von allgemeiner und beruflicher Bildung historisch zu erklären?

P. Schneider: Das ist wirklich ein negatives Urphänomen. Diese Trennung hat eine 2.1/2tausendjährige Tradition, und gegen die kämpfen wir an, wenn wir das Getrennte wieder zusammenbringen wollen. Das Konzept unserer Schule ist vor 2.1/2tausend Jahren entstanden, und zwar im antiken Griechenland. Die damaligen Sophisten haben einen Lehrkanon entwickelt, aus dem sich die Septem artes liberales entwickelten, die sieben freien Künste. Die Septem artes liberales sind der Kern des gymnasialen Lehrplanes, des humanistischen Gymnasiums. Man geht davon aus, daß Bildung an diesen Lehrkanon gebunden ist und daß die anderen, die sich nicht über diese sieben Künste bilden können, sondern mit der Hand arbeiten, Handwerker sind, griechisch = Banausos, also die Banausen. Diese Zweiteilung hat sich bis zu der Zeit durchgeschleppt, in der die allgemeine Schulpflicht Thema wurde.

Man hat sich dann nach Modellen allgemeiner Menschenbildung umgesehen, also nach der Bildung des Menschen zum Menschen, bevor er für einen be-

Strukturelle Darstellung des deutschen Bildungssystems

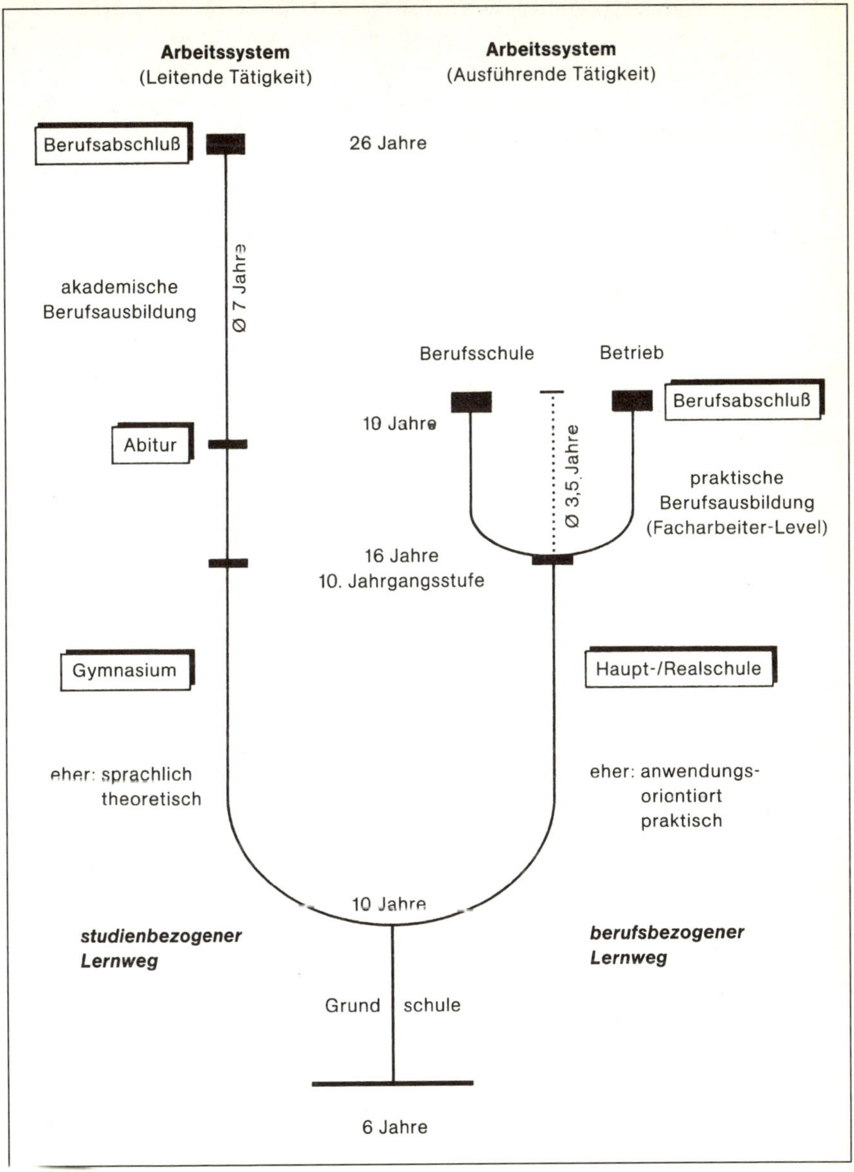

Aus: Meyer-Dohm, Peter/Schneider, Peter (Hg.): Bildung im lernenden Unternehmen. Neue Wege zur beruflichen Qualifizierung. Stuttgart 1991

stimmten Zweck spezialisiert wird. Die Tragik war, daß man sich rückwärts gewandt an diesem antiken Bildungsgriff orientiert und damit festgeschrieben hat, daß Bildung etwas ist, was vorzugsweise im Kopf, durch Sprache und Literatur geschieht, und daß der andere Teil des Menschen, der, der arbeitet und über das Be-Greifen lernt, nicht zum Bildungsprozeß dazugehört. Denn in der antiken Sklavenhaltergesellschaft gab es für körperliche Arbeit Sklaven.

Historisch kann man nun genau nachzeichnen, wie der gymnasiale Schultyp Privilegien bekommen hat. Ich denke dabei z.B. an das Abitur mit dem Privileg der Studienberechtigung. So haben wir einen Königsweg der Bildung, der die Sprachen und die intellektuelle Bildung favorisiert. Nebenher lebt die arbeitende Bevölkerung, die lange Zeit von Weiterbildung ausgeschlossen worden ist. In den 50er Jahren hat man dann den sogenannten zweiten Bildungsweg ausgebaut. Für *einzelne* Begabte sollte ein Studium ermöglicht werden, ohne dieses pädagogische Unrechtssystem als Ganzes in Frage zu stellen.

Statt dieser Flickschusterei sollte man den berufsbezogenen Lernweg so weiterentwickeln, daß er eine echte Alternative zu dem gymnasialen Lernweg sein kann. Es ist gesellschaftlich kaum durchsetzbar, weil diejenigen Menschen, die über Bildung entscheiden, in der Regel den ersten Bildungsweg durchlaufen und ein Verständnis von Bildung verinnerlicht haben, das letztendlich am gymnasialen Kanon orientiert ist.

W.W.: Das bekannte lateinische Sprichwort besagt, daß wir nicht für die Schule, sondern für das Leben lernen. Das heißt, daß die Schule zu einem großen Teil auch Vorbereitung auf den Beruf sein sollte. Wie sähe eine ideale Pädagogik aus, durch die das von Ihnen entwickelte Kompetenzmodell – Fach-, Sozial-, Individualkompetenz – bereits übend erworben werden könnte?

P. Schneider: In den ersten acht Schuljahren könnte man sich an dem Waldorfschullehrplan orientieren. Im Vordergrund steht die individuelle Entfaltung des Kindes vor dem Hintergrund der gattungsmäßigen, phylogenetischen Entwicklungsgesetze, z.B. der Jahrsiebte usw. Mit der Pubertät entwickelt sich nun aber ein außerordentliches Interesse des Jugendlichen an der Welt, und er möchte sie kennenlernen, er möchte sich in ihr bewähren. Das will der Jugendliche nicht mehr im behüteten Gehäuse der Schule, sondern er will die Realsituation erleben. Deswegen müßte Schule nach der Pubertät ganz anders organisiert werden. Sie müßte sich gegenüber der Welt öffnen. Natürlich muß das stufenweise geschehen:

So hätte man in der 9. und 10. Klasse einen ersten Schritt durch vertiefte Praktika, durch *Arbeit* in außerschulischen Einrichtungen. Die Zeit der 9. und 10. Klasse kann man demzufolge als eine Brücke zwischen Schule und Berufsbildung bezeichnen. Danach sollte eine exemplarische Berufsorientierung angeboten werden, eine Übersicht über das, was heute in der Berufswelt wichtig ist. Der Jugendliche kann sich nun einen exemplarischen Schwerpunkt setzen: z.B. verwaltende Berufe, produzierende Berufe, heilende Berufe. Ich könnte mir also vorstellen, daß er danach einerseits seine individuellen Interessen weiter vertieft, andererseits in Richtung einer beruflichen Tätigkeit eine ernstzunehmende Berufskompetenz erworben hätte.

Berufliche Erstausbildung als Oberstufe eines praktischen Bildungsweges

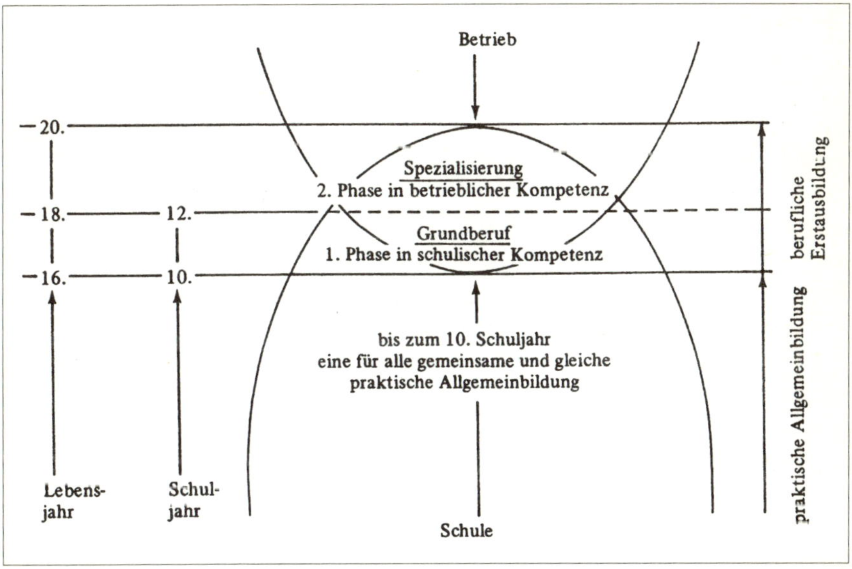

Aus: Schneider, Peter/Fintelmann, Klaus J.: Die Rudolf Steiner-Schulen. Menschenbildung auf der Grundlage der Anthroposophie. In: Röhrs, Hermann: Die Schulen der Reformpädagogik heute. Düsseldorf 1986

Die Waldorfschule – nur eine Alternative zum herkömmlichen Gymnasium?

W.W.: Ist dann die Waldorfpädagogik durch ihre ganzheitliche Erziehung per se die ideale Vorbereitung des Schülers auf die von Ihnen geforderte Neustrukturierung des Arbeitslebens? Kann die 2.1/2tausendjährige Trennung der beiden Bildungswege überwunden, kann dieser von Ihnen angesprochene Doppelauftrag durch die Waldorfpädagogik erfüllt werden, wenn man sie – speziell in den höheren Klassen – noch weiterentwickelt?

P. Schneider: Die Oberstufe der Waldorfschule könnte man eher als eine Alternative zum Gymnasium bezeichnen. Dies haben Klaus Fintelmann und ich schon vor Jahren in einem Aufsatz aufgezeigt und nachgewiesen, daß der „historische Kompromiß Waldorfschule" schon sehr früh verbürgerlichte – sehr zum Leidwesen des Schulgründers.

Durch die enorme quantitative Ausweitung der Waldorfschulen fehlt heute sowohl die innere Kraft wie die äußere Notwendigkeit zu einer radikalen Neubesinnung. Es gibt auch einen erheblichen Konformitätsdruck gegenüber abweichenden Wegen. Das könnte man am Beispiel der Hiberniaschule sehr genau aufzeigen.

W.W.: Was fehlt also in der Waldorfpädagogik?

P. Schneider: Es wird viel zu viel Frontalunterricht durchgeführt. In der Oberstufe dominiert auch ein zu starkes klassenlehrerorientiertes Lehrerbild. Der Waldorflehrer ist nicht dafür ausgebildet, sich als Berater im Hintergrund zu halten und sich selbstorganisierende Lernprozesse zuzulassen. Er ist dazu auch geistig nicht vorbereitet, weil er im Grunde genommen noch ein fast patriarchalisches Verständnis von Führung des jungen Menschen hat. Jedenfalls ist die „Verschulung" in der Oberstufe ein großes Problem. Das Motto für die Waldorfschule – „Erziehung zur Freiheit" – müßte für die Oberstufe modifiziert werden: Erziehung in Freiheit! – Provokativ formuliert steht der „Paradigmenwechsel" an vom Hohepriester der Pädagogik zum sokratischen Helfer und Berater.

W.W.: Wie kann man die Teamarbeit in der Waldorfschule einführen und üben?

P. Schneider: Teamarbeit beginnt im Kopf des Lehrers, sie erfordert moralische Phantasie. Es ist also zunächst eine geistige Frage. Man könnte hier von einer „Umkehr des pädagogischen Kultus" sprechen. Voraussetzung ist eine stabile Lehrergruppe, in der die Idee und Technik der Gruppenarbeit erforscht und praktiziert wird. Denn sie ist mit den Formen von Schule, wie wir sie kennen, sehr schwer zu realisieren. Schon von der räumlichen Ausstattung her bräuchte man zusätzlich Räume, um in kleinen Gruppen arbeiten zu können. Man könnte eine projektorientierte Pädagogik initiieren, Schüler sollten sich um ein Projekt herum als Team organisieren. Wichtig wäre auch die Öffnung nach außen, um Aufgaben und Projekte in die Schule hereinzuholen bzw. die Schüler entsprechend an geeignete Firmen vermitteln zu können. Es würde auch bedeuten, daß die Lehrer viel stärker in der Fähigkeit der Moderation, der Begleitung von Lern- und Sozialprozessen geschult werden müßten.

W. Gabriel: Man müßte viel stärker aus der Schule herausgehen, so daß man um eine Schule herum viele Verbindungen, ein ganzes Netzwerk von Lernorten bekommt, in denen die Schüler in einem fluktuierenden Austausch lernen können, was in der Schule wiederum reflektiert und gesteigert werden müßte.

Die Bildungskonferenz als Gelenkstelle zwischen Schule und Arbeit

P. Schneider: Um ein Beispiel zu sagen: Ich glaube, daß die Bildungskonferenz, die der Flensburger Waldorflehrer Peter Brodersen (*siehe den Artikel über die Markus-Stiftung in diesem* FLENSBURGER HEFT; Red.) organisiert hat und die seit zweieinhalb Jahren läuft, ein sehr guter Weg ist.

Bildungskonferenz bedeutet, daß sich an der Bildung der Jugendlichen interessierte Menschen zusammensetzen. Das sind z.B. Vertreter von Unternehmen, Vertreter vom Arbeitsamt und den Berufsschulen, die sich in einer Konferenz organisieren und überlegen, wie sie den Bildungsprozeß der Jugendlichen unterstützen können. Das kann ganz konkret ein mehrwöchiges Praktikum in einem Betrieb oder in einer Sozialstation sein. Insofern ist diese Bildungskonferenz genau die Gelenkstelle zwischen der Schule und der sie umgebenden gesellschaftlichen und arbeitsmäßigen Realität. Das ist ein sehr effizientes Instrument, weil hier die Fachleute zusammensitzen, und das sind nicht nur Lehrer, sondern Menschen, die aus der Arbeitswelt kommen. Es ist auch ein ökonomisches Instrument, weil die professionell ausgestatteten Lernorte vorhanden sind und weil die Schule an der Fachkompetenz des Personals partizipieren kann.

Auf der anderen Seite kommt den Betrieben auch zugute, daß sie mit den Schülerinnen und Schülern Kunden, Interessenten und potentielle Mitarbeiter kennenlernen. Durch sie kommt frisches Blut in die Firmen hinein. Es gibt viele Menschen, die großes Interesse an diesen fragenden und den frischen Wind hereinbringenden jungen Menschen haben. Das wäre also eine gegenseitige Befruchtung.

In der Bildungskonferenz muß das aber sehr gründlich und kompetent vorbereitet, begleitet und ausgewertet werden, sonst entarten diese Praktika in den bekannten oberflächlichen Betriebstourismus.

Der vergessene Auftrag der Waldorfschulen

W.W.: Trotzdem scheint mir dieses Modell des Brückenschlages von der Oberstufenpädagogik der Waldorfschulen zur Arbeitswelt nicht genügend gewollt zu werden, zumindest gibt es nur wenige Ansätze. Hängt es mit dem überkommenen Lehrplan der Waldorfschulen zusammen, daß die Schüler nicht genügend auf die gesamte Breite der Arbeitswelt, auf das gesamte Berufsangebot vorbereitet werden, oder woran liegt es, daß die Waldorfschüler meist in künstlerische oder soziale Berufe wechseln?

P. Schneider: Dafür gibt es ein Bündel von Gründen. Ein wichtiger Grund ist der, daß es leichter ist, Schule als ein abgeschottetes System zu organisieren. Man ist dann unter sich und kann die Probleme sozusagen in einem Binnenraum regeln. Viel schwieriger ist es, Vertreter von außen miteinzubeziehen. Das beginnt schon mit der Terminabstimmung. Natürlich denken die Außenstehenden auch anders. – Zum zweiten haben die meisten Lehrer Schule selbst so erlebt, wie sie sie dann durchführen. Waldorflehrer machen hier in den meisten Fällen leider auch keine Ausnahme. – Das dritte ist die bereits erwähnte Bildungstradition, die in der Gesellschaft tief verwurzelt ist. Hierbei spielen auch die Eltern eine große Rolle, denn in der Waldorfschule haben sie ein gewichtiges Wort mitzureden. Diese Eltern haben auch ein bestimmtes Verständnis von Bildung und Abschlüssen. Dabei wird die praktisch-berufliche Arbeit mit Blick auf den Schulabschluß, das Studium und die kommende Karriere oft kritisch hinterfragt.

Zusammenfassend: Wenn ein Kollegium nicht die Intuition hat, Arbeit als das entscheidende Feld menschlicher Bildung zu erkennen oder mindestens zu verstehen, wird es auch nicht die moralische Kraft zu einer pädagogischen Erneuerung haben. Es wirkt dann weiter das süße Gift des Waldorf-Studienrats.

W. Gabriel: Hier stellt sich die Frage nach der Geschichte der Waldorfschule, ob an dieser Stelle nicht ein vergessener Auftrag liegt.

W.W.: Was muß im Lehrplan und in der Unterrichtspraxis der Waldorfschulen verändert werden, damit von ihnen gesellschaftverändernde Impulse ausgehen? An welcher Stelle muß man umdenken?

P. Schneider: Der vergessene Auftrag, auf den Herr Gabriel hingewiesen hat, ist der, daß die erste Waldorfschule eine Schule für die Kinder derjenigen Eltern war, die selbst einen abgebrochenen Bildungsprozeß hinter sich hatten. Soziologisch gesehen ist inzwischen die Waldorfschule zu einer Eliteschule geworden, denn gerade die Kinder mit erziehungsschwachen Eltern, die es eigentlich besonders nötig hätten, finden Sie kaum an der Waldorfschule. Vielmehr findet über diejenigen Eltern eine Selektion statt, die so erziehungsstark sind, daß sie im Sinne der Waldorfschule mitarbeiten können und von daher die Aufnahmekriterien erfüllen.

Man darf die Waldorfschule aber auch nicht von einer gesamtgesellschaftlichen Sicht ablösen. Zwar haben sich die Waldorfschulen quantitativ erweitert, und 1 % aller Schüler besuchen eine Waldorfschule, aber das staatliche Schulsystem als solches hat von dieser Expansion eigentlich wenig gehabt. Es gibt sogar Kritiker, die behaupten, daß die Waldorfschulen gruppenegoistisch und kontraproduktiv wirkten, weil sie dem staatlichen Schulsystem die aktiven und interessierten Eltern entzögen.

Wilfried Gabriel hat in seiner Dissertation hier auf die Gefahren einer Subkultur mit Nischencharakter hingewiesen.

W. Gabriel: Die Frage ist, was sich ändern sollte. Zunächst muß sich auch etwas im Bewußtsein der Waldorfpädagogen und der Eltern ändern. Wenn man sich z.B. die öffentlichen Tagungen an den Waldorfschulen anschaut, dann bemerkt man, daß sich die Waldorflehrer vielfach als Therapeuten verstehen. Man konstatiert allgemein unsere beschädigte Kultur und ist bemüht, Kinder, die es ja wert seien, zu therapieren, zu heilen. Auf der einen Seite ist das natürlich völlig richtig, andererseits besteht nach wie vor der vergessene Auftrag, der letztendlich auch ein politischer ist. Diesen politischen Auftrag, der auf eine flächendeckende Erneuerung unserer Kultur zielt, klammert man aber meist aus, aber gerade den müßte man ergreifen oder zumindest darüber reflektieren, was er eigentlich bedeutet. Es ist noch längst nicht deutlich genug bewußt, wie sehr die Liste unserer gegenwärtigen Probleme – die Umweltbelastung, Ausländerfeindlichkeit, Arbeitslosigkeit, wirtschaftliche Probleme etc. – mit unserem Bildungssystem zusammenhängt.

Erfolg nur durch Selektion

Zum zweiten sollte man sich bewußt werden, daß die Waldorfschule genau das gleiche wie das öffentliche Bildungssystem tut: Es wird selektiert. Das öffentliche Bildungssystem selektiert die Kinder nach Kopf und Hand, die Waldorfschule selektiert nach Eltern. Wenn man aber diese Selektion nicht durchführen will, müßte man die Pädagogik anders greifen. Hat die Waldorfschule nicht auch deswegen einen so großen Erfolg, weil man auswählen bzw. selektieren kann? Man kann diejenigen Kinder auswählen, deren Eltern weitgehend mitarbeiten können und die deshalb gar nicht so problematisch wie eine Vielzahl anderer Kinder sind.

W.W.: Ein Prüfstein, der sich teilweise auch schon abzeichnet, könnte in dem Moment eintreten, in dem bei den Waldorfschulen nicht mehr die Möglichkeit der Selektion vorhanden sein wird, weil nicht mehr genügend Eltern ihre Kinder von sich aus auf eine Waldorfschule schicken.

W. Gabriel: Das könnte man so sehen.

Den Freiraum gesellschaftsverändernd nutzen

P. Schneider: Das verweist auf eine Aufgabe. Ich erwähnte schon die Bildungskonferenz in Flensburg: Das ist auch der Versuch, das gesellschaftliche und geistige Ghetto aufzubrechen. Die Frage ist, ob das nicht eine Richtung ist, die auch andere Schulen aufgreifen könnten. Jede Schule könnte um sich herum so ein Klima der Aufklärung und des Dialoges entwickeln. Die Waldorfschule könnte eine gesellschaftliche Leuchtturmfunktion innehaben, und wenn das 180 Waldorfschulen gleichermaßen entwickeln würden, so hätte das schon eine ziemliche Ausstrahlungskraft.

W.W.: Ist das auch ein Teil des vergessenen Auftrags, von dem Sie vorhin sprachen?

W. Gabriel: Ja. Aber auch die Schlüsselprobleme, die man in unserer Gesellschaft hat, müßten stärker von den Waldorfschulen aufgenommen werden. Meist fahren die Waldorfschulen doch ihren eigenen traditionellen Kurs, während andere Schulen heute erheblich mehr experimentieren, indem sie z.B. Projekte mit anderen kulturellen Gruppen durchführen und Ausländerprobleme aufgreifen. Warum greift man nicht diverse Umweltprojekte auf? Natürlich gibt es das vereinzelt auch an Waldorfschulen, aber es müßte in sehr viel stärkerem Maße geschehen und gebündelt werden. Man müßte viel stärker nach außen gehen, sich in die Zeit hineinstellen und Schlüssel-Lernorte aufsuchen.

Ein anderer Punkt ist die Ausbildung der Waldorfpädagogen. Im Grunde ist das auch – wenn auch mit anderen Inhalten – eine verbesserte Kopie dessen, was z.B. hier an der Universität läuft. Natürlich bekommt man eine anthroposophische Pädagogik, man engagiert sich stark im Künstlerischen u.v.m., aber von der gesamten Konzeption her ist das nicht viel anders als die Septem artes liberales, von denen wir vorhin sprachen.

P. Schneider: Noch etwas kommt hinzu: Es ist unbestritten, daß die Waldorfschulen sich durch ihre Form der Selbstverwaltung ein gehöriges Maß an Arbeit aufgebürdet haben. Das gehört aber zu den Betriebsbedingungen einer freien Schule. Um so wichtiger scheint mir der Blick auf die Arbeitsorganisation selbst zu sein, also z.B. Arbeit in Gruppen und Konferenzen. Hier sollte die Waldorfschule qualitative Standards setzen, an denen sich andere orientieren können. Denn die Selbstorganisation wird ein „Dauerbrenner“ des nächsten Jahrzehnts sein.

Eine Schule kann man auch betriebswirtschaftlich betrachten mit der Frage, wie mit den Ressourcen, mit der Zeit der dort Tätigen umgegangen wird. Ich habe es einmal für mich durchgerechnet. Im Durchschnitt kostet die Selbstverwaltung einer Waldorfschule, die pro Woche eine vierstündige Konferenz durchführt, die Schule 240.000 DM.

W.W.: Allein die Konferenz, also die Arbeitszeit mit den Teilnehmern multipliziert?

P. Schneider: Ja. Ich habe 30 Lehrer à 4 Stunden gerechnet = 120 Stunden, multipliziert mit 40 Wochen pro Jahr, dann ergeben sich 4.800 Arbeitsstunden. Wenn man das durch die reale Jahresarbeitszeit eines Lehrers teilt, kommt man ungefähr auf drei Lehrerstellen. Eine Stelle kostet heute mit Arbeitgeberanteil, selbst bei den bescheidenen Waldorflehrergehältern, runde 80.000 DM.

W.W.: Wobei die Konferenzen meist die doppelte Zeit in Anspruch nehmen, also haben wir schon den Betrag von einer runden halben Million.

P. Schneider: Richtig, ich wollte eher am unteren Ende bleiben. Aber das heißt, daß hier ein Einsparpotential liegt.

Die Erschließung bildungswirksamer Arbeitsplätze

W.W.: Das heißt, daß Ihr KoKoSS-Konzept für die meisten Waldorfschulen dringend notwendig wäre. – Können Sie ein konkretes Modell einer Verknüpfung von Schule und Arbeitswelt – wie z.B. in der Hiberniaschule – darstellen? Was schwebt Ihnen als Ideal vor, damit die Kluft zwischen Schule und Beruf überwunden werden kann?

P. Schneider: Die Hiberniaschule in Herne ist der Oldtimer auf diesem Gebiet und am weitesten in der Fragestellung vorgedrungen, inwieweit sich Beruf und Schule miteinander verbinden lassen. Sie ist ein Unikat geblieben, weil die Komplexität der gesellschaftlichen Verhältnisse so ist, daß man im Sinne einer vollen Doppelqualifikation, wie es an der Hiberniaschule möglich ist, dieses Modell nicht vervielfältigen kann. Insofern ist die Hiberniaschule eher eine Forschungsstelle, an der man die Verbindung dieser beiden Systeme, Arbeitswelt und Schule, untersuchen kann.

Man sollte Wege gehen, die über ein Konferenzmodell, wie es in Flensburg entwickelt wird, verfügen. Die Lernorte in den Betrieben und der Lernort Schule können dann über die regelmäßigen Konferenzen der Beteiligten didaktisch koordiniert werden, so daß sich Schule sozusagen in die Umgebung hinein ausweitet bzw. die Umgebung in die Schule hineinwirkt, z.B. indem die Vertreter der Firmen an den Konferenzen der Schule teilnehmen, andererseits die Lehrer auch in die Betriebe hineingehen.

W. Gabriel: Ein Beispiel, wo sich solche Ansätze abzeichnen, ist die Waldorfschule in Schloß Hamborn, wo man in der Berufsförderung im Kleinklassenbe-

Praktischer Bildungsgang der Hiberniaschule

Jahr-gangs-stufe (Klasse)	Gesellen-(Facharbeiter-)Prüfung + Fachoberschulreife		Kunst. Theoretischer Unterricht
12 11	*Fachstufe* Berufliche Fachbildung in einem anerkannten Ausbildungsberuf	z.B. Maschinenbauer Möbeltischler Elektroinstallateur Damenschneider Kinderpfleger	
10 9	*Grundberufliche Bildung*	*Soz. Päd.:* Hauswirtschaft (9) Spielwerken (9 + 10) Spielpflege (10) *Textil:* Handarbeit (9) Spinnen und Weben (10) *Elektro:* Elektropraktikum (9 + 10) *Metall:* Schmieden (9 + 10) Schlossern (2 x 9) (2 x 10) Maschinenpraktikum (9 + 10) Kupfertreiben (9 + 10) *Holz:* Schreinern (9* + 10)	
8 7	*Allgemeine Arbeitslehre* (Handwerkliche und technische Elementarbildung)	Hauswirtschaft Kupfertreiben Holzwerken/Schreinern Forstepoche Korbflechten Gartenbau Handarbeit	
6 5 4 3 2 1	*Unterstufe*	Schnitzen Sachkunde Plastizieren mit Wachs/Ton Handarbeit Spielen	
	K i n d e r g a r t e n		

* Jahrgangsstufe

Aus: Rist, Georg/Schneider, Peter: Die Hiberniaschule. Reinbek [3]1982, Berlin 1990 reich versucht, entsprechende Wege zu gehen. Zu der dortigen Rudolf Steiner-Werkgemeinschaft gehören viele Produktionsbetriebe und Einrichtungen, z.B. ein landwirtschaftlicher Betrieb, eine Tischlerei, eine Käserei, ein grüner Laden und verschiedene andere Einrichtungen, wie z.B. das Altenwerk. Man versucht, sie in den Lernbereich mit einzubinden, um den Jugendlichen prinzipielle Erfahrungen zu ermöglichen.

W.W.: Eine Frage noch zur sogenannten Hindernispädagogik: Durch den nicht vorhandenen Leistungsdruck – so wie er an den staatlichen Schulen herrscht – fehlen in der Praxis der Waldorfpädagogik Barrieren, Hindernisse, an denen sich die Schüler beweisen können. Welche pädagogischen Maßnahmen könnten Sie sich vorstellen, durch die alternativ zu den Zensuren und dem Leistungsstreß der staatlich-öffentlichen Schulen Hindernisse aufgebaut werden, an denen sich die Schüler beweisen können, um nicht eines Tages von der Härte des Lebens, speziell der Berufswelt, erdrückt zu werden? Um im Bild zu sprechen: Der Oberstufenschüler ist wie ein mit Wissen vollgesogener Schwamm, der im Grunde in der Praxis ausgedrückt werden müßte, z.B. indem er ein ganzes Jahr innerhalb eines Berufes arbeitet, um dann als ausgewrungener Schwamm in der Schule mit ganz anderem Erfahrungshintergrund wiederum erneut Wissen aufnehmen zu können.

P. Schneider: Wenn z.B. ein Schüler ein Praktikum in einem Krankenhaus macht, und er muß um 6 Uhr früh beginnen, weil dann der Schichtwechsel ist, dann ist das für den Schüler eine nachvollziehbare Leistung, die er zu vollbringen hat und die ihm vielleicht nicht immer leichtfällt. Aber er erkennt die Notwendigkeit aus der Sache heraus. Solche Hindernisse, derartige Leistungsanforderungen in gestufter Weise, wären für die Schüler sinnvoll, und man kann sie innerhalb eines Arbeitszusammenhanges schaffen.

So etwas kann auch in einer Firma eingerichtet werden, indem der Schüler verantwortlich in den Produktionsprozeß eingebunden wird. Entscheidend ist, daß es sich nicht um eine Simulation handelt, und entscheidend ist auch, daß wirklich gearbeitet wird. Arbeit ist eine Tätigkeit für andere. Es kommt also die altruistische Komponente mit hinein, die die jungen Menschen im Grunde von sich aus erbringen möchten. Es ist also wichtig, daß es sich um Maßstäbe handelt, die der Schüler einsehen und erfahren kann. Pünktlichkeit, Zuverlässigkeit, Sauberkeit, Ordnung sind z.B. wichtige Tugenden, die aus der Sache heraus, wie z.B. in einem Krankenhaus, akzeptiert werden und damit bildungswirksam sein können. Selbstverständlich ist es dann auch Aufgabe aller Beteiligten, diese zu Unrecht abgewerteten „Sekundärtugenden" von einer personalen Bildung her zu bewerten.

Insofern denke ich, daß sich an dieser Stelle die Schule sehr viel mehr öffnen muß und gezielt solche bildungswirksamen Arbeitsplätze und Lernorte erschließen müßte. Das wiederum würde die gesellschaftlich-regionale Akzeptanz der Schule erhöhen und die Betriebe ganz neu für pädagogische Fragestellungen öffnen. Womit wir wieder beim Thema wären, daß nämlich die (Waldorf-)Schule aus ihrem pädagogischen und gesellschaftlichen Ghetto herauskäme.

KoKoSS

W.W.: Im Bereich der beruflichen Bildung für Ausbilderqualifizierung entstand die KoKoSS. Was ist das?

P. Schneider: KoKoSS heißt „Kontinuierliche und Kooperative Selbstqualifikation und Selbstorganisation" und soll besagen, daß Selbstqualifikation und Selbstorganisation der Arbeit kontinuierlich und kooperativ erfolgen müssen. Im Grunde ist es die Idee der Teamarbeit. Sie geht davon aus, daß die Teamarbeit von dem schöpferischen Individuum lebt, das seine kreativen Kräfte sozialverträglich in eine Gruppe einbringen kann. Wenn man also die Betriebsbedingungen eines solchen produktiven Teams benennen will, dann muß es kontinuierlich, kooperativ, selbstqualifizierend und selbstorganisierend sein.

W.W.: Welche Betriebsprojekte haben Sie schon mit KoKoSS durchgeführt?

P. Schneider: Wir haben bei Volkswagen beratend und wissenschaftlich begleitend dieses Modell in die Ausbildung eingeführt, im Rahmen eines staatlich geförderten Modellversuchs (BMBW/BIBB), wovon etwa 400 Ausbilder und 3.500 Auszubildende betroffen waren. Ebenso bei einem Betrieb mittlerer Größe (Klöckner-Stahl in Bremen) und in einer überbetrieblichen Ausbildungsstätte des Handwerks, dem Technologie- und Berufsbildungszentrum in Paderborn.

Zur Zeit begleiten wir unter anderem wissenschaftlich drei aktuelle Vorhaben: In einem Projekt werden die Lehrer von zwölf Gymnasien aus Lippe im Sinne von KoKoSS qualifiziert. Die Gymnasien werden einerseits darauf vorbereitet, sich gegenüber der Arbeitswelt zu öffnen (Berufspropädeutik). Auf der anderen Seite werden die Kollegien durch Multiplikatoren auf die Selbstverwaltung vorbereitet. Ein zweites Projekt läuft im Bereich der Steinmetzausbildung. Die Steinmetzbetriebe haben eigenständige Ausbildungszentren. Dort soll die Ausbildung selbstqualifizierend und selbstorganisierend durch die Ausbilder modernisiert und verändert werden. Das dritte Beispiel ist der Medienkonzern Bertelsmann, bei dem es darum geht, in einer ersten Phase eine empirische Bestandsaufnahme durchzuführen und auf dieser Grundlage dann KoKoSS in die Berufsausbildung einzuführen.

Teamarbeit führt zur Umstrukturierung des ganzen Betriebes

W.W.: Schildern Sie bitte genau, wer und was zu einem Team gehört, wer es beruft, welche Aufgabenstellung es hat und welche Rahmenbedingungen erfüllt sein müssen?

W. Gabriel: Das ist von Einrichtung zu Einrichtung verschieden. Zwar geben wir prinzipielle Empfehlungen, aber sie müssen in der konkreten Beratung mit der jeweiligen Firma entschieden und umgesetzt werden. Eine grundsätzliche Frage ist z.B., ob der Vorgesetzte zum Team dazugehört oder nicht. Auch in unseren Modellversuchen haben wir sehr unterschiedliche Formen entwickelt. Bei der Volkswagen AG ist es so, daß der Vorgesetzte nicht zum Team gehört, die Teams sind autonom und haben gegenüber dem Vorgesetzten eine bestimmte Verantwortung. Die Teams wurden zu Beginn zunächst benannt, konnten sich aber im Laufe des Prozesses umstrukturieren, weil es immer wieder vorkommt, daß bestimmte Persönlichkeiten nicht miteinander können, auch nicht, wenn entsprechende gruppendynamische Maßnahmen angewandt werden.

Dann gibt es die Möglichkeit – so ist es im Technologie- und Berufsbildungszentrum in Paderborn –, daß der unmittelbare Vorgesetzte im Team selber mitverankert ist. Dann hat er aber die Funktion, sich lediglich auf den Organisationsteil zu konzentrieren, denn er ist die Schnittstelle zu den übrigen Bereichen. Er hat viele Informationen, die er an das Team weitergibt, und umgekehrt gibt er seinerseits die Informationen aus dem Team weiter. Ansonsten sollte er sich nur auf die Moderation oder Vorbereitung der Teamarbeit konzentrieren.

In der Regel ist es so, daß zu den Teams alle gehören, die in dem jeweiligen Berufsfeld als Pädagogen tätig sind. Man muß natürlich abprüfen, welche anderen Instanzen mit hinzugenommen werden können.

P. Schneider: Man könnte auch sagen, daß die Einrichtung von Teams in der Regel eine Umstrukturierung des gesamten Unternehmens oder Betriebes voraussetzt. Man kann nicht einfach Teamarbeit einführen, sondern es ist zum Teil ein sehr aufwendiger und teurer Prozeß, der zum Umdenken und zu einer strukturellen Umorganisation führt. In der Regel beginnt man oben (Top down), denn man muß in der Geschäftsleitung die Akzeptanz für dieses Vorhaben bekommen. Besser ist es noch, wenn die Idee selber von oben kommt.

Dann muß es deutlich sein, daß eine Veränderung der Arbeitsorganisation notwendig ist und daß die Rolle der Führungskräfte neu definiert wird. Sie sind jetzt nicht mehr fachliche Vorgesetzte, sondern unterstützende Hilfskräfte für relativ autonome Teams. Entscheidend ist weiter, daß die Belegschaft durch

Einsicht für die Teamarbeit gewonnen wird. Ohne diese innere Überzeugung wird es schlecht gehen, denn wenn man Teamarbeit anordnet, fehlt der Effekt der Freiheit.

Drittens muß parallel die Qualifikation für Teamarbeit entwickelt werden. Weder in Schule noch Hochschule wurde das gelernt. Infolgedessen muß man erst einmal lernen, was ein Team ist, wie man im Team zusammenarbeitet, wie man mit Konflikten umgeht und welche Verfahren es gibt, um Ergebnisse zu sichern. Dazu haben wir ein vielfältiges Instrumentarium ausgearbeitet, das solche Teams in der Startphase vermittelt bekommen.

Der Modellversuch bei der Volkswagen AG

Wir haben hier ein sehr schönes Bild *(siehe Abb.)*, wie sich eine Organisation verändert, wenn Teamarbeit eingeführt wird: Dieses Schaubild zeigt die Struktur bei Volkswagen bis zum September 1987 und ab September 1987, nachdem die Teamarbeit eingeführt worden ist. Vorher gab es eine pyramidale Struktur vom Bildungsleiter über den Unterabteilungsleiter bis zu den Auszubildenden. KoKoSS führte zur Einsparung von drei Hierarchiestufen. – Parallel dazu wurde die Teamorganisation auch bei den Auszubildenden eingeführt. Diese Teams bei den

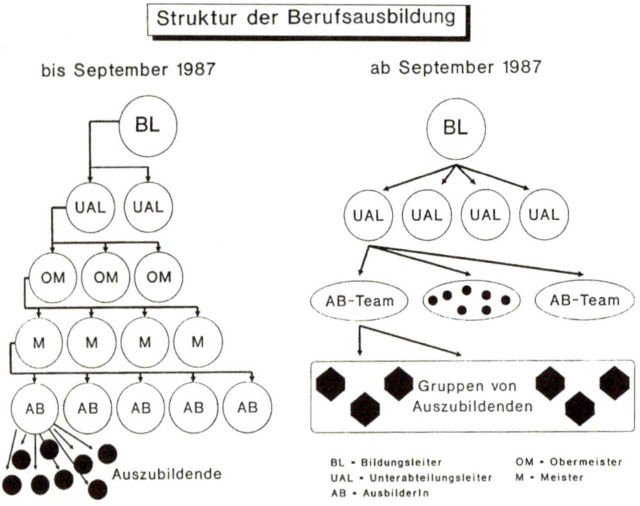

Aus: Bähr, Wilhelm/Holz, Heinz: Was leisten Modellversuche? Berlin/Bonn 1990

Auszubildenden sind auf dem Schaubild als Sechsecktische dargestellt. Die Einführung von Teamarbeit bedeutete also in diesem Beispiel ein strukturelles Aufbrechen der tayloristischen Ausbildungsorganisation. Deswegen erforderte es einen Gesamtentschluß des Unternehmens.

W.W.: Das gilt jetzt für die gesamte Volkswagen AG im Bereich der Auszubildenden?

P. Schneider: Ja, es gilt für den ganzen Betrieb. Es ist flächendeckend durchgeführt worden. – Neben den organisatorischen Fragen besteht natürlich immer das Problem, was in den Köpfen und Herzen der Beteiligten vorgeht. Die Führungskräfte müssen für die Teamarbeit gewonnen werden, sie müssen das gesamte Geschehen tragen und Verantwortung übernehmen, sie müssen bereit sein, den Freiraum zu verteidigen, und Abschied nehmen von Vorschriften von außen. Natürlich müssen auch die Teams von der Vorstellung Abschied nehmen, daß, wenn Probleme auftauchen, der Chef es regeln wird. Alle Mitglieder des Teams wissen, daß sie selber verantwortlich sind, und sie müssen ein entsprechendes Wir-Gefühl und eine entsprechende Ichstärke entwickeln.

W.W.: Können Sie schildern, wie Sie im Beispiel Volkswagen AG konkret vorgegangen sind: Wer hatte die Idee, wer stellte den ersten Kontakt her, wie wurden die ersten Gespräche geführt und wie haben Sie die Ausbilder und die Auszubildenden für ihren Modellversuch gewonnen?

P. Schneider: Es gab einen außerordentlich aufgeschlossenen Bereichsleiter, der für das gesamte Bildungsgeschehen und die Qualifizierung bei der Volkswagen AG zuständig war, Professor Meyer-Dohm, der der Idee der Teamarbeit gegenüber offen und auch bereit war, sie mit durchzutragen (*siehe auch das Interview mit Peter Meyer-Dohm in diesem FLENSBURGER HEFT;* Red.). Zweitens zeichnete sich bereits 1987 – sechs Jahre vor Lopez – ab, daß Gruppenarbeit in der Produktion notwendig wird. Das war bei Volkswagen 1987 eher noch eine Vision, mittlerweile ist bei Volkswagen Gruppenarbeit ja zur Unternehmensphilosophie geworden. Als nun das Ausbildungswesen den Vorschlag machte, sich im Sinne von teamorientierter Ausbildung umzustrukturieren, ist das von seiten des Betriebes unterstützt worden. Die Machtverhältnisse in einem solchen Konzern sind so, daß eigentlich die Produktion das Sagen hat, während dagegen Ausbildung und Bildungswesen eher am Rande mitlaufen. Sie könnten nicht gegen den Betrieb bzw. die Produktion etwas machen. Das war neben der Person von Peter Meyer-Dohm die sachliche Voraussetzung.

Das dritte war, daß die Gewerkschaft, IG Metall, und der Betriebsrat, der in diesem voll mitbestimmten Betrieb alle Personalfragen mitzuentscheiden hat, für diese Prozesse sehr offen war. Die Gewerkschaft wollte damals die Neuordnung der Berufsbildung sehr progressiv umsetzen. Viertens – und das war vielleicht das Entscheidende – wurden die Ausbilder selbst durch Informationsveranstaltungen auf die Möglichkeit der Teamarbeit hingewiesen. Es wurde mit ihnen diskutiert, und sie haben sich bis auf ganz wenige dafür ausgesprochen.

Damit übernahm – ein ganz seltener Vorgang – das Ausbildungswesen eine Vorreiterrolle bei der Personalqualifizierung und wurde zum „Sauerteig" für das Unternehmen. Die Modellversuchs-Azubis wurden wegen ihrer Teamerfahrung zu gesuchten Mitarbeitern in Betrieb und Weiterbildung.

Das Multiplikatorenprinzip

Nachdem hier also eine Gemeinsamkeit der Entscheidung und des Entschlusses vorhanden war, ist dann Top down der Entschluß gefallen, und wir haben mit ersten Seminaren für die Ausbilder angefangen, und zwar nach dem *Multiplikatorenprinzip.*

W.W.: Was verstehen Sie unter dem Multiplikatorenprinzip?

P. Schneider: Das bedeutet in diesem konkreten Fall, daß von den 45 Teams jeweils Einzelvertreter – die Multiplikatoren – benannt und stellvertretend für das Team in Team- und Konferenzarbeit geschult wurden. Sie haben dann ihre Erfahrungen als Multiplikatoren in ihr Team eingebracht und umgesetzt. So wurde Schritt für Schritt dieses Teamkonzept über das Multiplikatorenprinzip eingeführt, ständig begleitet und weiterentwickelt.

W.W.: Wie groß darf ein solches Team sein, und inwieweit ist es wichtig, zu Beginn der Teamarbeit genau die Rechte und Pflichten der einzelnen Teilnehmer festzulegen?

P. Schneider: Da haben wir sehr präzise Erfahrungen. Empirisch haben sich tatsächlich die Größenordnungen sieben bis zwölf ergeben. Es empfiehlt sich, einen ganz genauen Katalog von Kompetenzen und Schnittstellen anzugeben, sowohl auf die interne Arbeit des Teams bezogen als auch zu anderen Teams und zur Umfeld-Hierarchie. Da wird alles ganz genau geregelt, was den Arbeitsplatz eines Teammitglieds anbelangt. Das gleiche gilt für den Teamsprecher, den Protokollanten und für den Multiplikator. Das kann man sehr genau festlegen, damit die Beteiligten wissen, was auf sie zukommt und wo sie noch Schulungsbedarf haben.

Die Entwicklungsphasen bei der Teamarbeit

W.W.: Gibt es verschiedene Entwicklungsphasen während der Arbeit eines Teams?

W. Gabriel: Wichtig ist in der Einführungsphase, daß man den Katalog der Rechte und Verantwortungen mit den Teams gemeinsam festlegt. Es wird in einer vorläufigen Form ein Katalog mit der Leitungsebene erstellt, der dann in der Einführungsphase mit dem Team durchgearbeitet wird, so daß sie daran mitgestalten können. Dieser Katalog darf nicht allein von den Vorgesetzten kommen, denn dann wird die Motivation der Mitarbeiter sofort gebremst. Wie die Arbeit in den Teams weiterläuft, hängt meist von der Einführung ab. Wenn es gelingt, die Mitarbeiter zu gewinnen, wenn man ihnen die Problemlösungstechniken, die Konferenztechniken usw. so vermittelt, daß ihnen deutlich wird, daß diese Techniken wirklich effizient eingesetzt werden können, dann wird die Startphase meist sehr gut verlaufen. Es entsteht dann oft eine Phase der Begeisterung, wenn man Kompetenzen bekommen hat und etwas einsehen kann. Natürlich muß sich jetzt im Verhältnis zur Führung zeigen, ob diese Kompetenzen wirklich ergriffen werden können.

Es hat Fälle gegeben, bei denen ein sehr gutes pädagogisches Projekt in Einrichtungen von oben gebremst worden ist, und in so einem Fall verschwindet natürlich jegliche Motivation der Teammitglieder. Entscheidend ist oft die mittlere Führungsschicht, nicht die obere.

W.W.: Von der mittleren Führungsschicht geht meist die Behinderung aus?

W. Gabriel: Genau. Sie verlieren Hoheitsrechte, weil sie Verantwortung nach unten abgeben müssen. Sie müssen sich mit einem Male vor einer Gruppe rechtfertigen: der allerkitzeligste Punkt.

Nach der Begeisterung in der Startphase tritt dann eine Phase ein, in der eine Art U-Boot-Effekt entsteht. Man kennt sich bereits eine Weile, und es kommen nun die individuellen Charaktere und Eigenarten der einzelnen Teammitglieder zum Vorschein. Man beginnt, sich aneinander zu reiben. Diese Phase kann sehr schnell eintreten. Es kann aber auch ein Jahr vergehen, ehe sie beginnt. Im Team entsteht dabei das Gefühl, daß man sich erst mit sich selber beschäftigen muß, um die eigenen Konflikte zu regeln. In dieser Konfliktphase sind vielfach Hilfestellungen nötig, die wir in Form von Teamseminaren vermitteln. Wir versuchen dann, den einzelnen Teammitgliedern klarzumachen, daß Teamarbeit unter anderem darin besteht, zu lernen, mit den eigenen Konflikten umzugehen, sich nicht mehr hinter einem Chef zu verstecken, sondern gemeinsam miteinander am runden Tisch einen Konsens zu finden.

P. Schneider: Die Hauptproblemlage ist nicht zwischen der Geschäftsführung bzw. dem Chef und den Teams, sondern wie Wilfried Gabriel schon sagte, zwischen den Teams und der unmittelbar an sie angrenzenden Ebene. In der Produktion sind das oft z.B. die Obermeister. Die tun sich meist sehr schwer, mit teilautonomen Teams umzugehen. Besonders bei Volkswagen haben wir die Erfahrung gemacht, daß man diese Ebene, im konkreten Fall waren es die Unter-Abteilungsleiter, ganz besonders schulen und von Anfang an in die Maßnahme mit einbeziehen muß.

W. Gabriel: Ein weiteres Problem bei VW war die Einführung des Multiplikatorensystems. Das kann im Bereich der Weiterbildung zu Problemen führen, besonders wenn man inhomogene Teams hat. Bei Klöckner waren z.B. Sozialpädagogen und Lehrer in den Teams. Dadurch, daß Lehrer und Ausbilder in einem Team zusammenarbeiten, sind viele Konflikte vorprogrammiert. Deswegen kann man nach meiner Erfahrung ein Multiplikatorensystem erst einführen, wenn ein Team gelernt hat, bereits als Team zusammenzuarbeiten. Denn erst dann akzeptiert man sich gegenseitig.

W.W.: Es fehlt noch die Darstellung der letzten Entwicklungsphasen während der Teamarbeit.

W. Gabriel: Wenn man wirklich durch die Konfliktphase hindurchgegangen ist, dann kommt eine dritte Phase, an die sich noch eine vierte anschließen kann, in der wirkliche Produktivität herrscht.

W.W.: Gibt es Erfahrungen, wie lange man im Team zusammenarbeiten muß, um in die Produktivitätsphase vorzustoßen?

W. Gabriel: Das ist sehr unterschiedlich. Wenn es sehr gut geht, ist das Team nach einem Jahr in dieser Produktivitätsphase. Aber in der Regel dauert es länger. Es hängt von der Begleitung und auch von den Personen ab. Ein gutes Team muß z.B. auch in der Lage sein, Neue zu integrieren.

Die Teamkonferenz als Herz der Teamarbeit

P. Schneider: Das KoKoSS-Teammodell unterscheidet sich von vielen anderen Modellen dadurch, daß wir in die Teamarbeit die Selbstqualifikation eingebaut haben, und zwar als *Konferenz.* Wir glauben, daß es die Würde des arbeitenden Menschen betrifft, daß er sich nicht nur im Sinne der vorgegebenen Normen einer Teamproduktionsaufgabe bewegt, sondern daß er einen Raum bekommt, wo die Beteiligten über ihre Qualifikation selbst bestimmen können, so daß ein freies schöpferisches Potential entsteht. Das ist für mich die entscheidende Bedingung, unter der Teamarbeit nicht nur zu einer effektiveren und optimaleren Arbeit führt – was ja nicht schlecht ist –, sondern daß auch der andere Aspekt mit berücksichtigt wird, nämlich die Entwicklung der Menschen, die diese Arbeit leisten.

W.W.: Nehmen an der Konferenz alle teil, die in einem Team arbeiten?

<table>
<tr><th colspan="2">Teamkonferenz der Ausbildenden</th></tr>
<tr><th>Weiterbildungsteil
– an konkreten Fallbeispielen –</th><th>Koordinationsteil</th></tr>
<tr><td rowspan="3">z.B.
• Gruppenorientierte Lern- und Arbeitsformen: Übersicht, Anwendung, eigene Erfahrung
• Methodik der Ausbildung: z.B. Erstellung eines Leittextes, gemeinsame Entwicklung eines Projektes
• Theorievermittlung/Unterweisung
• Einsatz von Lernmedien
• Entwicklungspsychologische Grundlagen für konkrete Entscheidungen
• Moderations- und Präsentationsverfahren
• Beurteilung von Auszubildenden
• Fragen aus der Praxis, Projekte o.ä. (aktuelle pädagogische Probleme, individuelle Fördermaßnahmen, Prüfungsvorbereitung etc.)</td><td>z.B.
• Gegenseitige Hilfe und Aussprache durch Auswertung (Rückblick) und Planung (Vorblick) der vergangenen und kommenden Arbeitswoche</td></tr>
<tr><td>• Informationsaustausch (Abstimmungen, Hausinformationen, Maschinenbelegung usw.)</td></tr>
<tr><td>• Entscheidungen, aktuelle Fragen und Probleme</td></tr>
</table>

Aus: Selbach, Ralf/Schneider, Peter: Lernen und Arbeiten im Team. Praxisfibel kooperative Berufsausbildung. BIBB, Berlin 1994

P. Schneider: Ja, es nehmen alle teil. Die Teamkonferenz ist das Herz der Teamarbeit. Ein Herz muß regelmäßig schlagen, deshalb muß die Teamkonferenz regelmäßig stattfinden.

W.W.: Wie oft, wie lange?

P. Schneider: Einmal pro Woche, zwei Stunden, am selben Ort, zur selben Zeit in einem möglichst abgeschirmten Raum. Dadurch erhält man einen Rhythmus, der sich selbst trägt.

W.W.: Welche Kriterien gelten für eine effektiv durchgeführte Konferenz, und wie führt man eine Konferenz konkret durch?

P. Schneider: Eine Konferenz erfordert eine entsprechende Vorbereitung durch den Konferenzleiter, gegebenenfalls unter Zuhilfenahme der bisherigen Protokolle. Sie erfordert einen Protokollanten, der die Ergebnisse ergebnisorientiert festhält, so daß man nachfassen kann. Das ist für die Hygiene und für den Konferenzleiter sehr wichtig. Eine Konferenz erfordert einen qualifizierten Moderator, der mit der Zeit ökonomisch umgehen kann, der auch die Beteiligten zum Engagement motivieren kann.

W.W.: Welche Konferenzregeln sind dabei nötig?

P. Schneider: Eine Regel heißt z.B.: Dem Sprechenden verstehend zuhören. Man sollte also mit einer aktiven, wohlwollenden Haltung zuhören, was er sagt. Eine zweite Regel besagt, daß man mit seinem eigenen Beitrag an den Vorredner anknüpfen sollte. Eine dritte Regel ist, mit der Zeit ökonomisch umzugehen. Weitere Regeln sind: Den Teilnehmer ausreden lassen, stillere Teilnehmer interessieren, jeder ist für das Ergebnis verantwortlich! An sich sind das Selbstverständlichkeiten. In den Auswertungen, die wir beständig nach Einführung unse-

Aus: Bähr, Wilhelm/Holz, Heinz: Was leisten Modellversuche? Berlin/Bonn 1990

res Modells machen, hören wir immer wieder, wie wichtig diese sechs Konferenzregeln sind. Denn die Teilnehmer stellen ziemlich schnell fest, an welchen Stellen bei ihnen Handlungsbedarf besteht. Das üben wir dann in Aufbauseminaren.

W.W.: Wie gehen Sie mit Problemen um, die während der Konferenzarbeit entstehen?

P. Schneider: Wir haben vier Ebenen der Problemlösung: Auf der ersten Ebene definieren wir, um was es geht. Dann haben wir eine schöpferische, intuierende Phase, in der es um die Vielfalt und Pluralität der Ideen – ohne Bewertung – geht. Drittens haben wir eine Bewertungsphase und letztlich eine Phase, in der ein Entschluß gefaßt und genau festgelegt wird, wie er umgesetzt werden soll, und der in der nächsten oder übernächsten Konferenz überprüft wird.

W. Gabriel: Wichtig ist auch, daß möglichst vorher die Tagesordnung festgelegt wird. Sehr wichtig ist ferner, daß festgelegt wird, wer die Protokolle einsehen kann, z.B. wie diese Protokolle auf der nachsthöheren Ebene weiterbehandelt werden. Es muß klar sein, daß die Konferenz ein geschützter Raum ist, in dem Dinge gesagt werden können, die nicht unbedingt weitergetragen werden müssen. Auf der anderen Seite muß allerdings auch eine Transparenz der Entscheidungswege vorhanden sein.

Der hygienische Wert des Protokolls

P. Schneider: Das möchte ich massiv unterstreichen, sowohl aus meiner Erfahrung als Dekan hier an der Universität als auch aus leidvollen Erfahrungen mit Waldorfschulen. Das Protokoll als Gedächtnis einer Konferenz, als Rechtstitel und auch als Arbeitsnachweis wird weitgehend verkannt. Das Protokoll hat einen unglaublich dokumentarischen und hygienischen Wert für die gesamte Arbeit. Es gibt im Volksmund das Sprichwort: Wer schreibt, der bleibt. Ein niedergeschriebenes Protokoll hat einen sehr stark bewußtmachenden und steuernden Charakter.

W.W.: Sicherlich kennen Sie auch das Phänomen, daß sich innerhalb einer Gruppe während einer Entscheidungsfindung leicht getrübte Bewußtseinszustände einstellen und man sich der Illusion hingibt, man hätte eine Entscheidung getroffen, aber in Wirklichkeit ist keine richtige Entscheidung gefallen. In so einem Fall wirkt das Protokoll korrigierend ein.

P. Schneider: Selbstverständlich. Im nachhinein erinnert sich jeder an das, an was er sich gerne erinnern möchte. Da muß das Protokoll wie eine gute Buchhaltung wirken: klar, nüchtern, einfache Sätze etc.

Teamarbeit ist etwas Urchristliches

W.W.: Verschiedene Elemente dieser Konferenz erinnern mich an das, was Steiner den umgekehrten Kultus und das Erwachen am Geistig-Seelischen des anderen Menschen nennt: Dazu gehört z.B. das Bemühen, einen Stillen zu interessieren, der dann seinerseits etwas von seinem Wesen offenbart. Noch mehr entspricht dem das gemeinsame Ringen bei unterschiedlichen Positionen, vielleicht sogar bei gegenseitigen Antipathien, für ein gemeinsam angestrebtes Ziel. Ferner das kontinuierliche Verantwortungsbewußtsein aller für den gesamten Prozeß, so daß durch das gemeinsame Potential aller Individuen quasi von unten her ein höheres Geistiges geschaffen wird. Steiner schildert diesen umgekehrten Kultus in bezug auf anthroposophische Arbeitszusammenhänge und sagt in etwa, daß durch die Individualitäten von unten etwas Geistiges geschaffen werde, so daß sich ein geistiges Gefäß bilde, mit dem sich ein höheres geistiges Wesen, z.B. ein Engel, verbinde. Kann während einer gelungenen Konferenz nicht etwas ähnliches geschehen?

W. Gabriel: Ich kann ein aktuelles Beispiel schildern: Ich habe diese Teamarbeit z.B. in einem Christlichen Jugenddorf eingeführt und die Einrichtung beraten. Von dem Hintergrund, den Sie eben angesprochen haben, habe ich dabei überhaupt nichts erwähnt. In diesem Frühjahr hatten wir eine ganz intensive Diskussion im erweiterten Leitungskreis. Eine solche Diskussion hat es dort früher nie gegeben, denn es wurde ganz massiv über das „C“ in ihrem Namen diskutiert, insofern hatten diese Konferenzen eine sinnstiftende Funktion. Man fragte sich, ob Teamarbeit, die von allen gewollt wurde, etwas mit dem C zu tun habe: Ist mit Team auch das christliche Miteinander gemeint, oder ist das Team nur ein ökonomisches Instrument, um besser mit unserer Arbeit, unserer Zeit und unserer Organisation umzugehen? Zuerst war man völlig gespalten, aber dann tauchte der Gedanke auf: Eigentlich ist diese Teamarbeit doch etwas Urchristliches!

W.W.: Haben Sie auch substantiell eine seelisch-geistige Klimaveränderung unter den Teilnehmern gespürt?

W. Gabriel: Ja, in einigen Phasen war das deutlich zu spüren. Es gab eine andere Stimmung, ein anderes Klima, und zwar in Bereichen, in denen es vorher dauernd Konflikte gegeben hat.

W.W.: Können Sie auch ein Beispiel schildern?

P. Schneider: Die Konferenzarbeit wird nur gelingen, wenn die Teilnehmer engagiert und dennoch tolerant und selbstlos miteinander umgehen, beispielsweise entlang unserer Konferenzregeln und -stufen. Auf diesen Bahnen kann eine idealistische Konferenzatmosphäre entstehen, die im Sinne des umgekehrten Kultus wirkt.

Es ist einsichtig, daß z.B. bei einer Auszubildenden-Besprechung nur auf einem sinnlich-übersinnlichen Weg die Begegnung mit dem Wesen des Auszubildenden und damit eine sachgerechte Beurteilung stattfinden kann *(siehe Beispiel AZUBI-Besprechung auf der folgenden Seite).*

Auch das Mysterium der modernen Berufsarbeit, die ihrem Wesen nach selbstlos ausgeübt werden sollte, offenbart sich nur in einer solchen Konferenzkultur:

„Die Menschheit muß lernen, [...] nicht in uninteressierter Weise Maschinen [zu] bauen, sondern bei allen Verrichtungen einen Gottesdienst erfüllen, Sakramentalismus in alles bringen." (GA 172/1980/27.11.1916/S.214)

Karma des Berufes

W.W.: In den von Ihnen jetzt zitierten Vorträgen „Das Karma des Berufes des Menschen in Anknüpfung an Goethes Leben" schildert Steiner bereits 1916, daß bei der Berufswahl auf Zukunft gesehen eine gewaltige Veränderung anstehe, die mittlerweile auch schon weitgehend eingetreten ist: Man ergreife den Beruf nicht mehr aus Neigung, Tradition oder weil er im Schicksal liege, sondern aufgrund dessen, was der objektive Weltengang fordere. Die Berufe würden sich immer mehr spezialisieren, man werde nicht mehr überschauen, wie das, was man herstelle, im Gesamtzusammenhang des Lebens stehe, man werde kein Interesse mehr für die Arbeit haben und selber würde man in seinem Inneren durch die Arbeit geprägt. – Dieser Kluft zwischen Individuum und Beruf aufgrund der notwendigen Weltevolution wirken Sie mit ihrem KoKoSS-Konzept in gewisser Weise entgegen, z.B. durch die Initiierung der Gruppenarbeit und der daraus resultierenden Bemühung, sich für seine Mitarbeiter, seine Arbeit zu interessieren, indem man sich selbstqualifizierend weiterbildet und als Multiplikator wirkt und damit aus sich selbst heraus Interesse und eine tiefere Verbindung zur Arbeit schafft. Sehe ich das richtig?

W. Gabriel: Es wird z.B. ein Sinnzusammenhang hergestellt, den sich das Team, wenn es richtig läuft, selbst gibt. Der schon angesprochene umgekehrte Kultus geht ja von dem aus, was sinnlich gegeben ist, nicht von dem, was geistig gegeben ist, um es in einen höheren Sinnzusammenhang emporzuheben. Bei den Teams, die wirklich gut sind, tauchen in den Konferenzen immer Sinnfragen auf. Das sind z.B. Sinnfragen über die pädagogische Arbeit. Man versucht, aus einem Gemeinsamen zu schöpfen und eine gemeinsame Sprache zu finden und sich

Vorschlag zur Gliederung einer Auszubildenden-Besprechung

Voraussetzungen

Konferenzleiter – leitet das Gespräch
gibt ggf. Vorinformationen

Protokollführer – hält Entscheidungen fest

A. Gemeinsames Bewußtsein (Information/Beschreibung)

a) Person: Name, Ausbildungsbereich
b) Konkreter Anlaß der Besprechung
c) Vorinformation: biographische Situation
(ggf. von einem vorbereiteten Teilnehmer dargestellt)*
d) Beobachtungen der Teilnehmer:
möglichst konkretes Verhalten
aufgetretene Probleme, *keine* Wertungen
e) Evtl. persönliche Darstellung der Auszubildenden

B. Charakterisierung und Diagnose

a) Versuch, ein einheitliches Bild zu erstellen:
Beobachtungen und Materialien sortieren
nachfragen, präzisieren
b) Differenziertes Persönlichkeitsbild
Vorschlag: fachliche / soziale / individuelle — Fähigkeiten und Probleme
c) Die Hauptgesichtspunkte und -probleme formulieren

C. Konsequenzen und Möglichkeiten erörtern

a) Maßnahmen, Problemlösungen entwickeln und bedenken
– was? (Gespräch, Fördermaßnahme, Entlassung etc.)
– wer? Verantwortung festlegen
– wie? Procedere
b) Zusätzliche Sondermaßnahmen:
Sozialdienste, ärztliches Gutachten, Elterngespräch etc.
c) Evtl. Erörterung mit dem Auszubildenden
d) Wirkung abschätzen

D. Entscheidung

a) Durchführung der Lösung beschließen
(unter evtl. Beteiligung des Auszubildenden)
b) Rückmeldung festlegen (nächster Konferenztermin)

* Es hat sich bewährt, zur effektiven Vorbereitung der Auszubildenden-Besprechung in der zuvorlaufenden Konferenz die Punkte A, a)–c) zu behandeln.

Aus: Meyer-Dohm, Peter/Schneider, Peter (Hg.): Bildung im lernenden Unternehmen. Neue Wege zur beruflichen Qualifizierung. Stuttgart 1991 zusammen auf das zu verständigen, was man als Ziel anstrebt. Gute Teams individualisieren das, was man als Input hineingibt, nicht so gute Teams wenden dagegen oft Rezepte rein äußerlich an und reflektieren es nicht. Gute Teams stellen immer Sinnfragen.

P. Schneider: Das andere ist das, was Sie in bezug auf den Beruf ansprachen: Der freie Mensch muß sich heutzutage auch aus Freiheit seinen Beruf geben, er muß sich selbst berufen. Das geschieht eher im Hegelschen Sinne, nämlich in Freiheit, aus Einsicht in die Notwendigkeit, eine bestimmte Arbeit, eine bestimmte Aufgabe oder einen Beruf zu ergreifen. So gesehen ist es nicht mehr wie früher, als man den Beruf traditionell ergriff, sondern es muß immer eine persönliche Entscheidung sein, die aus der Notwendigkeit heraus erfolgt. Natürlich schließt das nicht aus, daß man seine Arbeit mit innerer Zuneigung und aus Überzeugung tut. Von daher ist es verständlich, wenn Rudolf Seiner in den Vorträgen „Das Karma des Berufes" die richtige Berufsfindung zu den allerwichtigsten Erziehungsaufgaben rechnet.

Individuelle Handlung, geistige Gemeinsamkeit

Wenn dem so ist, so ist das, was durch den Beruf erzeugt wird, ein Produkt oder eine Dienstleistung, etwas, was sich durch eine gewisse Selbstlosigkeit von einem ablöst und was auch nicht von dem ganzen Geflecht von Emotionen tingiert ist. Goethe nennt das ein „zweites Selbst". Früher hing man noch oft mit dem ganzen Herzen an einem Produkt, z.B. einem Schuh, einem Schrank, einem Anzug, das man selbst von Anfang bis Ende herstellte und das einen mit Stolz erfüllte. Heute dagegen wird es mit einer Nüchternheit, mit einer gewissen Fremdheit erzeugt und in die Welt gestellt, der Ablösungsprozeß vom Produkt ist durch die meist technisch-maschinell zerlegten Arbeitsprozesse fast automatisch gegeben.

Wir alle sind in einem Gewebe der Berufsarbeit – so nennt Steiner das in seinen Vorträgen zum Berufskarma –, das sich um den Globus wie ein zweites Bewußtsein herumzieht. Das überblickt heute niemand mehr. Um so wichtiger ist das Team. Denn hier wird in einer kleinen, überschaubaren Gruppe Übersicht, Transparenz, Verantwortung sozusagen exemplarisch eingeübt.

Steiner weist also einerseits auf diese Spezialisierung als Notwendigkeit der Berufswelt hin, sagt aber ebenso, daß auf der anderen Seite eine geistige Verbindung untereinander hergestellt werden muß. Sie wird über die wahre Kommunion der Menschheit – wie Steiner das ausdrückt – hergestellt, und das ist das gemeinsame idealistische Erkenntnisbemühen. In unserem KoKoSS-Konzept wäre das die Selbstqualifikation, der Ort der Weiterbildung, die ja in der Gruppe stattfindet. In dem Moment, in dem man vom anderen lernt, vom anderen Anregungen bekommt, auch zu Intuitionen angeregt wird, findet diese Vereinigung wieder statt.

So wäre das Team, und insbesondere die Teamkonferenz der Ort der Kommunion. Wie bereits ausgeführt, wäre Arbeit damit Sakramentalismus, ein Altardienst mit den Insignien des Berufes.

Das Erzeugen von Elementarwesen in den Arbeitsprozessen und in den Teams

W.W.: Steiner schildert in diesen Vorträgen auch, daß sich die Arbeit durch die Spezialisierung immer weiter vom Menschen ablösen werde und daß in dieser vom Menschen abgelösten Arbeit der Keim einer neuen Weltentwicklung gelegt werde. Das geschehe dadurch, daß sich Elementarwesen in der Arbeit verkörperten. Haben Sie irgendwelche Anhaltspunkte, wie die Arbeit zu einer derartigen Hülle für Elementarwesen werden kann?

P. Schneider: Das ist ein faszinierender Gedanke! Steiner bringt seine Berufskarma-Vorträge in Anknüpfung an Goethes Leben. Goethe, so schildert er, sei das Endprodukt einer langen Entwicklung. Die Berufsarbeit dagegen sei der Beginn einer neuen Entwicklungslinie. Meines Erachtens versteht Steiner unter der neuen Entwicklungslinie den Beginn des neuzeitlichen wissenschaftlich-technischen Denkens, durch das sich der Mensch aus der kosmischen Ordnung emanzipiert.

Für die Berufsarbeit bedeutet dies Arbeitszerlegung, technisch-industrielle Produktion und Entfremdung des Menschen von seiner Arbeit.

Steiner führt an, daß früher „dasjenige, was der Mensch an elementarer Geistigkeit erzeugte in seinem Berufe [...], von den Menschen sich nicht loslöste [...]“ (ebd./12.11.1916/S.89 f.). Offenbar erst durch die neuzeitliche technisch bestimmte Arbeit löst sich nun aber das Elementarisch-Geistige vom Menschen los, es entsteht fortwährend eine neue Gattung von Elementarwesen. Steiner wörtlich:

„Wissen lernen wird man müssen, wenn man am Schraubstock steht: Wie die Funken absprühen, so werden auch die Elementargeister erzeugt, die in den Weltenprozeß übergehen und die im Weltenprozeß ihre Bedeutung haben. [...] Aber darauf kommt es an, daß sie recht entstehen, daß sie richtig entstehen, nicht daß sie überhaupt entstehen. Denn es können also den Weltenprozeß störende und dem Weltenprozeß dienende Elementargeister entstehen.“ (ebd./S.90)

Es kommt also auf die Arbeitsethik an, ob den Weltenprozeß störende oder ihm dienende Elementargeister entstehen. An dieser Stelle möchte ich nochmals darauf hinweisen, daß insbesondere der Weiterbildungsteil der Teamkonferenz aus dieser Einsicht entstanden ist. Hier sollte sich immer aufs neue eine humane Arbeitsethik aktualisieren, als schöpferisches Geistzentrum des Teams. Es ist nicht zufällig, daß bei allen Modellversuchen und Projekten an dieser Stelle die größten Widerstände auftreten.

Es sind bis jetzt wenige, die diese Zusammenhänge verstanden haben.

W. Gabriel: Aber ich denke, daß nicht nur die Haltung des einzelnen hierbei eine Rolle spielt. Die Elementarwesen wirken natürlich auch in Menschengruppen, z.B. bei den Teams. Dabei ist es wesentlich, worauf ein Team seine Aufmerksamkeit lenkt. Die jeweilige Ausrichtung auf die Produkte oder Maschinen ist natürlich vorbestimmt. Die entsprechende geistige Leistung können Teams vollziehen, indem sie z.B. darüber reflektieren, in welchen ethischen Zusammenhängen ihre Produkte eigentlich stehen. Deswegen ist die Weiterbildung so wichtig.

Damit wird aber auch der Beruf zu einem Medium des gesellschaftlichen Handelns, das ethisch bestimmt werden kann. Wenn z.B. Berufspädagogen auf Seminaren der Volkswagen AG darüber nachdenken, wozu Autos eigentlich gut sind und was sie den Jugendlichen zu dieser Fragestellung sagen wollen, dann ist das ein ganz konkreter Anfang, indem versucht wird, sich innerhalb eines Teams auf einen ganz bestimmten ethischen Sinn und eine Ordnung festzulegen. Dann bekommt die Arbeit eine konkrete Ausrichtung.

P. Schneider: Das ist der eine auf das Produkt bezogene Aspekt. Das zweite Problem, bei dem wir mit unserem KoKoSS-Ansatz sehr schnell auf ganz harte Grenzen stoßen, ist der Zusammenhang von „Beruf und Erwerb". Man muß das vor dem Hintergrund des Sozialen Hauptgesetzes sehen. Nach Steiner drückt es für eine Gruppe aus, daß der einzelne seine Arbeitserträgnisse nicht für sich selbst verwenden darf, sondern von den Arbeitserträgnissen der anderen unterhalten wird. Dies gilt wechselseitig für alle Gruppenmitglieder. Dieses Gesetz habe im Sozialen dieselbe objektive Geltung wie die Naturgesetze in der Natur.

Dieses Ziel wurde und wird in anthroposophischen Kreisen immer wieder zu erreichen versucht. Ich war selbst in einer solchen „Wirtschaftsgemeinschaft" beteiligt, und mein Gehalt floß in einen gemeinsamen Topf, wie das der anderen auch. In Gruppenzusammenkünften (Konferenzen) wurde dann über die Verteilung des Topfes gesprochen. Insbesondere bei größeren Investitionen wie Auto, Wohnung oder einer teuren Urlaubsreise bei anderen konnte man viel über sich selbst lernen. Meiner Erfahrung nach muß eine solche Kommunion im Wirtschaftlichen mit einer Kommunion im Geistigen, also z.B. über Grundlagen und Ziele der Arbeit, korrespondieren.

So lange die Berufsarbeit aber direkt mit einer Entlohnung gekoppelt ist, hat man sofort in der Berufstätigkeit einen egoistischen Aspekt, der Egoismus wird hochgekitzelt. Dadurch wird die moderne Arbeit, die ihrem Wesen nach selbstlos ist und sich heute leicht vom Selbst ablöst, egoistisch und mit dem gesamten emotionalen Geflecht des Menschen verbunden.

Wir haben in unseren Modellversuchen diese Fragen thematisiert und in den Teamkonferenzen über die Trennung von Arbeit und Einkommen gesprochen. Durch die Tarifautonomie sind hier engste Grenzen gezogen. So haben wir z.B. überlegt, daß die finanzielle Zuwendung für Funktionsstellen im Team, z.B. für den Teamsprecher, nicht an diesen ausgezahlt wird, sondern in einen Solidaritätsfond einfließt, der vom Team verwaltet und nach sozialen Gesichtspunkten verwendet werden sollte.

Unsere langjährige Erfahrung ist, daß man in bestehenden sozialen Systemen über solche kleinsten Schritte kaum hinauskommt.

Die Technik fordert von uns eine meditative Haltung höchster Aufmerksamkeit

W.W.: Auf der einen Seite schildert Steiner also, wie sich die Arbeit immer mehr spezialisieren und vom Menschen ablösen werde, andererseits beschreibt er, wie zukünftig eine innere und intimere Verbindung zwischen Mensch und Arbeit, zwischen Mensch und Arbeitsprozeß, zwischen Mensch und Maschine entstehen werde, z.B. daß bei den Metallarbeiten einer Fabrik, wie schon von Ihnen erwähnt, Elementarwesen entstünden, es aber von der inneren Einstellung des Menschen abhänge, ob dies gute oder böse seien. Letztlich werde der Mensch mit der Objektivität zusammenwachsen, und die ganze Fabrik werde so arbeiten, wie der Mensch innerlich gesinnt sei. Können Sie ein Beispiel nennen, wo schon heute diese innere Gesinnung eines Menschen auf ein Produkt wirkt, oder ist das noch utopisch?

P. Schneider: Ich sehe zwei Entwicklungslinien: Einerseits die Mikroelektronik, in der man bei der Herstellung von Chips mittlerweile an die Grenzen des submolekularen Aufbaus der Materie stößt. Erkenntnistheoretisch umfaßt „Materie" eine strukturelle, begriffliche und eine dynamische, kraftende Erscheinung. Die materialistische (Natur-)Wissenschaft forscht ausschließlich mit dem strukturell-begrifflichen Werkzeug. Eine Erweiterung der Naturwissenschaft würde in Forschung und Entwicklung auch die dynamische, kraftende Seite des Seins einbeziehen. Beginnen müßte man mit einem erweiterten Wissenschaftsbegriff, hier wäre z.B. auf die Methoden zur „Entlähmung" des Denkens hinzuweisen, etwa auf den Aufsatz von Thomas Höfer: „Denk mal! Bedeutung und Schulung des Denkens" (in: FLENSBURGER HEFTE 47, „Übungen zur Selbsterziehung"). Ein entwickeltes, kraftendes Denken könnte dann korrespondieren mit dem „Kraftkomplex Chip" in der Steuerung einer Maschine. So könnten die kraftenden Gedanken eines Menschen Maschinen und Werkzeuge direkt steuern. Und je nach den beteiligten geistigen Wesenheiten, das sind kraftende Begriffe, handelt es sich um „gute" oder „böse" Kräfte.

Mit akustischen Worten ist eine solche Steuerung heute schon möglich (z.B. in Autos für Behinderte), mit geistigen Worten, also Gedanken, wird es möglich werden.

Schließlich muß man sagen, daß die ganze Entwicklung der Multimedia und der virtuellen Realitäten eine Sphäre schafft, die bewirken kann, wenn man nicht einen im Sinne der „Philosophie der Freiheit" Steiners in sich gegründeten geistigen Standpunkt hat, daß man letztendlich Schein und Wirklichkeit nicht mehr unterscheiden kann.

Sowohl die Entwicklung der Teamarbeit wie auch der technischen Medien – und wir stehen in beiden Feldern noch in den allerersten Anfängen – erfordern die sich selbst erkennende und sich selbst sozial verwirklichende Person, wie sie Rudolf Steiner in einem Erkenntnis-Individualismus und in einem darauf aufbauenden ethischen Individualismus begründet sieht.

W. Gabriel: Ein weiterer Punkt ist noch, daß einen die Maschinen förmlich dazu zwingen, höhere Bewußtseinsfähigkeiten zu entwickeln. Sie nehmen den Menschen zwar die Arbeit ab, aber die Menschen, die sie begleiten, haben die Aufgabe, bei der Kontrolle höchste Aufmerksamkeit zu entwickeln und gleichzeitig den gesamten Prozeß zu überschauen. Es stehen dann mitunter zehn Menschen in einer Halle, die den gesamten Vorgang beobachten und hochspezialisiert sein müssen, um überhaupt verstehen zu können, was in diesen Maschinen abläuft, um dann beim entscheidenden Störfall agieren zu können. Der Mensch wird hier also als Anschauender der Technik gegenübergestellt. Das bringt die moderne Computerisierung mit sich. Wenn die Technik dem Menschen nicht entlaufen soll, muß er sie mit höchster Aufmerksamkeit begleiten, im Grunde sogar eine Art meditative Haltung einnehmen, aus der heraus er meist sehr schnell entscheiden muß. Wenn man das weiterentwickelt, so wird wahrscheinlich noch eine stärkere Verbindung zwischen Mensch und Maschine entstehen.

Berufliche Bildung in Deutschland

Interview mit Hermann Schmidt

von Thomas Höfer

Dr. Hermann Schmidt, *geb. 1932. 1953–1957 Studium der Wirtschaftswissenschaften und Wirtschaftspädagogik an der Universität Köln; 1960–1965 Berufsschullehrer; 1965–1971 Leiter einer Kaufmännischen Berufsschule, Berufsfachschule, Fachoberschule für Wirtschaft; 1973–1977 Leiter der Unterabteilung „Ausbil-*

dungsordnungen und Förderung der beruflichen Bildung" im Bundesministerium für Bildung und Wirtschaft; seit Juli 1977 Präsident des Bundesinstituts für Berufsbildung; seit 1979 OECD-Berater; seit 1985 Einzelberatungen von Arbeits- und Bildungsministerien in Europa, USA, China; seit 1992 Mitglied der Akademie für Bildung in Moskau; seit 1995 Mitglied des Wissenschaftsrates.

Veröffentlichungen zum Thema: „Bildung im Beruf. Kooperative Lösungen für ein weltweites Problem", Bielefeld 1995; „Ausbilder-Handbuch – Aufgaben, Strategien und Zuständigkeiten für Verantwortliche in Aus- und Weiterbildung" (mit G. Cramer und W. Wittwer), Köln 1994; zahlreiche Aufsätze in Zeitschriften und Sammelbänden.

Kennen Sie noch den Beruf des Besteckpolierers? Oder des Bleilöters? Oder des Filzmachers, Kesselschmiedes, der Knopfmacherin, des Schriftschneiders, Silberbesteckschmiedes oder Zuckerbäckers? Sie alle existieren heute als anerkannte Ausbildungsberufe nicht mehr. Für viele Berufe, die früher zum täglichen Leben gehörten, sucht man heute vergeblich einen Ausbildungsplatz, dafür sind andere, neue Berufe hinzugekommen, weiter bestehende Berufe haben ihr Profil zum Teil völlig verändert. Dieser Wandel ist zum einen ein Ausdruck für die Veränderungen in allen Lebens- und Wirtschaftsbereichen, er ist aber auch Ausdruck einer Systematisierung und Straffung der beruflichen Bildung überhaupt. Im Jahr 1950 gab es noch rund 780 Ausbildungsberufe, heute sind es nur noch ca. 370.

Für jeden staatlich anerkannten Ausbildungsberuf gibt es eine Ausbildungsordnung, in der das Berufsbild sowie die in der Ausbildung zu vermittelnden Kenntnisse und Fertigkeiten nebst den Prüfungsanforderungen für die Gesellen-, Facharbeiter- oder Fachangestelltenprüfung festgelegt sind. Auf der Grundlage dieser Ausbildungsordnungen, die vom Bundesminister für Wirtschaft erlassen werden, wird die Ausbildung in den Betrieben durchgeführt. Den anderen Teil der Ausbildung bestreiten die Berufsschulen, für deren Lehrpläne jeweils die einzelnen Bundesländer verantwortlich sind. Betriebliche und berufsschulische Ausbildung bilden zusammen die beiden Schienen des dualen Systems, auf denen der Zug der beruflichen Ausbildung fährt.

Die Inhalte der Ausbildungsordnungen werden vom Bundesinstitut für Berufsbildung – in Zusammenarbeit mit Arbeitgeber- und Arbeitnehmervertretern – erarbeitet, zu dessen Aufgaben neben der Berufsbildungsforschung auch die Mitwirkung an der Vorbereitung des Berufsbildungsberichtes, die Erstellung der Berufsbildungsstatistik und die Vorbereitung weiterer Rechtsverordnungen im Bereich beruflicher Bildung gehören.

Thomas Höfer: Können Sie kurz das System der beruflichen Bildung in Deutschland beschreiben?

Hermann Schmidt: Seit dem Inkrafttreten des Berufsbildungsgesetzes im September 1969 ist die berufliche Bildung als öffentliche Aufgabe festgeschrieben, die gemeinsam von der Bundesregierung, den Arbeitgebern und den Gewerkschaften geplant wird. In der praktischen Durchführung ist die berufliche Bildung die Aufgabe von Betrieben und Berufsschulen, wobei die Belange der Berufsschule von den Kultusministern der Ländern verantwortet werden.

In diesem System spielen die Industrie- und Handelskammern und die Handwerkskammern eine herausragende Rolle, denn sie bieten die notwendige Infrastruktur: Sie sind zuständig für die Beratung und Betreuung der Ausbildungsbetriebe und führen im Auftrag des Staates die Abschlußprüfungen in den staatlich anerkannten Ausbildungsberufen durch, an deren Ende ein Zeugnis als Facharbeiter, Fachangestellter oder Handwerksgeselle steht.

Dieses Zeugnis sucht in seiner Art innerhalb berufsbildender Systeme weltweit seinesgleichen. Zum einen bescheinigt es den Jugendlichen einen staatlich anerkannten Abschluß, den sie sich durch erfolgreiches Lernen und Arbeiten in Betrieb und Berufsschule erworben haben. Zweitens hat der Abschluß innerhalb unseres flexiblen und mobilen Arbeitsmarktes einen hohen Wiedererkennungswert, d.h. sowohl Arbeitgeber als auch Arbeitnehmer haben eine konkrete Vorstellung davon, welche Qualifikationen sich die Jugendlichen erworben haben. Drittens schließlich sichern diese „Facharbeiterbriefe" in der Regel sowohl tarifliche als auch in der Sozialversicherung bestimmte Rechte, d.h. ein Arbeitnehmer mit einem Facharbeiterbrief weiß, mit welchem Lohn er mindestens rechnen kann und wie seine sozialversicherungsrechtliche Absicherung z.B. bei Krankheit, Arbeitsunfällen oder im Fall unfallbedingter Berufsunfähigkeit ist. Daß die Abschlüsse der beruflichen Bildung von mehr als zwei Dritteln aller Jugendlichen jeden Jahrganges angestrebt werden, zeigt, daß ihr Wert auch erkannt und genutzt wird.

Was ist ein Ausbildungsberuf?

T.H.: Dreh- und Angelpunkt des Berufsbildungssystems sind die sogenannten Ausbildungsberufe. Wie entsteht eigentlich ein Ausbildungsberuf?

H. Schmidt: Jeder Ausbildungsberuf ist ein Bündel von beruflichen Qualifikationen, ein Konstrukt, das in Zusammenarbeit zwischen Vertretern der Arbeitgeber- und Arbeitnehmerverbände, der Berufsbildungsforschung und dem Staat als Verordnungsgeber festgelegt wird. Viele berufliche Fertigkeiten und Kenntnisse werden dabei zu einem Berufsbild zusammengefaßt und in einer Ausbildungsordnung festgeschrieben. Die Fertigkeiten und Kenntnisse eines Ausbildungsberufes sind dabei viel umfassender angelegt, als es für eine konkrete berufliche Tätigkeit nötig wäre, d.h. man findet in der beruflichen Wirklichkeit keinen einzelnen Arbeitsplatz, der alle Fertigkeiten und Kenntnisse in sich vereint, die innerhalb einer beruflichen Ausbildung vermittelt werden.

Derzeit gibt es etwa 370 anerkannte Ausbildungsberufe. Von der Bundesanstalt für Arbeit sind aber über 24.000 verschiedene berufliche Tätigkeiten registriert. Jeder dieser 370 Ausbildungsberufe bereitet also je nach Berufsfeld auf bis zu 100 verschiedene berufliche Tätigkeiten vor. Gerade darin, daß sie sehr breit angelegt sind, liegt ihre Stärke, denn sie gewährleisten dem Arbeitnehmer auf dem Arbeitsmarkt ein hohes Maß an Flexibilität.

T.H.: Stellt aus der Sicht der Unternehmen die Breite der zu vermittelnden Fertigkeiten und Kenntnisse nicht ein Problem dar?

H. Schmidt: Nein, in der Regel nicht. Die verschiedenen Anforderungen an die Ausbildung können zwar nicht an einem Arbeitsplatz abgedeckt werden, sehr wohl aber an verschiedenen Arbeitsplätzen innerhalb eines Unternehmens. In großen Unternehmen durchläuft daher ein Auszubildender im Rahmen seiner Ausbildung mitunter verschiedene Abteilungen, an denen ihm jeweils unterschiedliche Kenntnisse und Fertigkeiten vermittelt werden.

Einem stark spezialisierten Unternehmen hingegen muß eine Ausbildungsordnung praxisfern erscheinen, da die dort beschriebenen Inhalte in diesem Unternehmen tatsächlich nicht vorkommen. Dieses Unternehmen wird aber auch genau aus diesem Grund nicht ausbilden.

Insgesamt gibt es in Deutschland etwa 2,6 Mio. Unternehmen, von denen schätzungsweise die Hälfte nicht ausbilden kann, weil sie zu spezialisiert oder zu klein sind. Von der anderen Hälfte, die ausbilden könnte, bildet tatsächlich etwa die Hälfte aus, so daß wir etwa zwischen 500.000 und 700.000 Ausbildungsbetriebe haben, die entweder ständig oder von Zeit zu Zeit ausbilden. Mit Sorge beobachten wir hier eine sinkende Tendenz.

Eine Reihe von kleineren ausbildenden Betrieben erfüllt die Anforderungen der Ausbildungsordnung nicht vollständig. Aus diesem Grund gibt es ein System von über 600 überbetrieblichen Berufsbildungsstätten in Deutschland, die mit massiver Unterstützung des Staates errichtet worden sind und von den Betrieben, in der Regel über die Kammern oder Innungen, in der laufenden Finanzierung getragen werden. Diese überbetrieblichen Berufsbildungsstätten ergänzen die betriebliche Berufsausbildung dort, wo im Betrieb eine entsprechende systematische Ausbildung nicht erfolgen kann.

Das ist auch aus betrieblicher Sicht auch sinnvoll. Eine systematische vier- bis sechswöchige Ausbildung an CNC-Maschinen – also an computernumerisch gesteuerten Maschinen – wäre am Arbeitsplatz z.B. viel zu aufwendig und in der betrieblichen Praxis schlichtweg nicht durchführbar, so daß solche systematischen Unterweisungen im Rahmen entsprechender Lehrgänge in überbetrieblichen Unterweisungsstätten durchgeführt werden.

Wird Ausbildung zu teuer?

T.H.: Gehen wir einmal von einem kleineren Unternehmen aus, das nicht alle Inhalte der Ausbildungsordnung selbst vermitteln kann. Dieses Unternehmen müßte seinen Auszubildenden nun zu einer überbetrieblichen Maßnahme schikken. Wird die Ausbildung dadurch nicht zu teuer, beispielsweise durch die zusätzlichen Fehlzeiten oder die Kosten für die Lehrgangsteilnahme?

H. Schmidt: Die Frage ist nicht, ob Ausbildung zu teuer ist, sondern ob die Unternehmen qualifizierte Arbeitskräfte benötigen. Wenn ja, bezahlen sie das auch. In diesem Zusammenhang erzähle ich gern eine kleine Anekdote. Zwei Unternehmer treffen sich und führen ein Gespräch: „Was gibst Du denn für Ausbildung aus?" – „Gar nichts. Und wieviel gibst Du aus?" – „5 % vom Bruttolohn." – „Also wenn ich 5 % für Ausbildung ausgeben würde, wäre ich sofort bankrott." – „Wenn Du nichts ausgibst, bist Du eben etwas später bankrott."

Also, wenn Ausbildung für ein Unternehmen zu teuer wird, dann hört es auf, auszubilden. Wenn es aber kein Geld hat, in Ausbildung zu investieren, um gut ausgebildetes Personal zu bekommen, das im Gegensatz zu Maschinen in seinem Wert ständig steigt, dann wird das Unternehmen früher oder später auch kein Geld mehr haben, in Maschinen zu investieren.

Die Investitionen in die Ausbildung von Personal haben in den letzten zehn Jahren ständig zugenommen, weil die Anforderungen gestiegen sind. Ausbildung ist also real teurer geworden. Wenn ein Unternehmen deshalb selbst nicht mehr ausbilden will, so wird diese Entscheidung solange nicht zu einem Problem führen, wie es sich am Markt geeignetes Personal beschaffen kann. Wenn das Unternehmen qualifiziertes Personal braucht, dann wird es dafür auch bezahlen. Die Investitionen in das Personal müssen sich für das Unternehmen rechnen. Und die Kosten, die durch die Beschaffung von Fremdpersonal entstehen, sind mitunter höher, als die Kosten der Ausbildung.

Die AEG hat die Kosten der Ausbildung den Kosten gegenübergestellt, die durch die Beschaffung und Einarbeitung von Fremdpersonal entstehen, und festgestellt, daß es kostengünstiger ist, selbst auszubilden, zumal das Risiko der Fehlbesetzung entfällt.

Im übrigen: Wenn das duale System den Betrieben zu teuer wird, dann wird es das duale System irgendwann nicht mehr geben, und man wird mehr und mehr zu einer vollzeitschulischen Berufsausbildung übergehen. Ob das im Sinne der Betriebe ist, sei dahingestellt.

Durch Ausbildung selbständig werden

T.H.: Ein vorrangiges Ziel der Ausbildung heute ist es, den Jugendlichen zur Selbständigkeit zu führen, d.h. ihn in die Lage zu versetzen, seine Arbeit selbständig zu planen, durchzuführen und zu kontrollieren. Wie läßt sich dieses Ziel erreichen?

H. Schmidt: Nehmen Sie zum Beispiel einen Großbetrieb der Automobilbranche, der auf Prozeßfertigung umgestellt hat, in dem also eine Gruppe von Menschen als Team im Verlauf des Produktionsprozesses die Planung, Durchführung und Kontrolle eines Produktionsabschnittes übernommen hat. In dieser Gruppe arbeiten sehr unterschiedlich qualifizierte Menschen, z.B. ein Ingenieur sowie einige Facharbeiter und Kaufleute. In dieser Gruppe kann der Auszubildende in der Praxis lernen, und zwar die je selbständige Planung, Durchführung und Kontrolle. Je selbständig heißt, daß in der Gruppe nicht der Ingenieur oder der akademisch gebildete Kaufmann die Verantwortung für alles hat, sondern die einzelnen Verantwortungsbereiche präzise definiert und verteilt sind. Der oder die Auszubildende erlebt in der Gruppe unmittelbar, welche Bereiche zu einem in sich geschlossenen Fertigungsprozeß gehören, was im einzelnen notwendig zu tun ist und nach welchen Kriterien eine sinnvolle Kontrolle erfolgen kann. Innerhalb dieses Prozesses wird er oder sie selbst im Rahmen der Ausbildung Verantwortung für den einen oder anderen Bereich übernehmen und so Selbständigkeit erlernen.

Innerhalb der Ausbildung im Handwerk ist ein Erlernen von Selbständigkeit noch leichter möglich. Die Tätigkeit dort richtet sich häufig nach den konkret eingehenden Kundenaufträgen, und entsprechend dieser Aufträge kann man auch die Ausbildung gestalten. Wenn nun in den Betrieb ein Kundenauftrag eingeht und der Meister den Auszubildenden vom Auftragseingang über die Planung dieses Auftrages, seine Durchführung und Kontrolle einschließlich Kalkulation und Abrechnung in die Auftragsabwicklung mit einbezieht, dann kann der Jugendliche enorm an Selbständigkeit gewinnen, denn er überblickt beispielhaft einen vollständigen Produktionsablauf und erhält auch einen Einblick in die wirtschaftlichen und zeitlichen Zwänge, in denen der Meister als Betriebsinhaber und wirtschaftlich Verantwortlicher drinnensteht. Hat der Auszubildende die entsprechende Einsicht in die Gesamtzusammenhänge des Betriebes, wird er auch viel leichter z.B. dazu zu bewegen sein, einmal eine Stunde länger oder am Samstagvormittag zu arbeiten, wenn es aus betrieblicher Sicht geboten ist.

Die Umsetzung des neuen Paradigmas des selbständigen Planens, Durchführens und Kontrollierens setzt voraus, daß den Auszubildenden das Betriebssystem klar ist, in dem sie sich befinden. Sie müssen wissen, wie die eigene Arbeitsleistung mit der Kundenorientierung, dem Marktgeschehen und dem wirtschaftlichen Erfolg des Betriebes zusammenhängt. Diese Einsichten müssen ihnen von seiten der Ausbilder und Betriebsinhaber vermittelt werden.

Wir wissen, daß viele Betriebe noch nicht auf diese Weise arbeiten, etwa weil sie nach wie vor einem hierarchischen Prinzip huldigen, nach dem einer das Sagen hat und sich nicht in die Karten schauen läßt. Die Folge ist, daß die Mitarbeiter auf den unteren Hierarchieebenen nicht wissen, was im Betrieb eigentlich abläuft und welchen Stellenwert ihre Arbeit hat. Und wir wissen auch, daß diejenigen Unternehmen, die auf die geschilderte Weise ausbilden, in den dynamischen Märkten, die heute die Realität sind, weit besser zurechtkommen, weil ihr Personal anpassungsfähiger, flexibler und motivierter ist als konventionell ausgebildete Belegschaften. Sie sind damit wesentlich weniger durch den dynamischen Wandel auf den Märkten gefährdet.

T.H.: Um dieses Modell der Selbständigkeit in den Betrieben verwirklichen zu können, bedarf es ja auch einer entsprechenden Ausbildung der Ausbilder.

H. Schmidt: Ja, natürlich. Obwohl dies so ist, reden zur Zeit manche davon, zur Sicherung von Ausbildungsplätzen auf Ausbilderqualifikation zu verzichten.

T.H.: Wenn man mit Menschen spricht, die die Ausbildung der Ausbilder absolviert haben oder die selbst in der Ausbildung der Ausbilder tätig sind, dann ist häufig zu hören, daß die vermittelten Inhalte viel zu theoretisch seien. Gerade der Bezug zur Praxis wird also häufig vermißt.

H. Schmidt: Zunächst einmal ist die Frage, wie der Unterricht erteilt wird. Ende 1994 sind vom Hauptausschuß des Bundesinstitutes für Berufsbildung neue Leitlinien für die Ausbilderqualifizierung herausgegeben worden, die ausdrücklich vorsehen, auch die berufliche Erfahrung der Teilnehmer zur Grundlage der Ausbilderqualifikation zu machen. Damit wäre dem Vorwurf der Praxisfremdheit vorgebaut.

Zum anderen aber sind die in der Ausbildung der Ausbilder vermittelten Kenntnisse zu einem guten Teil theoretisch, und das müssen sie auch sein, denn sie sollen den Ausbildungsalltag, also die eigentliche Praxis, reflektieren und bewußtmachen. Darauf müssen sich die Teilnehmer einlassen. In diesem Zusammenhang bringe ich gern ein Zitat von Carl Friedrich von Weizsäcker, das ich auf einem kleinen Zettel immer bei mir trage:

„Wer versäumt, sein theoretisches Verständnis unserer komplizierten Welt soweit zu fördern, als er irgend vermag, der wird gerade in der Praxis auf die Dauer sehr viel mehr Schaden als Nutzen stiften. Wer sich umgekehrt aus den Forderungen der Praxis in den Turm reiner Theorie zurückzieht, dessen Reflexion wird gerade philosophisch steril werden."

Ich spreche häufig mit Ausbildern gerade kleinerer Betriebe, die darüber klagen, die Ausbildungsinhalte seien zu theoretisch. Ich spreche aber auch mit Akademikern, Ärzten und Rechtsanwälten etwa, die sich der Ausbildereignungsprüfung nicht zu unterziehen brauchen und die glauben, ihr Fachstudium habe ihnen bereits alle pädagogischen Kenntnisse geliefert, die sie benötigen, um sinnvoll ausbilden zu können. Beide Positionen sind einseitig, denn Praxis und Theorie müssen sich im Sinne von Weizsäckers gegenseitig durchdringen. Wieso halten wir für Berufsschullehrer ein mindestens acht Semester dauerndes Studium für erforderlich und die Ausbilder die Theorie sogar für überflüssig?

Ein weiterer Aspekt ist, daß die Ausbildereignungsverordnung aus dem Jahr 1972 schon längst hätte überarbeitet und den veränderten Erkenntnissen und Erfordernissen angepaßt werden müssen. Das ist aber politisch verhindert worden, nicht zuletzt von den Kammern, die befürchten, das gesamte Prüfungswesen könne in diesem Zusammenhang umgestellt werden. Wir haben jetzt mit allen Beteiligten, also auch in Zusammenarbeit mit den Kammern, einen neuen Rahmenplan für die Ausbildung der Ausbilder entwickelt, der zur Zeit in einem Modellversuch erprobt wird und mit dem wir den Praktikern gerecht werden wollen, die mit Recht die eine oder andere theoretische Überfrachtung beanstanden. Wir hoffen aber auch, den Praktikern die notwendige Theorie so schmackhaft zu machen, daß sie sich in ihrem eigenen Interesse mit ihr gewinnbringend auseinandersetzen können und werden. Nur eine theoretisch wie praktisch fundierte Ausbildung der Ausbilder wird in Zukunft so anziehend und gut bezahlt sein, daß auch schulisch gut bis sehr gut vorgebildete Jugendliche ihr etwas abgewinnen können.

Berufliche Weiterbildung

T.H.: Der Prozeß des Lernens ist heute mit dem Abschluß der Ausbildung nicht zu Ende, sondern setzt sich – bedingt durch fortschreitende technische wie wirtschaftliche Entwicklung – stetig fort.

Nach der beruflichen Ausbildung kommt daher die berufliche Weiterbildung. Wie ist es derzeit um sie bestellt?

H. Schmidt: Unser Problem ist, daß wir zwar ein gut ausgebautes berufliches Ausbildungssystem haben, daß aber das berufliche Weiterbildungssystem in Deutschland recht mangelhaft ausgeprägt, wenig transparent und in vielen Bereichen ohne allgemein anerkannte Abschlüsse ist. Um der Forderung nach Gleichwertigkeit von allgemeiner und beruflicher Bildung gerecht zu werden, muß das Weiterbildungssystem ausgebaut werden. In der Bevölkerung gibt es eine klare Vorstellung davon, was ein Facharbeiter, ein Fachangestellter oder ein Handwerksgeselle ist. Auch unter den Begriffen Handwerksmeister und Industriemeister können sich viele etwas vorstellen. Im Dienstleistungsbereich dagegen fehlt ein klares Konzept. Dort gibt es zwar eine Vielzahl von Fachwirten, von deren Qualifikation aber kaum jemand eine klare Vorstellung hat. So gibt es allein im kaufmännischen Bereich über 2.000 Regelungen zu Aufstiegsfortbildungen, die kein deutliches Profil haben. Wir müssen daher den Jugendlichen deutlich machen, daß Aus- und Weiterbildung zusammengehören und müssen klar erkennbare Wege einer Aufstiegsfortbildung schaffen. Allerdings bleiben auch solche Bemühungen ohne Erfolg, wenn die Unternehmen den beruflichen Aufsteigern Akademiker vorziehen.

Die Handwerksausbildung z.B. ist für Jugendliche gut überschaubar: Die Berufsausbildung führt zum Gesellenbrief, die berufliche Weiterbildung eröffnet dann die Möglichkeit, den Meistertitel zu erlangen. Nun steigen aber nur 16 % aller Handwerksgesellen zum Handwerksmeister auf. Hier beanstanden die Jugendlichen zu Recht, daß dies nicht gerade üppige Aufstiegschancen sind. Aus diesem Grund arbeiten wir zur Zeit daran, zwischen dem Gesellen und dem Meister als weitere Stufe die des Assistenten zu etablieren. Diesem Assistenten kann der Meister bestimmte Aufgaben delegieren, z.B. Arbeitsvorbereitung, hochspezialisierte Teilaufgaben, Kostenrechnung, Buchhaltung oder Marketing. In diese Assistentenstelle kann man durch entsprechende Weiterbildung aufsteigen und wird dann auch entsprechend besser bezahlt.

Dieses Konzept haben das Kraftfahrzeughandwerk und die Tischler in Zusammenarbeit mit uns erarbeitet. Im Kfz-Handwerk wurde so das Berufsbild des Servicetechnikers geschaffen, der die Funktion eines Diagnostikers für Mängel an modernen Autos hat und sich mit den entsprechenden Diagnosegeräten auskennt. Auf diese Weise wollen wir im Handwerk Aufstiegschancen transparent machen, die auch in kleineren Betrieben realisiert werden können. Viele Jugendliche mit besseren Schulabschlußzeugnissen ziehen kleinere Betriebe vor, weil sie dort nicht in einer großen Masse von Arbeitnehmern untergehen und leichter in eine Position gelangen können, die es ihnen ermöglicht, Verantwortung zu übernehmen und das Betriebsgeschehen mit zu beeinflussen. Der Aufstiegsweg kann so vom Gesellenbrief als Kfz-Mechaniker über den Servicetechniker zum Meister und von dort über ein Studium an Fachhochschulen zum Ingenieur oder Kaufmann führen. Mit dem Meisterbrief erhalten Menschen in Hamburg, Niedersachsen und Nordrhein-Westfalen schon heute die Möglichkeit, ohne Abitur an Fachhochschulen zu studieren.

T.H.: Unabhängig vom Ergebnis der Meisterprüfung?

H. Schmidt: Ja. Es gibt in den einzelnen Bundesländern verschiedene Regelungen, die Menschen aus dem beruflichen Bildungsbereich Studienmöglichkeiten eröffnen, aber hier muß dringend mehr Transparenz geschaffen werden, damit verläßliche Karriereplanung überhaupt möglich ist. Die Menschen, die sich für einen beruflichen Bildungsweg entscheiden, müssen einfach wissen, unter welchen Bedingungen sie studieren könnten, wenn sie es wollten. In diesem Zusammenhang wäre außerdem dringend geboten, eine geeignete finanzielle Förderung für diese Weiterbildungsmaßnahmen anzubieten.

Gleichwertigkeit von allgemeiner und beruflicher Bildung

T.H.: Ein wesentliches Stichwort der Bildungsdiskussion ist das der Gleichwertigkeit von allgemeiner und beruflicher Bildung, und was Sie eben sagten, gehört ja auch hierher, also daß neben der schulisch zu erwerbenden Fachhochschulreife auch der Meistertitel zum Studium an Fachhochschulen berechtigt. Wie steht es insgesamt um die Gleichstellung von beruflicher und allgemeiner Bildung?

H. Schmidt: Die Forderung nach einer Gleichstellung von beruflicher und allgemeiner Bildung ist uralt und wurde schon im letzten Jahrhundert von den Gewerkschaften erhoben, damals unter dem Stichwort der Gleichstellung von Arbeiterbildung und Bürgerbildung. Die vom Ministerpräsidenten in Nordrhein-Westfalen berufene Bildungskommission, mit Wissenschaftlern, Unternehmern und Gewerkschaftern besetzt, hat soeben gefordert, daß der Facharbeiterbrief dem Abitur und der Meisterbrief dem Fachhochschuldiplom gleichgestellt wird. Um diese Forderung umzusetzen, muß man akzeptieren, daß berufliche Bildung anders als allgemeine Bildung ist, aber gleichwertig. In der Praxis heißt das, daß die Abschlüsse der beruflichen Bildung denen der allgemeinen Bildung gleichgestellt, also auch gleiche Zugangsberechtigungen zu weiterführenden Bildungseinrichtungen eröffnen werden müssen. Das muß durch staatliche Setzung geschehen, und solange dies nicht geschieht, wird ein Handwerksmeister weniger gesellschaftliches Ansehen genießen als ein Hochschulabsolvent. Erst die staatliche Gleichstellung der Berechtigten führt auch zu einer gesellschaftlichen Wertschätzung.

Wir haben heute eine wirtschaftspolitisch und arbeitsmarktpolitisch motivierte Forderung nach Gleichwertigkeit, aber dem fehlt eine bildungstheoretische Begründung. Nach wie vor gilt in den Augen der Bildungspolitik die klassische Bildung mehr als jede berufliche Bildung. Es gilt als gebildet, wer alte Sprachen gelernt hat, nicht aber, wer sich mit Ökonomie und Technik abgibt, denn letzterer zielt mit seiner Bildung nur aufs Geldverdienen. Dabei verdienen diejenigen in der Regel immer noch das meiste Geld, die alte Sprachen gelernt haben. Das wird auch solange so bleiben, wie die Gleichsetzung der beiden Bildungswege politisch nicht vollzogen, gesellschaftlich nicht anerkannt und im öffentlichen Dienst und in den Unternehmen der Aufstieg beruflich Qualifizierter in höchste Positionen praktisch unmöglich ist.

Berufsbildung und öffentliche Schule

T.H.: Was halten Sie von Vorschlägen, berufsbildende Elemente stärker als bisher in das allgemeinbildende Schulwesen zu integrieren?

H. Schmidt: Bei dieser Frage ist es wichtig zu differenzieren. Berufsqualifizierende Inhalte, die auf einen Berufsabschluß gerichtet sind, haben in der allgemeinbildenden Schule nichts zu suchen. Was die allgemeinbildende Schule aber leisten müßte, ist, ein allgemeines Verständnis von Ökonomie und Technik zu vermitteln, damit das Denken in kaufmännischen, wirtschaftlichen und technischen Kategorien erlernt wird. Hier bestünde echter Bedarf.

Ich gebe Ihnen ein Beispiel: In den 60er Jahren wurde in allen Bundesländern in der Hauptschule das Fach Arbeitslehre mit dem Ziel einer Hinführung zur Wirtschafts- und Arbeitswelt eingeführt. Damals war die Hauptschule auch noch tatsächlich die Hauptschule und stellte über 80 % aller Schulabsolventen; heute sind es nur noch knapp ein Drittel. Weder in der Realschule noch im Gymnasium aber gibt es heute ein der Arbeitslehre vergleichbares Fach. Dies wäre aber dringend geboten, denn selbst ein Drittel aller Abiturienten macht heute eine Lehre im dualen System und bedürfte daher dringend der Vorbereitung auf die Berufswelt.

In den Klassen 7 bis 10 aller Schulformen müßte heute Arbeitslehre reguläres Unterrichtsfach sein, das fordert nicht nur das Bundesinstitut, sondern auch die Arbeitgeberverbände und die Gewerkschaften. Der Unterricht sollte dann durch entsprechende Praktika ergänzt werden, wie es an den Hauptschulen ja auch geschieht. Auf solch einer Grundlage könnten die Jugendlichen mit viel realistischeren Vorstellungen einen Ausbildungsberuf ergreifen. Die Zahl der Ausbildungsabbrecher könnte dadurch reduziert werden.

Neuordnung der Berufe

T.H.: Was versteht man unter dem Begriff der Neuordnung der Berufe?

H. Schmidt: Dem Ausbildungssystem in Deutschland liegt wie gesagt das Konzept der staatlich anerkannten Ausbildungsberufe zugrunde. Um der fortschreitenden technischen und wirtschaftlichen Entwicklung gerecht zu werden, müssen die Berufe von Zeit zu Zeit neu geordnet werden, d.h. die den einzelnen Berufen zugeordneten und in den Ausbildungsordnungen festgeschriebenen Ausbildungsinhalte müssen auf ihre Aktualität geprüft und entsprechend ergänzt oder geändert werden. Auch kann es notwendig sein, bestimmte Berufe aufzuheben, weil kein Bedarf mehr für sie besteht, oder einzelne Berufsfelder neu zu schneiden, d.h. einzelnen Ausbildungsberufen neu zuzuordnen oder ganz neue Berufe zu entwickeln. Qualifikationen können eben in unterschiedlicher Weise gebündelt und zu Ausbildungsberufen zusammengefaßt werden.

Wir haben derzeit 40 Berufe in Arbeit, die aktualisiert werden sollen. So viele Berufe haben wir noch nie gleichzeitig neu geordnet, sonst waren es 15 bis 20 Berufe pro Jahr. Doch die technische Entwicklung in der Wirtschaft ist zur Zeit derart dynamisch, daß eine zügigere Neuordnung notwendig ist.

T.H.: Trotzdem wird ja von Seiten der Wirtschaft häufig der Vorwurf erhoben, die Neuordnungsverfahren dauerten zu lange, so daß neue Entwicklungen zu spät berücksichtigt würden.

H. Schmidt: Ja, das ist richtig, aber dieser Vorwurf ist unbegründet. Die Ausbildungsordnungen regeln die Ausbildung in 400.000 bis 500.000 Betrieben, die nicht alle zur technischen Avantgarde gehören. Wenn nun etwas in eine Ausbildungsordnung aufgenommen wird, was zwar dem neuesten Stand entspricht, in mehr als der Hälfte der Betriebe aber noch nicht gängige Praxis ist, werden viele Betriebe nicht mehr ausbilden können, weil sie die Anforderungen noch gar nicht erfüllen. Jede neue Entwicklung, jede neue Technik braucht eine gewisse Zeit, bis sie sich in der Masse der Betriebe durchgesetzt hat.

Es gibt immer eine Reihe von Betrieben, die sich am jeweils neuesten Stand orientieren und neue Techniken und neue Arbeitsverfahren etwa zehn Jahre vor dem Durchschnitt der Betriebe einführen. Aus der Sicht dieser Betriebe werden die Inhalte der Ausbildungsordnungen sehr schnell überholt sein, doch an ihnen können wir uns nicht orientieren.

Zwei Drittel aller Ausbildungsverträge werden mit Unternehmen mit weniger als 50 Beschäftigten geschlossen. Von diesen kann es sich die Mehrzahl einfach nicht leisten, jede neue Entwicklung gleich mitzumachen. Sie werden ihre Computer z.B. nicht deshalb wegwerfen, weil Microsoft wieder einmal eine neue Idee hatte, für die aber die alten Geräte nicht ausreichen. Solange die Betriebe mit den alten Systemen noch Geld verdienen können, werden sie sie auch behalten. Das heißt, die Ausbildungsordnungen dürfen sich gar nicht am jeweils neuesten Stand orientieren.

Wir versuchen natürlich, so aktuell und praxisnah wie möglich zu arbeiten. Am Neuordnungsverfahren sind daher erfahrene Ausbilder aus der betrieblichen Praxis beteiligt, die uns von den Arbeitgebern und Gewerkschaften geschickt werden. Diese sagen uns, was bei ihnen derzeit Ausbildungsstandard ist. Daraus werden dann – justitiabel formuliert, denn das wird Vertragsbestandteil – Ausbildungsziele und -inhalte als Minimumstandards formuliert. Wenn wir die „beste Praxis“ festschreiben würden, dann könnten eine ganze Reihe von Betrieben nicht mehr ausbilden, weil sie die Anforderungen nicht mehr erfüllen würden.

Wer über die Mindeststandards hinaus ausbilden möchte, kann und soll das tun, so sind die Ausbildungsordnungen ja gerade angelegt. Man darf sie nicht als starre, unveränderliche Gebilde ansehen. Wenn Sie Kritik an Ausbildungsordnungen hören, können Sie darauf wetten, daß sie von Betrieben kommt, die zur Ausbildungsavantgarde gehören, die die Anforderungen der Ausbildungsordnungen seit Jahren übererfüllen und durch ihre Kritik ihre Fortschrittlichkeit zum Ausdruck bringen wollen und sollen. Diese Kritik ist ja gewünscht und hilfreich. Von der großen Menge derer, die noch strampeln müssen, um die Mindestnorm zu erfüllen, hört man in der Regel nämlich wenig.

T.H.: Wie stehen Sie zu der Behauptung, daß mehr Ausbildungsplätze zur Verfügung stünden, wenn die Neuordnung zügiger vorankäme?

H. Schmidt: Ich halte dieses Argument für eine politische Entschuldigung dafür, daß man keine Ausbildungsplätze bereitstellen möchte. In der Vergangenheit lassen sich eine ganze Reihe von Beispielen aufzeigen, bei denen wir vom Bundesinstitut für Berufsbildung auf eine Neuordnung der Berufe gedrängt haben, und diejenigen, die jetzt nach einer Neuordnung schreien, meinten, eine Neuordnung wäre nicht nötig, weil die alten Verordnungen noch ausreichten. Das kann ich für die Berufe des Bankkaufmanns, des Industriekaufmanns und andere kaufmännische Berufe im einzelnen nachweisen. Seit zehn Jahren drängen wir dort auf eine Novellierung, aber die Arbeitgeber, insbesondere der Deutsche Industrie- und Handelstag (DIHT) hielt dies nicht für nötig. Insofern ist das Junktim „Neue Berufe – mehr Ausbildungsplätze“ ein recht durchsichtiges

Manöver, um vom Hauptproblem abzulenken: Große Teile der Industrie verabschieden sich aus der Ausbildung, ob mit oder ohne neue Berufe. Wir bleiben deshalb dabei, bei der Neuordnung und der Neuschaffung von Berufen in erster Linie mit den entsprechenden Fachverbänden zusammenzuarbeiten. Der DIHT ist kein Fachverband, sondern der überregionale Zusammenschluß der Industrie- und Handelskammern. Er ist sehr sachkundig und ist auch beteiligt, aber nicht für die Neuordnung zuständig. Wenn im Metallbereich Berufe novelliert werden sollen, brauchen wir weiterhin die Zusammenarbeit mit IG Metall auf der einen und Gesamtmetall auf der anderen Seite. Diese Fachverbände nehmen zur Zeit zu den Vorschlägen des DIHT Stellung.

Im übrigen arbeiten wir bereits seit einiger Zeit an der Schaffung neuer Berufe, so daß der DIHT mit einigen Vorschlägen bei uns offene Türen einrennt. Ein Beispiel ist der Beruf des Mediengestalters. Dieser Beruf stößt auf Bedarf bei Funk, Presse, Fernsehen usw. Aber bevor wir dieses Berufsbild erarbeiten, haben die zuständigen Verbände geprüft, ob ihre Mitgliedsunternehmen eine ausreichende Zahl von Ausbildungsplätzen zur Verfügung stellen und entsprechenden Beschäftigungsbedarf haben. Da dies der Fall ist, wird der Beruf positiv aufgenommen werden.

T.H.: Wie lange dauert es, eine Ausbildungsordnung neu zu ordnen oder neu zu entwerfen?

H. Schmidt: Fast 90 % aller Ausbildungsordnungen, die wir in den letzten 20 Jahren bearbeitet haben, sind in weniger als zwei Jahren fertiggestellt worden. Nur eine kleine Zahl hat mehr Zeit in Anspruch genommen. Alle Welt redet jedoch über die acht Jahre, die die Reduzierung von 42 auf 6 metallindustrielle Berufe gedauert hat. Zwei Jahre, die bereits 1978 vereinbart wurden, sind aller Erfahrung nach eine realistische Größe. Im Bundesinstitut könnten wir zwar rein theoretisch eine Ausbildungsordnung innerhalb von 6 Monaten novellieren, aber damit wäre niemandem gedient. Gewerkschaften und Arbeitgeber müssen die Verordnung prüfen und mit ihren Mitgliedsfirmen abstimmen, sonst hat sie später in der Praxis nicht die notwendige Akzeptanz. Diese Beteiligung braucht ihre Zeit.

Als dieses Verfahren 1977/78 eingeführt wurde, feierte man es als die große und weltweit einmalige Errungenschaft, daß die von den Verordnungen unmittelbar Betroffenen direkt an der Entstehung und Gestaltung selbst beteiligt werden und über Ziele, Inhalte und Dauer der Berufsausbildung mitentscheiden können. Das gibt es auch in Deutschland in keinem anderen Bildungsbereich. Denken Sie an Schulen oder Hochschulen. Daß ein Neuordnungsverfahren manchmal etwas länger als zwei Jahre dauert, ist darauf zurückzuführen, daß auch tarifliche und sozialversicherungsrechtliche Belange berücksichtigt werden müssen. Doch die notwendige Zeit sollten wir uns auch in Zukunft nehmen, um die Qualität der Ausbildung und die Akzeptanz der Ausbildungsberufe nicht zu gefährden.

T.H.: Wird in allen 370 Ausbildungsberufen, die es derzeit gibt, ausgebildet?

H. Schmidt: Nein, es gibt etwa 70 bis 80 Berufe, in denen schon seit Jahren nicht mehr ausgebildet wird und die wohl bald aufgehoben werden.

Berufsbildung in Europa

T.H.: Wie steht das Berufsbildungssystem Deutschlands innerhalb der Europäischen Union?

H. Schmidt: Sowohl im europäischen Kontext wie auch weltweit stehen wir sehr gut da, denn wir können den höchsten Ausbildungsgrad unserer Jugend aufweisen. Neun von zehn Jugendlichen werden in Deutschland beruflich qualifiziert. Diese Quote erreicht kein anderes Land, und sie zu erreichen ist uns nur mit dem dualen System möglich. Die meisten anderen Länder betreiben Berufsbildung vorwiegend als vollzeitschulische Ausbildung und erreichen nur einen Bruchteil unserer Ausbildungsquote. Auch die Rate der Jugendarbeitslosigkeit in Deutschland ist sehr gering, was auch auf das duale System zurückzuführen ist. Viele Länder bemühen sich daher, eine den jeweiligen Verhältnissen angepaßte Form dualer Bildung einzuführen.

Wir beraten viele Länder bei der Einführung dualer Berufsbildungssysteme, empfehlen aber keinem, unser System zu kopieren, denn das würde nicht funktionieren. Jedes Land muß seine eigene Form der dualen Berufsbildung entwikkeln, auf die jeweiligen Verhältnisse zugeschnitten. In den USA z.B., wo fünf von zehn Jugendlichen zum College geführt werden, es aber für die restlichen fünf keine Qualifikationswege gibt, sollen jetzt in 22 Staaten duale Systeme eingeführt werden. Dabei muß natürlich den amerikanischen Verhältnissen Rechnung getragen werden, wo es den sozialen Dialog zwischen Arbeitgebern und Gewerkschaften nicht in der Art wie in Deutschland gibt.

Die Niederlande und Dänemark hatten stark schulisch geprägte Berufsausbildungssysteme, in denen gute Arbeit geleistet wurde. Man qualifizierte aber nur zwei Drittel eines Jahrgangs. Man hat dort parallel ein duales System nach deutschem Vorbild aufgebaut, in dem etwa 20 bis 25 % der Schulabgänger qualifiziert werden. So sind in diesen Staaten vielgestaltige Berufsbildungssysteme mit hoher Leistungsfähigkeit entstanden, die auch stark vom sozialen Dialog geprägt sind.

„Wir brauchen eine duale Studienstufe"

T.H.: Wenn Sie Bilanz ziehen, sind Sie dann mit dem Berufsbildungssystem in Deutschland zufrieden, oder haben Sie dringende Verbesserungswünsche?

H. Schmidt: Ich bin inzwischen 38 Jahre in diesem System tätig, und ich muß sagen, daß ich mir zu Beginn meiner Tätigkeit nicht hätte träumen lassen, daß das duale System der Berufsausbildung einmal die Bedeutung erlangen würde, die es heute hat. Die Qualität des dualen Systems und der Anteil der in ihm Ausgebildeten sind in den letzten 30 Jahren enorm gesteigert worden.

Heute ist viel von der Krise des dualen Systems die Rede. Aber das System ist nicht in der Krise, sondern die Träger dieses Systems. Wenn die Großindustrie im Metall- und Elektrobereich in den letzten fünf Jahren 56 % ihrer Ausbildungskapazitäten abbaut, dann zeugt dies von Schwierigkeiten der Unternehmen. Die Verbindung von Arbeiten und Lernen – das Grundprinzip des dualen Systems – ist so gut, daß alle Staaten der Welt auf diese oder andere Weise auch entsprechende Systeme aufbauen wollen.

Aber gerade weil unser System so erfolgreich ist und auf einem seltenen Konsens von Arbeitgebern, Arbeitnehmern und Staat beruht, sollte den Absolventen beruflicher Bildung der Umstieg ins allgemeinbildende System nicht zugemutet werden. Deshalb fordern wir im Bundesinstitut die Schaffung einer eigenen dualen Studienstufe, die es den Menschen ermöglicht, nach der Berufsausbildung im Beruf zu bleiben und ein berufsbegleitendes Studium zu absolvieren. Um dies zu ermöglichen, müßten besondere Studienangebote in inhaltlicher, methodischer und organisatorischer Hinsicht, Erleichterungen im Beruf, z.B. Teilzeitarbeit, und eine staatliche Förderung des Studiums eingeführt werden. Wer im Beruf bleibt und nebenher studiert, zahlt schließlich Steuern und Sozialversicherungsbeiträge und ist wohl einer angemessenen staatlichen Förderung würdig. Die Hochschulen und Fachhochschulen müßten ihre Studieninhalte über Multimedia am Arbeitsplatz oder zu Hause anbieten und interaktive Lehrmethoden über Telekommunikation entwickeln. Studienzeiten müßten aufgrund der bereits erworbenen Qualifikation verkürzt werden. Es kann doch nicht sein, daß ein 30jähriger Studierender mit einer abgeschlossenen Berufsausbildung, zehnjähriger Berufserfahrung und einem Meistertitel genauso behandelt wird wie ein 19jähriger Abiturient. Daher müßte es möglich sein, ein Teilzeitstudium von ein bis zwei Jahren einzurichten, das den Absolventen des beruflichen Bildungszweiges auch den Aufstieg in die Topetagen der Wirtschaft und des öffentlichen Dienstes eröffnet. Wir müssen akzeptieren, daß dort in unserer verwissenschaftlichten und immer komplizierter werdenden Welt ohne Studium

Führungspositionen immer seltener erreichbar werden. Wir müssen den beruflichen Bildungsweg deshalb so ausbauen, daß auch er ein Studium ermöglicht, ohne daß es Einstufungsprüfungen und den Wechsel an die Präsenzuniversität gibt. Die Einführung dieser dualen Studienstufe wäre die Nagelprobe für die politisch propagierte Gleichwertigkeit von beruflicher und allgemeiner Bildung.

Das Humane ist zugleich das Ökonomische

Interview mit Peter Meyer-Dohm

von Wolfgang Weirauch

Prof. Dr. Dr. h.c. Peter Meyer-Dohm, *geb. 1930. 1949–1951 Lehre zum Verlagsbuchhändler, anschließend Studium der Wirtschafts- und Sozialwissenschaften in Göttingen und Hamburg. 1954 Diplom-Volkswirt, 1956 Promotion zum Dr. rer. pol. 1955–1964 wissenschaftlicher Assistent bei Prof. Dr. Karl Schiller, Universität Hamburg, 1964 Habilitation, anschließend Dozent an der Universität Hamburg.*

1965–1981 ordentlicher Professor für Wirtschaftslehre, Ruhr-Universität Bochum, 1966–1981 Direktor am Institut für Entwicklungsforschung und Entwicklungspolitik der Ruhr-Universität, Leiter der Sektion Bildungsökonomik. 1969–1981 Mitglied des Wissenschaftlichen Beirats des Bundesministeriums für Wirtschaftliche Zusammenarbeit. 1970–1972 Prorektor, 1975–1979 Rektor der Ruhr-Universität. 1981–1992 Leiter des Zentralen Bildungswesens bzw. der Personalentwicklung in der Volkswagen AG, 1992–1995 dort Leiter bildungs- und gesellschaftspolitischer Projekte. 1988–1990 Mitglied der Hochschulstrukturkommission für das Land Niedersachsen. 1992–1995 Mitglied der Bildungskommission des Ministerpräsidenten des Landes Nordrhein-Westfalen.

Seit 1981 Honorarprofessor der Ruhr-Universität Bochum und seit 1988 der TU Braunschweig. Seit 1990 Vorsitzender der International Partnership Initiative e.V., Wolfsburg, und seit 1992 Mitglied des Wissenschaftsrates, seit 1994 Vorsitzender der Arbeitsgemeinschaft Betriebliche Weiterbildungsforschung e.V., Berlin.

Veröffentlichungen zum Thema: „Entwicklung der Humanressourcen im Hinblick auf den technologischen Wandel" 1986; „Haben wir das Lernen verlernt?" 1993; „Technologischer Wandel und Qualifizierung: Die neue Synthese" (mit K. Schütze), 1987; „Der Mensch im Unternehmen. Festschrift für K.-H. Briam" (mit E. Tuchtfeldt u.a.), 1988; „Berufliche Bildung im lernenden Unternehmen" (mit P. Schneider), 1990; „Methoden der Organisationsgestaltung und Personalentwicklung" (mit F.J. Heeg), 1994; zahlreiche Aufsätze in Zeitschriften und Sammelbänden.

Das folgende Gespräch mit Peter Meyer-Dohm präzisiert und veranschaulicht in vielen Bereichen die im Interview mit Peter Schneider angesprochenen Themenkreise. Angesichts des globalen Wettbewerbs, speziell der japanischen Herausforderung, stellt sich für immer mehr deutsche Unternehmen die Frage, wie die „Humanressourcen" umfassender zu nutzen sind. Gemeint sind mit diesem irritierenden Begriff Fähigkeiten, die potentiell in jedem Individuum schlummern. Wie kann es gelingen, Kreativität, Verantwortungs- und Teambewußtsein, usw. – also jede Form von beruflicher Handlungskompetenz – in Auszubildenden und anderen Arbeitnehmern zu wecken und zu fördern, so daß ein Betrieb zu einem lernenden Unternehmen wird, zu einem System also, in dem jeder bestrebt ist, von seinem individuellen Arbeitsplatz aus das Gesamtgeschehen möglichst umfassend im Bewußtsein zu haben und zu fördern?

Peter Meyer-Dohm – vor seiner Pensionierung verantwortlich für die Personalentwicklung und die Durchführung von Modellversuchen bei der Volkswagen AG – schildert, wie sich ein großes Industrieunternehmen dieser Herausforderung in einem Modellversuch im Bereich der Ausbildung stellt und kommt dabei zu einer seiner Kernthesen: Das Humane ist zugleich das Ökonomische. Nur durch Ausschöpfung und Weiterentwicklung menschlicher Fähigkeiten und mit der Schaffung einer menschengemäßen Unternehmenskultur kann ein Betrieb dem harten Wind des weltweiten Wettbewerbs standhalten.

Eine weitere Kernthese von Meyer-Dohm ist – fußend auf der Achtung vor dem Menschen – die der Gleichwertigkeit der Arbeit: Ein Arbeiter, der in der Fertigung Schrauben hereindreht, leistet verglichen mit der Tätigkeit von Vorstandsmitgliedern keine minderwertige Arbeit. Kopf- und Handarbeit sind gleichwertig. Diese Ansicht hat natürlich Konsequenzen für das Verständnis des Bildungswesen und mündet in die Forderung nach Gleichstellung von beruflicher und allgemeiner Bildung.

Keine Selektion zu Beginn der Ausbildung

Wolfgang Weirauch: Aufgrund langer historischer Entwicklungen ist die berufliche Bildung gegenüber der allgemeinbildenden ständig benachteiligt gewesen. Ist es erstrebenswert, beide Bildungswege einander gleichzustellen, z.B. durch gleichwertige Hochschulzugangsberechtigungen?

Peter Meyer-Dohm: Für mich gibt es da überhaupt keinen Zweifel: Beide Bildungswege sind gleichwertig! Ich sehe es als eine politische Aufgabe an, die Vernachlässigung der beruflichen Bildung zu beseitigen. Wir müssen aus dieser Dualität herauskommen. Ein führender Politiker – August Bebel – hat einmal gesagt, daß die Allgemeinbildung die Berufsbildung der Herrschenden ist, während die Berufsbildung die Allgemeinbildung der Beherrschten ist.

In der Wirtschaft und in der Industrie werden in Zukunft an die beruflich Gebildeten immer höhere Anforderungen gestellt werden. Begabte Menschen, die diesen Anforderungen gewachsen sind, werden sich zukünftig jedoch nur noch dann für einen berufsbildenden Weg entscheiden, wenn er gleiche Chancen wie der allgemeinbildende bietet.

Um es konkret zu machen: Es darf nicht so sein, daß allein der Gymnasiast eine Hochschulzugangsberechtigung erwerben kann, denn auch der Absolvent beruflicher Bildungswege muß unter gewissen Bedingungen die gleiche Berechtigung haben. Es darf keine Selektion am Anfang der Ausbildung stehen, denn das widerspricht der Erfahrung, daß sich junge Menschen entwickeln können.

W.W.: Die Unternehmen stehen derzeit und in der nächsten Zukunft vor ungeheuren Herausforderungen, z.B. wegen des globalen Wettbewerbs, neuer Technologien und vielem mehr. Der rein tayloristische Weg der Rationalisierung um jeden Preis – im Extremfall die menschenleere Fabrik – hat keine vordringliche Bedeutung mehr, sondern der Mensch ist als Produktivkraft wiederentdeckt worden. Welche Bedeutung messen Sie heute und auf Zukunft gesehen menschlicher Leistung innerhalb des globalen Wettbewerbs der Betriebe zu?

P. Meyer-Dohm: Ich glaube, daß die Betriebe in Zukunft vom Wissen leben werden. Das Wissen steckt in erster Linie in den Köpfen derjenigen, die dort tätig sind, und in zweiter Linie in der Organisation und sachlichen Ausstattung der Unternehmen. Letzteres ist geronnenes Wissen. Der zukünftige Wettbewerb wird ein Wettbewerb des Know-hows, des Wissens sein. Schon daraus ergibt sich eine ganz große Bedeutung der Humanressourcen, denn die Menschen sind diejenigen, die das sachliche Wissen nutzen und verändern können. Wir befinden uns nicht mehr in einer Zeit, in der wir uns ein Unternehmen als eine große Blaupause vorstellen können, die von irgend jemandem ausgedacht und optimiert wird. Statt dessen haben wir einen Paradigmenwechsel, wonach das Paradigma der Maschine immer stärker in den Hintergrund tritt und man in evolutionären, lebenden Systemen denkt, die den Unternehmen eine größere Flexibilität geben. Alles dies ist ohne Humanressourcen, also durch das, was Menschen einbringen, gar nicht denkbar.

Diese Erkenntnis wurde gewonnen, weil vielen Menschen in den Industriebetrieben der Sinn ihrer Arbeit abhandengekommen ist. Das Leben selbst findet für sie nur noch in der Freizeit eine Erfüllung, ihre Arbeit hingegen steht nur noch unter dem Motto „Geld verdienen". Mit einer solchen Einstellung und einer entsprechenden Betriebsorganisation kann man aber nicht die Qualität der Arbeit erhalten, die überlebensnotwendig ist. Die Qualität der Arbeit und damit der Produkte ist heute ein Knockout-Faktor: Wer sie nicht hat, verschwindet vom Markt. Und Qualität kann man heute nur so sichern, daß Menschen ein wirkliches Interesse in den Betrieb einbringen. Die Zeiten, in denen der Mensch – wie in Charlie Chaplins Film „Moderne Zeiten" – in die Zahnräder einer großen Maschinerie gerät, sind meines Erachtens vorbei.

Die Japaner besannen sich auf die Humanressourcen

W.W.: Warum haben die Japaner bei der Automobilherstellung eine deutlich höhere Produktivität? Ist die deutsche Lerngeschwindigkeit zu langsam?

P. Meyer-Dohm: Es gibt eine MIT-Studie (MIT = Massachusetts Institute of Technology), die vor fünf oder sechs Jahren veröffentlicht wurde und dieser Frage nachging. Man hat untersucht, wie Japan in diesem Schlüsselsektor, der Automobilindustrie, in die Spitzenstellung vorstoßen konnte. Die Japaner wollten bewußt nicht lernen, indem sie das übernahmen, was sie in den amerikanischen oder europäischen Fabriken sahen, sondern sie besannen sich auf die Ressource, die für sie die wichtigste war: die Humanressource. Hinzu kommt, daß man mit den Gewerkschaften die Übereinkunft traf, lebenslange Beschäftigung zu garantieren. Ferner ist noch die japanische Kultur zu nennen, in der das Unternehmen als Teil der Familie betrachtet wird. Der einzelne identifiziert sich in hohem Maße mit der Gruppe und dem Unternehmen, für das er arbeitet. Ferner geht das unternehmerische Denken von Menschen aus und bezieht sie bewußt mit ein, und zwar so weit, daß auch der letzte Mitarbeiter an Entscheidungen beteiligt wird. Es ist nicht so, daß die Japaner in ihren Entscheidungen schneller sind als wir, aber was bei uns eine Vorstandsentscheidung ist, hat in Japan lange, lange Vorbereitungszeiten. Es wird immer wieder diskutiert, immer wieder durchdacht, aber wenn entschieden ist, dann sind alle mit im Boot, und dann läuft es. Bei uns trifft man keine Entscheidungen auf der Basis derart gründlicher Vorbereitung, sondern die Entscheidungen werden in den oberen Etagen getroffen, und die unteren Etagen werden vor vollendete Tatsachen gestellt. Die Folge ist eine geringe Akzeptanz der Entscheidungen seitens der Belegschaft, es wird daher hinterher immer noch neu überlegt und eventuell umentschieden.

Da sind die Japaner groß im Vorteil. Wir dagegen haben immer noch große Schwierigkeiten bei der Verständigung zwischen Arbeitgebern und Arbeitnehmern, den Sozialpartnern, denn es widerspricht dem Selbstverständnis der Arbeitnehmer, sich derart stark mit einem Unternehmen zu identifizieren, z.B. weil Mobilität und Freizügigkeit in der Wahl des Arbeitsplatzes wichtige Werte sind. Das ist der hauptsächliche Unterschied zwischen Japan und der westlichen Welt. Ich bin allerdings der Meinung, daß wir diese Konkurrenz ohne weiteres einholen können. Aber der Weg dorthin ist schwierig, und es muß noch ein großes Umdenken erfolgen.

In einem lernenden Unternehmen wird auf allen Ebenen gelernt

W.W.: Erfolgreich ist man nur, wenn man überkommene Strukturen in einem Betrieb verändert, Erkenntnisse schneller umsetzt und effizienter als seine Konkurrenten lernt. Deshalb muß ein Unternehmen zu einem lernenden System werden. Ganz allgemein: Was ist ein lernendes System bzw. Unternehmen?

P. Meyer-Dohm: Die einfachste Erklärung ist, daß man sich die betriebliche Hierarchie als ein Dreieck mit einer breiten Basis vorstellt. Das alte Modell – ganz pointiert ausgeführt – hat oben ein Dreieck, das auf einem Trapez steht.

Das Ganze ist in der Mitte durch eine horizontale Linie geteilt. Oben in diesem Dreieck wird gedacht, unten wird gemacht.

Im lernenden Unternehmen hingegen wird auf allen Ebenen gelernt, d.h. Verhalten und Dinge sind potentiell veränderbar und können bei Bedarf unmittelbar den jeweiligen Erfordernissen angepaßt werden. Das gilt nicht nur für das kognitive Wissen in den Köpfen der Menschen. Genauso wie es Wissen gibt, das in Maschinen auskristallisiert ist, ist auch die Organisation eines Betriebes eine Auskristallisation von Wissen. Wenn Sie in ein Unternehmen hineinkommen, benötigen Sie eine gewisse Zeit, um die ungeschriebenen Gesetze kennenzulernen, die dort herrschen, und um in sie einzuschwingen. Diese Schwingungen, diese Resonanz nennt man Unternehmenskultur. Die Unternehmenskultur kann positiv oder negativ wirken und unterliegt ständigen Veränderungen. Auch dieses auskristallisierte Wissen muß wenn nötig in Lernprozessen umgestaltet werden. Insofern ist das lernende Unternehmen eine ganzheitliche Sicht des Unternehmens, keine einseitig auf die Menschen oder die Betriebsorganisation gerichtete.

Der Natur die Wahrheit abpressen

W.W.: Noch bis Ende der 70er Jahre glaubte man, daß der Mensch weitgehend durch die Technik zu ersetzen sei. Was sind die Wurzeln und Hintergründe dieses Denkens?

P. Meyer-Dohm: Die Wurzeln dieses Denkens sind bis ins 17. Jahrhundert zurückzuverfolgen. In dieser Zeit setzte sich ein neues Bewußtsein auf relativ breiter Front durch und mit ihm auch eine neue Wissenschaftsrichtung. Diese neue Richtung definierte Wahrheit stark unter dem Aspekt des Nutzens und Erkenntnis unter dem Aspekt der Machbarkeit. In diesem Zusammenhang sah man die Natur nicht mehr als Mutter Natur, als etwas Beschützendes, sondern als etwas, was man zu bezähmen, zu beherrschen und auszunutzen hatte. Man trachtete danach, die Natur in den Dienst des Menschen zu stellen oder sie durch Technik zu ersetzen.

W.W.: Sie denken an Francis Bacon?

P. Meyer-Dohm: Genau. Man wollte der Natur ihre Wahrheit abpressen. Das ist eine Wurzel, die zwar nicht direkt zu unserer Frage führt, aber die geistiger Hintergrund eines mechanistischen Weltbildes ist.

Das Produkt mechanistischen Denkens ist die Maschine. Im Laufe der Entwicklung wurde immer mehr von dem, was menschliche Arbeit war, Maschinen anvertraut, in Maschinen verlagert und damit natürlich auch von der Unzuverlässigkeit des Menschen gelöst. Das führte dann zu der ursprünglich sehr positiven und menschenfreundlichen Entdeckung, daß man Arbeit stärker rationalisieren sollte. Ein anderer Aspekt kam hinzu: Die Arbeitsteilung. Ich denke dabei also an Taylor. Das Ende dieser Entwicklung war aber, daß jeder nur noch einen kleinen Ausschnitt eines großen technischen Systems beherrschte. Fernerhin wurden ganz wichtige Fähigkeiten des Menschen in Maschinen, bis hin zum Roboter, verlagert: Diese lernten z.B., Werkstücke voneinander zu unterscheiden und anhand von Programmen ganze Arbeitsabläufe selbsttätig durchzuführen. Und schließlich hatte man in den 70er Jahren die menschenleere Fabrik. Sie kennen vielleicht diese Cartoons: Eine riesige Halle, vollbesetzt mit Maschinen, und es latscht nur noch ein Mann mit einer Ölkanne hindurch.

Die beweglichste Ressource ist der Mensch

Dabei hat man übersehen, daß Maschinen von Menschen gemacht werden müssen, und Menschen, die man gerne beseitigen möchte, weil sie Fehler machen, auch Fehler mit Maschinen machen. Deshalb dringt langsam die Einsicht durch, daß es außerordentlich schwierig ist, Fehler ganz zu vermeiden. Die umfassendste und komplizierteste Technologie, die wir haben, ist die der Raumfahrt, und gerade neulich ist wieder eine Rakete in Cape Canaveral nicht gestartet, weil ein Leck an den Wasserstofftanks aufgetreten ist. Und das nach so vielen Jahren Raumfahrt! Deswegen sagen die Ingenieure zunehmend, daß Fehler unvermeidbar sind.

Also müssen wir darüber nachdenken, wie man bei einem vernetzten System vermeiden kann, daß, wenn z.B. ein Wasserstofftank leckt, das ganze Ding nicht starten kann. An dieser Stelle findet man als die beweglichste Ressource den Menschen. Der Versuch, so große Systeme zu verwirklichen, hat auch dazu geführt, daß man z.B. in der Automobilindustrie sehr viel mehr Facharbeiter benötigt, man braucht sehr viel mehr Menschen mit Know-how, die diese riesigen Kapitalinvestitionen so funktionsfähig halten, daß sie laufen. So kommt man immer mehr zu einer optimalen Verbindung von Mensch und Maschine, zwischen lebendigem und auskristallisiertem Wissen des Menschen.

W.W.: Kommen die Anstöße zu einem Umdenken dadurch, daß man entdeckt hat, daß der Mensch Kreativität besitzt, oder gibt es andere Gründe?

P. Meyer-Dohm: Verschiedene Dinge kommen zusammen. Die Humanressourcen sind zum ersten Mal unter dem Aspekt *Humanisierung des Arbeitslebens* in den Blick gekommen. Das war auch eine große gewerkschaftliche Forderung. Dann ist zunehmend deutlich geworden, daß die menschliche Leistungsfähigkeit mitwachsen muß, wenn die Technologie höhere Ansprüche stellt. Das können

Sie unter anderem an den ständig steigenden Weiterbildungskosten ablesen, auch an den Kosten der Berufsausbildung. Die Technologie hat also eigentlich den Impuls ausgelöst, immer mehr Mittel für die Qualifizierung der arbeitenden Menschen aufzuwenden, um sie an die Ansprüche der Technik anzupassen. Allerdings gewinnen wir immer mehr die Überzeugung, daß es nicht der richtige Weg ist, einseitig die Menschen anzupassen, sondern daß beide – Mensch und Maschine – aufeinander bezogen sein müssen. Ich muß daher von Fall zu Fall entscheiden, ob es sinnvoller ist, in Menschen oder in Maschinen zu investieren.

Worauf ich Wert legen möchte, ist, daß die Beachtung von Humanressourcen – von Menschen im Betrieb – nicht in erster Linie einer humanistischen Perspektive entsprungen ist, sondern durch den Wettbewerb erzwungen wurde. Aber das wertet diese Entwicklung nicht ab. Alles das, was sich in einem Unternehmen, das seine Existenz im Wettbewerb sichern muß, nicht bewährt, ist nicht richtig abgesichert. Wenn ein Wettbewerber seine Produkte billiger verkauft, weil er in dieser genannten Beziehung nicht auf den Menschen achtet, wird er über kurz oder lang vom dem Markt verschwinden. Der Wettbewerb hat also dazu geführt, daß man sich stärker auf die Humanressourcen besonnen hat. Zu dieser Besinnung haben auch die Schwierigkeiten geführt, die sich im technischen Bereich ergeben haben.

Ganzheitliche Betrachtung des Wertschöpfungsprozesses

W.W.: Wenn man einen Betrieb zu einem lernenden Unternehmen umformen will, welche Bedeutung und Konsequenz hat dies dann für die Bildungsarbeit im Betrieb?

P. Meyer-Dohm: In der Regel stellt sich diese Frage nicht ganz so, wie ich sie jetzt bei Ihnen herausgehört habe. Entscheidungen – wir wollen ein lernendes Unternehmen werden! – fallen normalerweise über einen längeren Zeitraum. Das ist ein Wachstumsprozeß. Bei manchen Unternehmen habe ich sogar das Gefühl, daß er unbewußt beschritten wird, daß also zu Beginn gar keine klare Vision vorhanden ist. Klare Visionen entstehen eigentlich erst, wenn es bereits Betriebe gibt, die das verwirklicht haben und die als Vorbild dienen können.

W.W.: Das ist einleuchtend, denn dann kann man es auf den eigenen Betrieb übertragen.

P. Meyer-Dohm: Das ist das Problem des Pioniers, der eine Idee in die Tat umsetzen will: Er weiß nicht, was am Ende seines Weges sein wird.

Ich sollte vielleicht noch etwas zum lernenden Unternehmen erklären, damit es etwas deutlicher wird. Nehmen Sie z.B. die Frage, was in einem Unternehmen wichtiger ist: die Vorstandsentscheidung oder die Leistung des Mannes, der die Schraube hereindreht. Wenn Sie diese pointierte und hypothetische Frage im Sinne eines lernenden Unternehmens beantworten, dann werden Sie sagen, daß die eigentliche Wertschöpfung beim Hereindrehen der Schraube stattfindet. Um die Menschen, die nach diesem traditionellen Verständnis in untergeordneten Bereichen arbeiten, gruppieren sich aus der Sicht des lernenden Unternehmens andere Menschen, deren Tätigkeiten im Grunde Hilfsfunktionen haben: Da sind diejenigen, die in der Verwaltung arbeiten, Menschen also, die vorausplanen und den Betrieb kaufmännisch und organisatorisch am Laufen halten, da sind die Konstrukteure und irgendwo an der Peripherie die Vorstands- und die Bildungsleute. Im Mittelpunkt steht jedoch der gesamte Arbeitsprozeß, der besser, schneller und anders gehen soll. Das ist der entscheidende Prozeß. Es geht darum, daß das Auto schneller über das Band läuft, daß die Konstruktion eines Autos in einer kürzeren Zeit erfolgt.

Das bedeutet aber für das betriebliche Bildungswesen, daß es nicht mehr in einem separaten Gebäude untergebracht werden kann, sondern dort wirken muß, wo tatsächlich gearbeitet wird: Dort muß Veränderung stattfinden. Wir stehen bereit, einen Dienst zu leisten, damit die Arbeit am konkreten Arbeitsplatz besser funktioniert. Wir versuchen dabei, uns in die Ganzheit des Arbeitsvollzuges hineinzudenken. Das bedeutet, daß konkrete Fragen relativ mehr Gewicht bekommen als theoretische Seminare und Kurse, die nur am Rande mit der tatsächlich anfallenden Arbeit und deren Problemen zu tun haben. Im Mittelpunkt stehen dann eher Fragen wie: Wie findet Lernen im Prozeß der Arbeit statt? Wie können die Arbeiter bei notwendiger Informationsbeschaffung unterstützt werden? usw.

Bildungsarbeit wird immer mehr mit der Arbeit derjenigen, die Organisation planen oder die Organisationsentwicklung in die Wege leiten, oder sie wird sogar direkt mit der Arbeit von Technikern verknüpft. Das Bildungswesen gleicht immer weniger einer konventionellen Schule, die abgelöst vom Unternehmen existiert und eigens besucht werden muß. Das gilt natürlich nur, wenn ich vom lernenden Unternehmen ausgehe. Gehe ich statt dessen von einem traditionellen Verständnis des Bildungswesens aus, bleibt Bildung ein Fremdkörper im Betriebsgeschehen und beschäftigt sich weitgehend mit Inhalten, die gelernt und gelehrt werden und denen der direkte Bezug zur Praxis fehlt. Aber von dieser herkömmlichen Art von Bildung bleibt das betriebliche Geschehen unbeeinflußt, und dessen Bedürfnisse werden von ihr nicht abgedeckt. Und dann fehlt die gegenseitige Rückkoppelung zwischen Bildungswesen und Betriebsgeschehen.

Auch hier haben wir wieder eine ganzheitliche Betrachtung des Wertschöpfungsprozesses. Es gibt ein geistiges Umdenken, das sich nicht als Ruck vollzieht, sondern das sich schon über die Jahre hinweg vollzogen hat bzw. weiter vollzieht. Die Distanz zwischen der Stelle, an der die Schraube hereingedreht wird, und dem Ort, an dem gelernt wird, wird immer geringer.

Teamarbeit im KoKoSS-Modellversuch

W.W.: Seit 1987 gibt es bei VW den KoKoSS-Modellversuch, an dem alle 46 Ausbilderteams mit 345 Ausbildern teilgenommen haben. Welche positiven Eigenschaften messen Sie der dadurch eingeführten Teamarbeit zu?

P. Meyer-Dohm: Zunächst einmal müssen wir zwischen der Teamarbeit im Unternehmen und der Teamarbeit in der Ausbildung unterscheiden. Natürlich ist auch die Ausbildung ein Teil des Unternehmens, aber sie ist doch auch wiederum davon zu unterscheiden.

In der normalen hierarchischen Stufung des Bildungswesens eines Betriebes hatte man noch vor ca. 15 Jahren einen fest umrissenen Bereich, für den man zuständig war. Stellen Sie sich jemanden vor, der für das Schmieden verantwortlich ist. Der macht nichts anderes, als zu schmieden. Bei einem Ausbilder in diesem Bereich laufen die Lehrlinge durch, und sie lernen das Schmieden. Das dauert eine geraume Zeit, aber nach einigen Wochen sind die Lehrlinge wieder weg. Dieser betreffende Ausbilder hat wiederum Vorgesetzte, die ihrerseits Vorgesetzte haben, und oben sitzt dann der Bildungsleiter für die Berufsausbildung. Früher war das eine relativ tief gestaffelte Hierarchie.

Nachdem die Teamarbeit eingeführt wurde, ist es nun so, daß die verschiedenen Ausbilder zusammenarbeiten, und sie bekommen die Aufgaben der zwei über ihnen liegenden Hierarchiestufen mit übertragen. Sie müssen ihre Arbeit als Team planen, die Kontakte mit der Berufsschule aufrechterhalten und ein ganzes Lernfeld leiten. Sie müssen sich also als Ausbilder, die alle einmal Facharbeiter waren und Meister geworden sind, in eine Arbeitsorganisation einfügen, für die sie nicht bzw. nur ganz geringfügig ausgebildet worden sind. Sie mußten lernen, wie man in kurzer Zeit zu Entscheidungen kommt, ohne daß diese von jemand anderem angeordnet werden. Sie mußten lernen, sich zu einigen, ohne daß sich jemand benachteiligt fühlt.

Das sind natürlich Prozesse, die man nicht aus irgendeinem Handbuch lernen kann, sondern man muß sie einüben. Es gab auch Ausbilder, die fanden, daß vorher alles sehr viel einfacher war. „Wenn früher irgendein schwieriges Problem auftrat, so wurde es nach oben weggedrückt, jetzt aber müssen wir es als Team lösen!“ Etwas überspitzt ausgedrückt, empfinden die Ausbilder dies so, als säßen sie in einem Glaskasten, und drumherum stünden lauter Auszubildende, die ihnen nun zuschauen, wie sie sich zu einem Team zusammenraufen.

Das ist eine Situation, die einen anderen Schwierigkeitsgrad aufweist als in der Produktion, wo Menschen ohnehin schon zusammengearbeitet haben. Teamarbeit im Pädagogischen dagegen – durch nichts vorbereitet – ist sehr anspruchsvoll, weshalb wir auch sehr viel in diesen Modellversuch investiert haben. Dabei haben wir gelernt, daß es ganz offensichtlich Menschen gibt, die nicht teamfähig sind.

Kopf- und Handarbeit sind gleichwertig

W.W.: Wie wirkt sich die Teamarbeit auf die Psyche der Arbeiter, auf ihr soziales Verhalten und auf ihre Produktivität aus?

P. Meyer-Dohm: Eine Antwort fällt mir aus der Distanz relativ schwer. Aber aus Gesprächen mit den Ausbildern weiß ich, daß ein großer Teil die Teamarbeit als eine sehr gute Entwicklung ansieht. Man bringt sich mehr ein. Ich habe aber auch andere kennengelernt, die sich bedroht fühlten, besonders diejenigen, die – integriert in die Gruppe – einen bestimmten Status aufgeben mußten.

Das bemerkt man besonders an zwei Gruppen, den Lehrern und den Ausbildern: Die Lehrer hatten sich durch Selbstqualifizierung aus der Gruppe der Ausbilder hervorgehoben und bekamen auch ein höheres Gehalt. In unserem neuen Organisationsmodell gibt es die Lehrer als eigenständige Gruppe nicht mehr, denn sie wurden in die Teams integriert. Obwohl sie das ursprüngliche Gehalt weiterbekamen, war das Umdenken für die Lehrer am schwierigsten, denn plötzlich waren sie wieder dort angelangt, wo sie hergekommen waren und wo sie herausgewollt hatten. Sie wollten in die Sphäre des Geistes, weg von der Handarbeit, hatten diesen Schritt auch bereits durch eigene Anstrengung geschafft und mußten nun zurück. Unter ihnen gab es Menschen, die völlig verzweifelt waren, weil sie sich hochgearbeitet hatten und nun unserer Ideologie, daß es keinen Unterschied zwischen Hand- und Kopfarbeit gäbe, zum Opfer fielen. Lehren soll auch der Ausbilder können, das ist keine Spezialfunktion.

W.W.: Kamen die Überlegungen zur Einführung der Teamarbeit von der Basis, vom Mann, der die Schraube hereindreht, oder aus der Unternehmensspitze?

P. Meyer-Dohm: Zunächst einmal war sie immer eine Forderung der Gewerkschaften. Insofern kam sie von der Basis. Dann aber kamen wir im Führungskreis, der für das betriebliche Bildungswesen bei VW verantwortlich ist, zu dem

Entschluß, die Teamarbeit einzuführen. Uns schwebte ein ganz bestimmter Typ des Facharbeiters vor: Er sollte kreativ sein, selbst planen können usw. Deshalb entstand bei uns die Idee, ihn aus dem Taylorismus der Ausbildungsprozesse herauszuholen und ihm Bezugspersonen zur Seite zu stellen. Eine der Forderungen war natürlich auch, daß er teamfähig sein müsse. Teamfähigkeit kann man aber nur lernen, wenn sie einem vorgemacht wird. Ein Lehrer also, der selber nicht teamfähig ist, der ein Einzelkämpfer ist, kann diese Teamfähigkeit den Jugendlichen nicht vermitteln. Glaubwürdig ist das Ganze nur, wenn es vorgemacht wird. In der Ausbildung ergab sich also die Einführung der Teamarbeit als Mittel, um ein ganz bestimmtes Ziel zu erreichen.

Die zwei Sprachen der Unternehmen

W.W.: Liegen die Beweggründe zur Einführung der Teamarbeit ausschließlich in der schon erwähnten Wettbewerbsfähigkeit, oder kann man auch davon sprechen, daß sich die Unternehmensphilosophie in der letzten Zeit dergestalt wandelt, daß außerbetriebliche Faktoren miteinbezogen werden – seien es spirituelle Gesichtspunkte, die Idee der Erziehung des Menschen zum mündigen Bürger oder eine verstärkte Zusammenarbeit mit Schule und Berufsschule?

P. Meyer-Dohm: In einem Unternehmen werden zwei Sprachen gesprochen. Im oberen Dreieck der Hierarchie spricht man die Sprache des Geldes. Es wird immer gefragt, ob sich etwas rechnet. Im unteren Trapez spricht man die Sprache der Sachen, z.B. wieviel Autos am Tag produziert werden müssen. Wenn Sie in einem Unternehmen etwas vermitteln wollen, dann müssen Sie die Sprache sprechen, die man im Unternehmen spricht. Auch Paulus hat gesagt, den Römern sei er ein Römer, den Griechen ein Grieche usw. Im Grunde ist es nur eine einfache Tatsache der Kommunikationstheorie, daß man die jeweilige Sprache sprechen muß, um verstanden und auch akzeptiert zu werden.

Nun kommt es darauf an, welche Unternehmenskultur man vorfindet. Ist es ein großes Unternehmen, so wird dort überwiegend die Sprache des Geldes gesprochen, denn das Großunternehmen ist nicht mehr durch eine patriarchalische Unternehmergestalt geprägt, sondern hat ein Management, das aus Führungskräften besteht, die am geldlichen Erfolg gemessen werden. Gleichwohl kann man ihnen eine bestimmte Haltung aufprägen. Es gibt Unternehmen, in denen man sieht, daß die prägenden Gestalten Pietisten ist – Dienst an der Gesellschaft als Dienst an Gott –, dann gibt es Unternehmen, z.B. im Handelsbereich, in der Sie keine Chance haben, Führungskraft zu werden, wenn Sie nicht der katholischen Kirche angehören; wiederum in anderen muß man Protestant sein. Natürlich gibt es auch Unternehmen mit anthroposophischen Inhabern, die das entsprechend regeln. Es gibt also durchaus Unternehmen, die nach einem Prinzip organisiert sind, das mit Gewinnoptimierung direkt nichts zu tun hat. Alles ist möglich, solange sich das Ganze rechnet.

Diese Frage ist beim Wettbewerb immer die entscheidende. Wenn Sie unter großem Wettbewerbsdruck stehen, werden sie Wege suchen, die es ermöglichen, mit der Konkurrenz mithalten zu können, und dann fallen in der Regel Dinge weg, die nicht zur Wettbewerbsfähigkeit beitragen. Das bedeutet aber nicht, daß religiöse, philosophische oder andere Bereiche entfallen müssen, denn schließlich können sie auch zur Wettbewerbsfähigkeit beitragen. Wenn daraus eine Unternehmenskultur erwächst, in der man als Führungsspitze bei wirtschaftlichen Schwierigkeiten der Belegschaft klarmachen kann, daß man z.B. auch am Samstag arbeiten muß, so kann dies ein entscheidender Wettbewerbsvorteil sein. Wenn es zur Unternehmenskultur gehört, daß die Mitarbeiter das Unternehmen gemeinsam tragen wollen, weil es *ihr* Unternehmen ist, so ist das ganz phantastisch. Aber je größer ein Unternehmen ist, desto schwieriger wird es, so etwas umzusetzen. Und darum glaube ich, daß letzten Endes in einer Wettbewerbswirtschaft entscheidend ist, ob eine bestimmte Unternehmensphilosophie einen Beitrag zur Wettbewerbsfähigkeit und Leistungsfähigkeit leistet oder nicht.

Ist sie aber kein Beitrag zur Wettbewerbsfähigkeit, so ist sie immer bedroht. Insofern muß man sich überlegen, ob man mit einer speziellen Unternehmensphilosophie auch wirklich leistungsfähiger wird. Für mich ist es z.B. ganz wichtig, daß die Identifikation mit der Arbeit und dem Unternehmen auch ein Wert ist, und zwar ein ganz bedeutender. Denn nur, wenn diese Identifikation gegeben ist, kann man auch solidarisch Schwierigkeiten beseitigen. Ich denke dabei z.B. auch an Volkswagen und die Vier-Tage-Woche. Es gab nur diese Verzichtslösung.

Lebenslanges Lernen

W.W.: Arbeitnehmer stehen heute vor einer immer größer werdenden Flut von beruflich relevanten Informationen. Die Halbwertszeiten von Informationen werden zudem immer kürzer, Wissen veraltet schneller. Wie kann die betriebliche Bildungsarbeit dieser Herausforderung gerecht werden?

P. Meyer-Dohm: Hier müssen wir zwei Stufen unterscheiden: zum einen, was kurzfristig durch Weiterbildung geschieht, zum anderen, was langfristig durch Berufsausbildung geschehen kann. Auf beiden Stufen muß reagiert werden.

In der Berufsausbildung ist der Betrieb nicht autonom, sondern er arbeitet im dualen System und setzt das um, was ihm durch Ausbildungsordnungen vorgeschrieben wird. Seit 1987 haben wir in den Elektro- und Metallberufen eine entscheidende Veränderung, und zwar eine Berufsausbildung, die dem Rechnung trägt, was Sie angesprochen haben: die Forderung nach lebenslangem Lernen. Es geht darum, den einzelnen so auszubilden, daß er sich immer weiter spezialisieren kann, ohne aber einen breiten Sockel beruflicher Kenntnisse und Fertigkeiten zu verlassen. Diese Forderung kann man unterschiedlich zu erfüllen suchen, je nach Art und Struktur des jeweiligen Betriebes. Ich denke dabei z.B. an eine ganzheitliche Ausbildung, die Einführung von Teamarbeit und das Lernen zu lernen, ferner die kooperative Selbstqualifikation, also daran, die Selbstqualifikation in der Gruppe einzuüben, usw. Wenn das funktioniert, entsteht eine Arbeitnehmerschaft, die gelernt hat, sich ständig den sich wandelnden Bedingungen des Betriebes anzupassen. Auf der anderen Seite steht die zweite Gruppe von Menschen, die diesen Lernprozeß nicht in ihrer Ausbildung durchgemacht hat, gleichwohl aber durch diese Entwicklung hindurch muß. Und hier entsteht ein finanzielles Problem.

Durch die Forderung nach lebenslangem Lernen kommen die Unternehmen zusehends in ein Dilemma hinein, das darin besteht, daß das Unternehmen in Bildung investieren muß, wenn es wettbewerbsfähig bleiben will, daß Bildung aber gleichzeitig Geld kostet, das nicht direkt produktiv investiert werden kann. Man kann nicht arbeiten, wenn man immer wieder lernen muß. Lernen heißt hier: nicht arbeiten, und das kostet den Betrieb Geld. Zu diesen Opportunitätskosten, die eben dadurch entstehen, daß der Arbeiter nicht arbeitet, kommen noch die Kosten, die durch den Lernprozeß selbst anfallen, also z.B. Lehrgangsgebühren. Beide Kostenarten stehen ungefähr in einem Verhältnis von 50:50 zueinander. Insgesamt ist Bildung im Betrieb also eine relativ teure Angelegenheit. Das führt dazu, daß im betrieblichen Bildungswesen – im Gegensatz zu Schulen und allen anderen Einrichtungen – eine außerordentliche Aufgeschlossenheit gegenüber neuen Ideen zum besseren, schnelleren und preisgünstigeren Lernen vorhanden ist. Es besteht daher auch eine große Bereitschaft zu experimentieren.

Gleichzeitig gibt es Überlegungen, wie es gelingen kann, die Freizeit der Menschen mit als Lernzeit zu nutzen. So hat die Forderung nach lebenslangem Lernen eine Fülle von Konsequenzen, z.B. daß sich die Art der Ausbildung ändern muß. Und auch im öffentlichen Schulwesen müssen Veränderungen stattfinden, denn dort wird der Grundstein für die Fähigkeit zu lebenslangem Lernen gelegt.

Die Schule muß zu einem Haus des Lernens werden

W.W.: Wie müßte sich die Schule ändern, damit Teamfähigkeit und die Bereitschaft zu lebenslangem Lernen bereits dort veranlagt werden?

P. Meyer-Dohm: Zunächst einmal müßte die Schule ein „Haus des Lernens" werden, wie es in der zur Zeit breit diskutierten Denkschrift der Bildungskommission Nordrhein-Westfalen „Zukunft der Bildung – Schule der Zukunft" beschrieben wird. Das bedeutet, daß das Lernen als solches, als Fähigkeit, im Vordergrund des Lernprozesses stehen muß. Heute geht es in den Schulen vornehmlich darum, möglichst viel Wissen in die Schüler hineinzutrichtern. Lernen ist aber keine Frage der Quantität, sondern der Qualität. Es geht nicht darum, möglichst viel zu wissen, sondern sich die Fähigkeit zu erwerben, sich das in einer bestimmten Situation notwendige Wissen möglichst selbsttätig anzueignen.

Wenn die Schule zu einem Haus des Lernens wird, wird sie ähnlich wie ein lernendes Unternehmen zu einer lernenden Schule. Auch die Lehrer werden dann zusammen mit den Schülern Lernprozesse durchleben, sie werden vor Problemen stehen, die sie selber nicht lösen können und werden versuchen, sie gemeinsam mit den Schülern zu ergründen, statt immer nur die Allwissenden zu spielen.

Schule sollte außerdem im staatlichen Rahmen einen gewissen Grad an Autonomie besitzen, sie sollte wie ein lernendes Unternehmen offen zur Umwelt sein, sich nicht abkapseln, auch nicht in einer pädagogischen Ideologie. Das Schulwesen selbst sollte nicht mehr von oben, Top down, gelenkt werden, sondern aus kleinen Schuleinheiten bestehen, die eigenverantwortlich handeln und sich selbst verwalten.

Die Schwierigkeiten der Waldorfschulen mit der Industrie

W.W.: Denselben Appell würden Sie doch sicherlich auch an die Waldorfschulen richten?

P. Meyer-Dohm: Selbstverständlich. Als freie Schulen haben die Waldorfschulen allerdings immer eine hohe Autonomie gehabt, aber eine lernende Schule, in der der Prozeß des gemeinsamen Lernens von Lehrern und Schüler eingeleitet wird, ist die Waldorfschule noch nicht. Sie kann es auch gar nicht sein. Sie hat viele Dinge, die sich mittlerweile in der Industrie getan haben, nicht wahrgenommen, weil sie immer Schwierigkeiten mit der Industrie gehabt hat. Es ist einer der beklagenswertesten Punkte, daß sehr wenig Waldorfschüler nach ihrer schulischen Ausbildung in die Industrie gehen, weil sie bereits in der Schule konditioniert werden, eine bestimmte Abneigung gegen diesen Bereich zu haben. Manchmal habe ich den Eindruck, daß sich bei vielen Waldorflehrern eher die Einstellung Steiners zur Industrie in der Zeit nach dem Ersten Weltkrieg widerspiegelt, statt die wirklich neuen Ansätze zu sehen, die heute in der Industrie versucht werden. Aber das gilt auch mehr oder weniger für alle anderen Schulen. Viele positive Entwicklungen hat die Waldorfschule allerdings schon vorweggenommen: die pädagogischen Konferenzen, die Teamleitung der Waldorfschule, sofern sich das Kollegium wirklich als Team versteht, Epochenunterricht, Projektunterricht, Selbstverwaltung.

Lebende Systeme sind ganzheitlich

W.W.: Sie haben vier Grundsätze für die betriebliche Bildungsarbeit aufgestellt. Einer davon ist die ganzheitlich orientierte Bildungsarbeit. Was verstehen Sie darunter?

P. Meyer-Dohm: In der Geschichte der industriellen Ausbildung hatte sich die Entwicklung fachlicher Kompetenz immer mehr als der bedeutendste Faktor herausgestellt. Weniger betont wurden die soziale und die individuelle Kompetenz. Die technologische und organisatorische Entwicklung und die zunehmende Bedeutung der Humanressourcen sowie das Ziel, ein lernendes Unternehmen zu werden, führten nun zu der Erkenntnis, daß die soziale und die persönliche Kompetenz genauso wichtig und unverzichtbar sind wie die fachliche Kompetenz. Diese Trias von fachlicher, individueller und sozialer Kompetenz – Es, Ich und Wir – verstehen wir unter dem Begriff Ganzheitlich. Sie leitet sich aus den Bedürfnissen des Unternehmens ab, aber auch aus einer jahrzehntelangen Entwicklung.

Ich sagte vorhin, daß vielen Arbeitnehmern der Sinn der Arbeit in der Fabrik verlorengegangen ist und daß sie ihre Erfüllung hauptsächlich in der Freizeit finden. Die berufliche Tätigkeit wird mehr oder weniger als ein Mittel zum Geldverdienen angesehen. Nun ist es außerordentlich wichtig zu erkennen, daß der Arbeitnehmer außerhalb des Unternehmens ein ganzer Mensch ist und innerhalb des Unternehmens ebenfalls. Im Laufe der Zeit ist das Bedürfnis der Arbeitnehmer gewachsen, im Betrieb als ganze Menschen gesehen und angesprochen zu werden. Wenn man erkennt, daß die Erfüllung dieses Bedürfnisses für die Motivation, für die Leistung und die Zusammenarbeit notwendig ist, dann muß man ihm besonders Rechnung tragen.

Dazu haben wir bei VW Lernfelder mit 70 bis 80 Jugendlichen eingerichtet. Diese Jugendlichen arbeiten mit einer Ausbildergruppe zusammen, planen auch selber den Einsatz der Maschinen, stehen jeweils an Sechseck-Tischen und helfen sich gegenseitig, sitzen also nicht nebeneinander. Dadurch gucken sie voneinander ab, kommen miteinander ins Gespräch und lernen, das Lernen als einen Suchprozeß zu organisieren. Das ist einer der Modellversuche des Bundesinstituts für Berufsbildung. Wir haben auch andere Modellversuche überprüft, um unser Bild vom Facharbeiter besser entwickeln zu können, z.B. das Modell der ganzheitlichen Bildung. Und diese ganzheitliche Bildung entspricht der ganzheitlichen Vorstellung, die wir von unserem Unternehmen haben, so wie überhaupt die Signatur unserer Zeit Ganzheitlichkeit ist bzw. die Suche, wieder zu einer ganzheitlichen Sicht zu kommen.

Vom ökonomischen Wettbewerb zu humanistischen Lösungen

Von daher kommt man zu einer erstaunlichen Feststellung. Als wir das Kompetenzmodell mit den drei genannten Kompetenzen entwickelt haben, hatten wir bei uns einen Berufspädagogen zu Gast, der erstaunt feststellte: „Es gibt ja überhaupt keinen Unterschied zwischen Ihrer Ausbildung und den allgemeinen Bildungsvorstellungen." Um diese Bedeutung noch einmal klarzumachen: Durch den Wettbewerb und die Frage, wie man in ihm am besten bestehen kann, kamen wir zu Lösungen, die sonst aus humanistischer Sicht entwickelt und gedacht werden. Das ist vielen Humanisten nicht akzeptabel, weil Industrie aus ihrer Sicht nicht so sein darf. Wenn sie das, was aus einer menschlich-humanistischen Sicht wichtig ist, erfüllen, dann haben sie auch eine ökonomisch richtige Lösung.

Das ist das, was mich in meiner Industrietätigkeit so außerordentlich beflügelt hat, wobei ich zugebe, daß man auch anders führen und arbeiten kann. Ich bin aber davon überzeugt, daß unser Modell die zukünftige, leistungsfähigere und auch die ökonomisch sinnvollere Lösung ist. Denn ich muß den Mitarbeiter für etwas gewinnen, was er mit mir als Führungskraft gemeinsam tun soll. Ich begreife als Führungskraft, daß ich ohne den Mitarbeiter nichts leisten kann. Er begreift, daß ohne eine funktionale Hierarchie der ganze Laden nicht läuft. Und wir beide vermeiden Macht und ersetzen sie durch Überzeugung. Das funktioniert keineswegs immer, aber in diese Richtung muß die Entwicklung gehen, und dann kann sich der einzelne einbringen, weil er sich verstanden fühlt. Für diese Entwicklung brauche ich jemanden, der nicht nur Fachmann ist, sondern der auch über bestimmte zusätzliche soziale und persönliche Kompetenzen verfügt.

W.W.: Es ist erstaunlich, wie die Entwicklung von rein wirtschaftlichen Notwendigkeiten durch den Wettbewerb zu einer dem aufgeschlossenen Menschen angemessenen Unternehmenskultur führt. Wenn man den Menschen, seine Arbeit, den Betrieb und das ganze Leben ganzheitlich betrachtet, so müßte man auch bestrebt sein, ein zunächst betriebsfremdes Bildungsgut im Betrieb zu verankern. Könnten Sie ein Beispiel nennen, wie man derart betriebsfremde Bildungsgüter oder auch die Lösung privater zwischenmenschlicher Probleme – z.B. Eheschwierigkeiten, die indirekt auch die Arbeit des Menschen behindern – im Betrieb integriert?

P. Meyer-Dohm: Damit kommen Sie zum Zentralproblem moderner Betriebe: der Führung. Ich nehme jetzt einmal irgendwelche Schwierigkeiten, die ein Mensch außerhalb des Betriebes hat, z.B. die von Ihnen genannten Eheschwierigkeiten. Es gibt zwei Möglichkeiten: Ich mache dem Arbeitnehmer klar, daß sie seine Privatangelegenheit seien, die vor der Tür zu bleiben haben, oder ich wende mich ihm so zu, daß er nicht nur mein Mitarbeiter, sondern auch mein Mitmensch ist, für den ich verantwortlich bin und demgegenüber ich das Gefühl habe, ihm vielleicht helfen zu können. Aber auch wenn ich ihm nicht helfen kann, dann ist wenigstens das Signal, daß ich seine Schwierigkeiten verstehe, eine Unterstützung. Auch wir selber können einmal in Schwierigkeiten geraten und Hilfe benötigen. Dieses Bewußtsein führt dann zu einem Vertrauensverhältnis, das ich für entscheidend halte. Ein intaktes Vertrauensverhältnis macht außerdem aufwendige Kontrollen zur Überwachung der Leistung der Arbeitnehmer weitgehend überflüssig. Meine Erfahrung zeigt, daß ein Vertrauensvorschuß, den ich gebe, nur in sehr wenigen Fällen mißbraucht wird. Ich erkenne natürlich sehr schnell, ob das jemand für sich ausnutzen will, und dann ist natürlich sofort Schluß. Aber in sehr vielen Betrieben, besonders auf der Meisterebene, findet eine derartige Kommunikation ohnehin statt. Man kennt sich untereinander, man weiß, daß der Mitarbeiter eine kranke Frau zu Hause hat und übernimmt dafür einen Teil seiner Arbeit.

Ich glaube, daß hier sehr viel zusammengehört. Auf der einen Seite Vertrauen, auf der anderen Seite die Einsicht des Mitarbeiters, daß seine Leistung unabdingbar ist und erwartet werden muß. Probleme, die dabei immer wieder auftauchen werden, muß man auf eine möglichst humane Art lösen. Wenn es gelingt, ein Vertrauensverhältnis herzustellen, dann lösen sich viele Dinge ganz von selbst. Es entsteht eine Atmosphäre des Mitdenkens, man will sich gegenseitig nicht enttäuschen, ein Wir-Gefühl bildet sich heraus. Das sind ganz entscheidende Punkte, die natürlich etwas mit der Führungspersönlichkeit und mit der Art, wie ich meine Mitarbeiter sehe, zu tun haben.

Deterministische und katalytische Weiterbildung

W.W.: Was ist der Unterschied zwischen deterministischer und katalytischer Weiterbildung?

P. Meyer-Dohm: Dazu muß ich einiges über Bildungsplanung vorausschikken. Bis in die 80er Jahre hinein waren die Unternehmen von der Idee geprägt, daß die Maschinerie, die Anlagen und die Einrichtungen das Wichtigste seien. Die Menschen selber, so dachte man, seien nur dazu da, Maschinen zu bedienen. Das hat etwas mit der Ausbildungskultur von Ingenieuren zu tun, denn der klassische Ingenieur ist im Grunde jemand, der Arbeit erübrigen soll und der ein Experte für geschlossene Systeme ist. Ein derartiger Ingenieur hat nie – auch heute oftmals nicht – gelernt, wie Investitionen in den Menschen vorgenommen werden und wie sie mit den Investitionen in die Maschinen abgestimmt werden müssen. Wenn ich eine neue Produktionsanlage haben will, benötige ich dafür nicht nur die Maschinen, sondern ich brauche auch das Wissen der Menschen, die diese Maschinen in der Anlaufphase beherrschen und ihre Funktion vermitteln können. Also muß ich rechtzeitig anfangen, Bildung zu betreiben. Das ist zwar eine selbstverständliche Idee, aber sie ist ungeheuer schwer zu vermitteln gewesen. Dem Studenten der Wirtschaftswissenschaften wird zwar klargemacht, daß der Unternehmer Arbeit und Kapital kombiniert, aber im Grunde tut er das nicht: er nimmt Kapital und fügt Arbeit hinzu. Daß beides in der Fabrik der Zukunft wirklich miteinander optimiert werden muß, muß erst noch gelernt werden. Das ist die große Aufgabe der Bildungsökonomie, die, weil sie die Sprache des Geldes spricht, in den Unternehmen verstanden wird.

Es gibt eine Denkrichtung, der ich lange Jahre angehangen habe, die sagt: Hier habe ich die technische Einrichtung, was ist dann an Fähigkeiten und Fertigkeiten notwendig, welche Qualifikationen sind gefragt, um diese Technik zu bedienen? Nehmen wir an, ich habe Mitarbeiter mit ganz bestimmten Fähigkeiten und Fertigkeiten und stelle die Differenz zwischen diesen und dem Soll-Anspruch der jeweiligen Qualifikation fest. Diese Differenz plane ich durch und vermittle das Fehlende, so daß die notwendigen Fähigkeiten anschließend vorhanden sind, wenn die Maschine anläuft. Mit dieser Verfahrensweise kann ich außerordentlich viel Anlaufschwierigkeiten und Kosten vermeiden, denn dadurch, daß ich rechtzeitig anfange, das notwendige, noch fehlende Wissen zu vermitteln, entstehen nur geringfügige Anlaufkosten. Dieses deterministische Denkmodell hat sich inzwischen überall verbreitet. Ich entsinne mich noch genau an Tagungen, auf denen wir dieses Modell vorgestellt haben, es aber in den Unternehmen noch nicht durchsetzbar war. Denn das Denken in Humanressourcen war noch nicht Kultur der Unternehmen. Statt dessen dachte man ausschließlich von der Technik her. Nun entstehen zwei Probleme: Man muß rechtzeitig erfahren, welche Qualifikationen zukünftig tatsächlich benötigt werden, und man muß dann außerdem rechtzeitig mit der Weiterbildung beginnen.

Das, was ich jetzt geschildert habe, ist die deterministische Sicht. Diese Sicht stößt allerdings an Grenzen, und ich muß mir überlegen, ob die Leitlinie die Technik, der Mensch oder beide sein sollen. Und damit komme ich zu der katalytischen Weiterbildung, die aus der Sicht der lernenden Unternehmen immer wichtiger wird. Hierfür ist das Beispiel eines neuen Produktionsmodells nicht so entscheidend. Die Fragestellung ist vielmehr: Müssen die Mitarbeiter nicht selbst über den Tellerrand hinausschauen, müssen sie nicht eigene Ideen haben, müssen sie nicht selbst kreativ sein? Und wenn ich das bejahe, muß ich gleichzeitig auf die Organisation schauen, ob sie Kreativität überhaupt zuläßt. Auch dort habe ich eine Trias. Bisher bestimmten die Menschen des Bildungswesens in ihrem Bereich allein. Die Welt bzw. das Unternehmen drumherum war ein anderer Bereich. Deshalb haben wir uns gesagt, daß wir sowohl das *Können* als auch das *Wollen* vermitteln müssen. Aber wenn die Mitarbeiter geschult aus der Weiterbildung herauskamen, stellten sie fest, daß sie konnten und wollten, aber sie durften nicht. Denn was getan wurde, hat ein anderer bestimmt.

Wenn ich wieder zu meinem Modell zurückkomme, daß der Mann, der die Schraube hereindreht, der entscheidendere ist – und von daher denke ich, schaue dessen Erfordernisse an, nicht nur die jetzigen, sondern auch Kreativitätsspielräume für die Zukunft –, dann habe ich implizit den ganzen Bereich des *Dürfens.*

Alle müssen mitdenken dürfen

Nun kommt das Hauptproblem: Ein Unternehmen ist ein Herrschaftssystem. Herrscher sitzen oben, und die anderen sitzen unten. Nun denken aber diejenigen, die unten arbeiten, ebenfalls! Deshalb muß das Unternehmen in viele Einheiten gegliedert gedacht werden, die netzartig miteinander verflochten werden müssen. Dann müssen ein Oberziel und verschiedene Unterziele definiert werden, die aufeinander abgestimmt sind, damit überhaupt zielstrebig gearbeitet werden kann. Diese Ziele müssen mit den verschiedenen Einheiten des Betriebes verbunden werden. Dafür brauche ich den mitdenkenden, den kreativen Mitarbeiter. Das ist dann das lernende Unternehmen.

Unmöglich dagegen ist eine Organisationsform, in der einem Arbeiter am Band plötzlich etwas einfällt und er mit seiner Idee zum Meister läuft, um sie ihm vorzutragen. Der antwortet ihm vielleicht: „Hör mal, Karl, ehe Du weiterredest. Da oben sitzen Leute, die haben studiert, und die haben einen viel größeren Kopf als Du. Wir müssen jetzt so und so viel Stück produzieren, geh wieder zurück an Dein Band, und wenn Du mit Deiner Arbeit fertig bist, schreibst Du Deinen Vorschlag auf einen Zettel, gehst dort zu diesem Kasten und steckst Deinen Zettel dort rein." Kurz gesagt: Die Ideen des Arbeiters werden nicht ernst genommen.

Volkswagen führt uns dagegen zur Zeit vor, welche ungeheuren Produktivitätsreserven im einfachen Mitarbeiter stecken. Denn er arbeitet, bemerkt die Probleme vor Ort und sieht oftmals auch den Schwachsinn, der ihm angeordnet wird. Bei Volkswagen wird diesem Arbeiter gesagt, daß er sich in einem konstanten Verbesserungsprozeß befindet, und daß er die Probleme gleich vor Ort umsetzen soll. Deshalb spricht Lopez von den „Herren Arbeitern" als den wichtigsten Mitarbeitern. Das ist eine echte Revolution. Natürlich muß man jetzt aufpassen, daß alle diese Verbesserungsvorschläge weiterhin auf ein Ziel zulaufen, nämlich auf das, was wir ohnehin schon tun: die besten Autos der Welt zu bauen.

W.W.: Sie wollen damit also sagen, daß in jeder Zelle eines Unternehmens die am besten Bescheid wissen, die vor Ort die Arbeit praktisch ausführen, und daß diese Arbeiter Probleme aufspüren und Verbesserungsvorschläge gleich vor Ort umsetzen sollen?

P. Meyer-Dohm: Sofern es ihren Bereich betrifft, ja. Natürlich wissen sie nicht, wie eine Maschine, an der sie arbeiten, konstruiert wird. Aber in ihrem Bereich werden sie ernstgenommen. In Japan ist es schon immer so gewesen, daß ein Mitarbeiter, wenn er einen Fehler bemerkt – z.B. daß Werkstücke krumm aus einer Maschine kommen –, das Band anhalten kann und es auch tut. Stellen Sie sich das einmal vor! Jede Sekunde kostet Geld! Jeder fühlt sich dort mitverantwortlich! Diese Identifikation mit dem Produkt ist von ganz entscheidender Bedeutung.

Mitte der 80er Jahre, als der neue Passat herauskam, haben wir das Auto, das noch niemand gesehen hatte, auch die Presse nicht, allen unseren Mitarbeitern in Emden vorgeführt. Wir haben ihnen erklärt, was wir uns mit diesem neuen Produkt gedacht haben. Im Zuge dessen haben sich alle Mitarbeiter sämtliche Orte der Fabrik ansehen können, so daß ihnen auch klar wurde, daß sie kein Rädchen in einem unüberschaubaren Getriebe sind, sondern daß sie gemeinsam ein neues Produkt herstellen. Dadurch haben wir ein Wir-Gefühl entwickelt.

Der Wert einer Tätigkeit bemißt sich auch danach, ob ich weiß, daß meine Tätigkeit wichtig ist. Wenn Sie in Betriebsversammlungen sind, dann treten dort Mitarbeiter auf, die sich darüber beklagen, krumme Versatzstücke zu bekommen, die nicht einzubauen sind, und die vom Management fordern, daß das sofort abgestellt wird. Das ist genau das, worauf es ankommt, denn dadurch bringen sich die Mitarbeiter in die gesamte Sache ein. Auf diese Weise wächst auch die Motivation.

Es gibt einen berühmten Film aus der japanischen Fertigung, der zeigt, wie ein Mitarbeiter ein Armaturenbrett einbaut. Bei diesem Einbau macht er bestimmte Bewegungen. Wenn Sie sich diesen Ablauf anschauen, dann drängt sich Ihnen unmittelbar das Gefühl auf, daß es eine Art Tanz ist. Das ist ungeheuer faszinierend. Der Einbau des Armaturenbrettes ist eine recht umfangreiche Tätigkeit. Ich stelle mir vor, daß diese komplexe Tätigkeit motivierender ist und damit dem Arbeiter leichter fällt, als immer nur einen ganz bestimmten Hand griff auszuführen. Ich will das auf gar keinen Fall romantisieren, denn Arbeit ist oft Knochenarbeit, ist schwer und in ihrer repetitiven Form für einen Menschen wie mich, der so etwas gar nicht gewöhnt ist, manchmal auch erschreckend, aber ein Individuum, das zu seinem Unternehmen und zu seiner Arbeit steht, das eine gewisse Motivation einbringt, wird als ein wichtiger Teil des Unternehmens angesehen.

Ich entsinne mich aus meiner Zeit an der Universität eines fürchterlichen Streits mit meinen Assistenten, weil sie von der Frau, die das Büro saubermachte, immer als von der „Putze" redeten. Ich entgegnete ihnen, daß diese Frau genauso wichtig wie sie selber sei. Sie erfüllt an einer ganz bestimmten Stelle eine ganz wichtige Funktion.

W.W.: Aber die Bezahlung ist unterschiedlich!

P. Meyer-Dohm: Natürlich, aber das liegt an dem System der Leistungsbewertung. Ich bin nicht für Gleichbezahlung, aber für Gleichbehandlung.

Nach und nach entsteht eine neue Unternehmenskultur

W.W.: Wenn man vom Markt her deterministische Bildungsarbeit leistet, so orientiert man sich an der Sache: dem Produkt, der Produktherstellung, den Maschinen, den Fertigkeiten, die man zum Bedienen braucht usw. Will man aber in das Humankapital investieren, so ist es doch eigentlich erforderlich, den Menschen genau zu kennen. Welches Menschenbild liegt der von Ihnen bevorzugten Bildungsarbeit zugrunde? Welches Menschenbild haben Sie?

P. Meyer-Dohm: Entweder sind Menschenbilder sehr abstrakt und bestehen aus Katalogen oder sie sind sehr individuell. Ich glaube, daß man zunächst nicht abstrakt von *dem* Menschenbild eines Unternehmens reden kann, denn die einzelnen Führungskräfte eines Unternehmens haben verschiedene Menschenbilder. Das Menschenbild, das der einzelne hat, ist nicht unabhängig von seinen individuellen Erfahrungen. Und diese Erfahrungen sind es manchmal, die den Fortschritt hemmen. Der Vater sagt z.B., auch er habe Prügel bekommen, und sie hätten ihm nicht geschadet. Natürlich haben sie ihm geschadet! Denn sonst würde er das nicht sagen. Aber das weiß er nicht.

Deswegen sollte man Ihre Frage zunächst vom Individuellen her beantworten, ehe man zum Allgemeinen kommt. Vom Individuellen her sieht es so aus, daß jemand, der getreten worden ist, dem seine Tätigkeiten befohlen worden sind und der mit diesem Stil Karriere gemacht hat, sein Menschenbild als ein realistisches erleben wird. Denn es hat ihm Erfolg gebracht. Ich bin vielen Führungskräften begegnet, die nicht den bei Volkswagen angestrebten kooperativen Führungsstil verfolgten, sondern einen knochenharten Befehlsstil haben. Sie leben auch in der Meinung, daß dieser Stil funktioniert. Zwar müssen sie sehr viel in Kontrollmechanismen investieren, aber er funktioniert. Diesen Führungskräften erschien das, was ich ihnen vortrug, ein bißchen als Sozialromantik. – Oder man ist ein Workaholic. Dann erwartet man das natürlich auch von den Mitarbeitern. Und der eine oder andere Manager hat eine Familie: „Mein Gott, wie hinderlich. Meine Familie habe ich schon längst so erzogen, daß sie mit mir nicht mehr rechnet."

Damit will ich nur andeuten, daß die Menschenbilder genauso unterschiedlich sind wie die einzelnen Menschen und ihre Erfahrungen. Gleichwohl gibt es eine Unternehmenskultur, in der ich eine Art übergreifendes Menschenbild ablesen kann. Es ist durch das Zusammenwirken von Mitarbeitern und Führungskräften entstanden, also aller Beteiligten. Es ist ja nicht so, daß ich in einer Firma Menschen habe, die *ich* führen und erziehen soll, denn diese Menschen führen und erziehen auch *mich* als Führungskraft. Das erkennt man z.B. daran, wie sie auf mich reagieren und was sie mich mit mehr oder weniger deutlichen Signalen spüren lassen. Und dann bildet sich aus dem Miteinander so etwas heraus wie eine Norm. Wenn Sie diese Norm verändern wollen, etwa in Richtung eines kooperativen Führungsstils, dann müssen Sie sich nach meiner Überzeugung etwa 15 Jahre Zeit nehmen, also eine Halbzeit der beruflichen Tätigkeit. Es müssen diejenigen das Unternehmen bereits verlassen haben, die diesen neuen Stil nicht mehr mit ihren eigenen Erfahrungen in Einklang bringen können, aber die man natürlich aufgrund ihrer Leistungen nicht einfach loswerden möchte. Wenn dann neue Persönlichkeiten nachwachsen, entsteht nach und nach die neue Kultur, und irgendwann kann man das in Unternehmensleitbildern oder Führungsrichtlinien kodifizieren. Bei Volkswagen ist das geschehen, denn wir haben eine Betriebsvereinbarung über unsere Führungsgrundsätze abgeschlossen. Dadurch haben sie einen bedeutsamen Legalisierungsgrad erreicht.

Wenn die Flut kommt

Daß das Humane zugleich das Ökonomische ist, ist natürlich eine Meinung, die nicht allgemein geteilt wird. Denken Sie sich folgende zwei Fälle: Hier ist ein Mitarbeiter, ich rede mit ihm und versuche, ihn zu überzeugen, etwas zu tun. Und dort ist ein Mitarbeiter, dem ich sage, was er jetzt auf der Stelle zu tun hat. Letzterer springt auf und tut es sofort, weil er weiß, daß etwas passiert, wenn er es nicht tut. Ich könnte also sagen, daß der zweite Mitarbeiter eventuell effizienter ist. Bei dem ersten Mitarbeiter habe ich aber nicht nur seine augenblickliche Tätigkeit im Bewußtsein, sondern die Evolution des Unternehmens zu einem lernenden System. Das ist der Unterschied zwischen kurzfristigem und langfristigem Denken.

Und damit komme ich zu einem ganz wichtigen Punkt auch in bezug auf das Menschenbild. Wenn Ihnen im Wettbewerb das Wasser bis zum Hals steht, können Sie es nicht vermeiden, kurzfristig zu denken. Wenn Sie aber inzwischen die Evolution des Unternehmens vollzogen haben, können Sie natürlich, wenn die Flut kommt, ohne weiteres viele Ressourcen innerhalb der Mitarbeiterschaft aktivieren. Haben Sie das Vertrauen der Belegschaft aber nicht, müssen Sie knallhart durchgreifen und befehlen. Der Führungsstil, in dem sich das Menschenbild spiegelt, ist situationsbedingt. Das Menschenbild ist nicht nur das Menschenbild der Führungskraft, sondern spiegelt auch die Erwartungen und Erfahrungen der Mitarbeiter.

Mitarbeiter mit hohem Freiheitsgrad

Das Menschenbild, das hinter einem lernenden Unternehmen steht, ist das Bild eines Menschen, der sich als eigenständige Persönlichkeit in eine Korporation einbringt, sich dort in einer zumutbaren Form einordnet und gemeinsam mit anderen ein Ziel erreicht, das das Ziel des Unternehmens, aber auch sein eigenes ist. Das ist dann der Mitarbeiter, der innerhalb der Organisation einen hohen Freiheitsgrad für sich beansprucht und auch ausfüllen kann. Er wird auch in der Lage sein, seine eigenen Ideen einzubringen. Deshalb wird sich die Führungskraft eines lernenden Unternehmens lieber einige Ideen mehr anhören, die nicht so großartig sind, als in einer Betriebssituation zu leben, in der überhaupt keine Ideen vorgebracht werden. Es geht also darum, die Mitarbeiter zu befähigen, mitzudenken. Wenn aber z.B. ganz großer Blödsinn vorgeschlagen wird, so kann dies auch bedeuten, daß der betreffende Mitarbeiter gar nicht bemerkt, in welchem Umfeld er sich überhaupt befindet, denn wüßte er es, hätte er seinen

Unsinn nicht vorgeschlagen. Mitdenken erfordert Information. Und indem ich diese Information gebe, ist Herrschaftswissen bedroht, was für Führungskräfte ein Problem darstellt.

Praxisnahes Lernen

W.W.: Die Bildungsarbeit in einem Betrieb ist sehr viel praxisnäher als die in einer Schule, weil sie sich ständig in der Praxis bewähren muß. Wie gewährleisten Sie in einem großen Betrieb wie Volkswagen die Praxisnähe der Ausbildung?

P. Meyer-Dohm: Praxisnahe Ausbildung heißt bei uns: Ausbildung im Schulterschluß mit dem Abnehmer. Das bedeutet, daß ein Ausbilder Lehrlinge ausbildet, und hier im Haus sitzt in einer anderen Abteilung ein Kollege, der schaut sich an, was die Auszubildenden leisten. Die Auszubildenden arbeiten also für diese Abteilung, ihre Arbeit und damit die Qualität der Ausbildung wird dort überprüft. – Das große Problem der Schule dagegen ist, daß die Schüler die Schule, die Studenten die Universität verlassen, ohne daß die Ausbildungsstätte erfährt, ob ihre Absolventen in der Praxis gute oder schlechte Arbeit leisten. Sie können daher nur wenig Rückschlüsse auf die Qualität ihrer Ausbildung ziehen. Das Besondere bei der Berufsausbildung dagegen ist, daß ein direkter Zusammenhang zwischen Lernen und Arbeiten gegeben ist. Die Übertragung, der Transfer, des Gelernten auf die konkrete Arbeitssituation wird ständig erprobt und fällt den Auszubildenden daher relativ leicht. Dieser Transfer kann in der Schule nur sehr abstrakt vermittelt werden, so daß der Schüler das Erlernte in einer Ernstsituation häufig nicht anwenden kann.

Das Problem ist, daß wir eine Mauer um die Schule gebaut haben und dort ausschließlich Lehrer unterrichten, aber keine Praktiker. Die Schüler lernen Mathematik, Englisch, Physik oder Geschichte vollkommen nebeneinander her und wissen oftmals überhaupt nicht, was sie damit anfangen sollen, wie die einzelnen Fächer miteinander zusammenhängen, weil sie nicht miteinander verschränkt sind und sich kein ganzheitliches Bild ergibt. Warum ist der Unterricht disziplinorientiert, nicht aber problemorientiert? Wenn ich letzteres einrichten könnte, dann hätte ich das Leben in der Schule. In der Berufsausbildung und in der Weiterbildung habe ich es ständig mit dem Leben zu tun, ich stehe fast ausschließlich unter dem Zwang der Bewährung des Gelernten in der Praxis.

W.W.: Sehen Sie dieses Problem auch in der Berufsschule? Wird auch dort zu viel Theorie, ohne konkrete Zusammenarbeit mit den Betrieben, beigebracht?

P. Meyer-Dohm: Das ist unterschiedlich. Es gibt Berufsschulen, die sehr eng mit den Betrieben zusammenarbeiten; dann gibt es wieder Berufsschulen, mit denen die Zusammenarbeit sehr schwierig ist, da 30 Schüler aus 30 verschiedenen Betrieben kommen. Wenn Sie dagegen ganze Klassen haben, die von einem Unternehmen kommen – Volkswagen hat 3.500 Auszubildende –, dann kann man natürlich ganz anders zusammenarbeiten. Ich glaube allerdings auch, daß die Schule die Aufgabe hat, eine bestimmte Distanz zum Betrieb aufrechtzuerhalten, um die Arbeit vor Ort etwas zu relativieren, denn sonst sieht man im Extremfall nur die Arbeit, die konkret in einem Betrieb geleistet wird. Natürlich müßte der Berufsschullehrer immer wieder in den Betrieb kommen, um kennenzulernen, was sich verändert.

Kreativität hat viele Gesichter

W.W.: Während unseres Gespräches ist immer wieder der Begriff *Kreativität* gefallen. Kreativität muß aktiviert werden, z.B. um Fehler aufzuspüren und die mannigfaltigen Zukunftsaufgaben zu lösen. Wie integrieren Sie das Erlernen von Kreativität innerhalb der Ausbildung?

P. Meyer-Dohm: Kreativität ist eigentlich sehr vielseitig. Zunächst einmal fällt einem bei Kreativität künstlerisches Tun ein. Der Künstler ist per se kreativ. Darum gibt es auch in der Berufsausbildung Modellversuche, deren Ziel es unter anderem ist, künstlerische Elemente in die Ausbildung einfließen zu lassen. Das haben wir zu Anfang bei Volkswagen auch getan. Die Ausbilder wurden z.B. in Aquarelltechnik eingeführt, erfuhren u.a. auch manches aus dem Bereich der Waldorfpädagogik. Aber wir haben festgestellt, daß es bei den Ausbildern Hemmnisse gibt, künstlerische Arbeiten mit den Auszubildenden durchzuführen.

Wir leben in einer Gesellschaft, in der Kunst dem Künstler vorbehalten ist, und in der derjenige, der das nicht als Künstler tut, irgendwie als etwas seltsam, realitätsfremd angesehen wird. Deshalb standen wir vor der Frage, Kunstpädagogen einzusetzen. Ich habe damals entschieden, keine Kunstpädagogen einzusetzen, solange es uns nicht gelingt, unsere Ausbilder zum künstlerischen Tun zu bewegen, um damit vorzuführen, daß Kunst nicht allein die Aufgabe der Künstler ist, sondern jedes Menschen. Wir setzen auch deswegen keine Kunstpädagogen ein, weil ihre ganze Erscheinung signalisiert: Ich bin nicht so wie du. Ich bin Künstler. Sie wären immer Fremdkörper im Betriebsgeschehen geblieben.

Solange wir nicht dahin kommen, daß Kunst von normalen, durchschnittlichen Menschen betrieben wird, ich z.B. mit meinen beschränkten Fähigkeiten aquarelliere, solange wird ein derartiger Versuch nach meiner Überzeugung nicht funktionieren. Wir sind dann einen Schritt weitergegangen und haben unseren

Mitarbeitern gesagt: Entwerft Autos, schnitzt sie, malt sie und baut Modelle und testet sie im Windkanal. Auf diese Weise bringt man Schönheit und Zweckmäßigkeit zusammen.

Aber Kreativität hat viele Gesichter. Jeder, der im Metallgewerbe ausgebildet wird, muß z.B. ein Gerät entwickeln, für das nur gewisse Grundmaße vorgegeben werden. Das nennt sich Multispan. Multispan ist ein Gerät, mit dem man vielerlei Tätigkeiten ausüben kann, z.B. maschinelles Sägen, Schleifen und Bohren. Alle Tätigkeiten, die man im 1. Lehrjahr lernen muß, führen zu einem sinnvollen Produkt, das hinterher eine ganze Maschine darstellt, also nichts für die Schrottkiste. Dieses Modell hat bestimmte Bewegungsräume, es hat eine innere Struktur, denn es muß einen bestimmten Zweck erfüllen. Aber wie dieses Modell in den verschiedenen Funktionen gestaltet wird, bleibt dem einzelnen Auszubildenden überlassen. Schon das ist ein Herausforderung an die Kreativität des einzelnen.

Ein anderer Beitrag ist z.B., wenn im 2. oder 3. Lehrjahr geholfen wird, Maschinen-Einsatz zu planen. Vielleicht hat man sogar Ideen, wie man die Qualität der eigenen Arbeit verbessern kann. Man führt also die Auszubildenden aus der konventionellen, verkrusteten Denkweise heraus, wo ein Produkt vorgegeben ist, das auf schnellstem Wege fertiggestellt werden muß. Vielmehr geht es um etwas ganz anderes. Es ist wie beim Aquarellieren. Wenn ich eine Birke aquarelliere, wird sie nicht so aussehen, wie ich sie am Anfang vor Augen habe, und ich muß kreativ mit ihr umgehen. In ähnlicher Weise ist es im Betrieb. Ich kann an ungeheuer vielen Stellen Ideen einbringen. Aber dazu muß ich die Auszubildenden ermuntern. Sie werden dann das Produkt, das ihnen eingefallen ist, mit den Produkten anderer vergleichen. Dieses Produkt muß zweckmäßig sein, es muß besser als vorher sein, so daß die Kreativität nicht einfach ins Blaue hinausschießt, sondern schon eine gewisse Zielrichtung haben muß.

Man muß sich darüber klar werden, daß die Zukunft unbestimmt ist, daß das, was der Auszubildende jetzt lernt, vielleicht schon in fünf bis zehn Jahren nicht mehr oder nur noch eingeschränkt zu verwenden ist. Trotzdem brauchen wir dann noch seine Arbeitskraft, und daher muß er lernen, sich neuen Dingen zu öffnen, sich anzupassen und mitzugestalten.

Mit dem kooperativen Führungsstil zu einem gemeinsamen Ziel

W.W.: In einem lernenden Unternehmen ist es nicht ausreichend, wenn sich nur die Arbeitnehmer ändern, sondern auch die Führungskräfte müssen dazulernen. In welche Richtung muß sich ein moderner Führungsstil wandeln, der den Arbeitnehmer nicht nur als passives und unselbständiges Wesen sieht, sondern der die potentielle Innovationskraft des Mitarbeiters und auch seine Selbständigkeit berücksichtigt?

P. Meyer-Dohm: Das Denken muß sich sehr viel mehr in Richtung auf Vertrauen in den Mitarbeiter, Verzicht auf unmittelbare Kontrolle, Anwendung von Selbstkontrollsystemen ändern. So etwas wird nicht nur gelernt und umgesetzt, sondern es wird von der Praxis erzwungen. Ein lernendes Unternehmen hat nicht mehr Hierarchien als dringend nötig, es ist also durch eine sogenannte flache Hierarchie gekennzeichnet. Flache Hierarchien zeichnen sich im Gegensatz zu steilen Hierarchien dadurch aus, daß der einzelne eine relativ große *Span of control* hat. Wenn ich als Führungskraft bei flacher Hierarchie für eine relativ große Anzahl von Mitarbeitern verantwortlich bin, kann ich gar nicht jedem einzelnen über die Schulter schauen und ihn als einzelnen steuern. Die List dieser Idee ist gerade, daß ich daran gehindert werden soll. Ich soll als Führungskraft zum Nachdenken darüber angeregt werden, wie *das Ganze* – und nicht jeder einzelne – am besten funktionieren kann. Und der Mitarbeiter soll mehr Selbständigkeit und Freiräume für Selbststeuerung erhalten. Natürlich muß das Ergebnis den vorgegebenen Zielen entsprechen. Aber wenn ich wirklich etwas mit einer größeren Gruppe erreichen will, bin ich gezwungen, Aufgaben zu delegieren. – Der kooperative Führungsstil ist hierfür nach wie vor eine der Antworten. Ich denke, daß flache Hierarchien und das Prinzip des lernenden Unternehmens nicht mit dem Befehl-Gehorsam-Prinzip, also dem autoritären Führungsstil, zu vereinbaren sind. Es ist ein Widerspruch in sich. Allerdings kann ich mir Situationen vorstellen, in denen vorhandene Freiräume kurzfristig aufgehoben werden müssen, weil man z.B. etwas ganz Bestimmtes tun muß.

W.W.: Ist dieser kooperative Führungsstil notwendigerweise mit Teamarbeit verbunden?

P. Meyer-Dohm: Er ist notwendigerweise mit Teamarbeit verbunden. Stellen Sie sich eine Führungskraft vor, z.B. einen Abteilungsleiter, der fünf Unterabteilungsleiter in seinem Verantwortungsbereich hat. Er wird selbstverständlich mit denen so etwas wie ein Team bilden. Zwar ist er Vorgesetzter, aber er wird versuchen, eine Art Primus inter pares zu sein. Wenn er dieses Wir-Gefühl nicht erzeugt, muß er alle anderen kontrollieren, ob sie auch in die gewünschte Richtung laufen. Wenn aber jeder mit seinen speziellen Fähigkeiten seine ganz besondere Arbeit in das Team einbringt, ist der Abteilungsleiter sehr viel besser dran. Unter Kooperieren versteht man das Zusammenarbeiten mit dem Mitarbeiter. Kooperieren bedeutet, ein gemeinsames Ziel zu haben.

Qualifizierung der Ausbilder

W.W.: Welche Kompetenzen muß der Ausbilder in einem lernenden Unternehmen haben, um das an die Auszubildenden weitergeben zu können, was für dieses lernende Unternehmen notwendig ist?

P. Meyer-Dohm: Die Fähigkeiten, die der Ausbilder bei dem Auszubildenden erzeugen will, muß er selbst besitzen. Er muß über die Kompetenzen verfügen, die er beim Auszubildenden wecken will, also soziale, persönliche und fachliche Kompetenz. Hinzu kommt aber noch, daß er mehr von Berufspädagogik wissen muß, als dies früher nötig war. Denn er hat es jetzt plötzlich mit Gruppenprozessen zu tun, mit Fällen von individueller Problematik. Normalerweise hat er aber nur die Ausbildung der Ausbilder absolviert, die ihm für seine Tätigkeit in aller Regel sehr wenig Hilfen an die Hand gibt. Wahrscheinlich muß er auch mehr von Psychologie verstehen.

Ich sage das aber alles sehr zögerlich, weil ich weiß, wie schwer das ist, diese Dinge zu vermitteln, denn es sind theoretische Kenntnisse, und der große, riesige Vorteil der Berufsausbilder besteht darin, daß sie Praktiker sind und keine Lehrer. Ich habe nichts gegen Lehrer, aber die Ausbilder sind Menschen, die selbst durch diese Ausbildung und die anschließende Praxis gelaufen sind. Diesen Typus von Mensch, von dem ich so außerordentlich viel halte, möchte ich bewahren und möchte ihn nicht zu einem studierten Berufspädagogen machen, sondern ihn als jemand belassen, der aus einem konkreten Betrieb kommt. Er bringt in die industrielle Bildungsarbeit, die oftmals von dem wirklichen Geschehen etwas abgerückt ist, den nötigen Realismus hinein. Gleichwohl glaube ich, und das haben wir auch in dem Modellversuch umzusetzen versucht, daß er für ein lernendes Unternehmen mehr Kenntnisse braucht als früher.

W.W.: Wie werden die Ausbilder in Teamfähigkeit geschult, so daß sie diese wieder den Auszubildenden vermitteln können, und wie lernen die Ausbilder, die individuelle Kreativität der Mitarbeiter zu erkennen und freizusetzen?

P. Meyer-Dohm: Wir haben ein Modell, daß zwei Arten der Vermittlung sieht. Das eine ist ein Multiplikatorenmodell. Einer oder zwei aus einem Team nehmen an einer Schulung teil. Diese Schulung beinhaltet auch eine Entwicklung ihrer Fähigkeiten zur Vermittlung, so daß sie das, was sie gelernt haben, wieder ihrem Team vermitteln können. Sie werden also zu Multiplikatoren. Zum zweiten haben wir das Team als Ganzes, das ein Gruppentraining absolviert. Man lernt zusammenzuarbeiten, zu vermeiden, den anderen mit Kritik persönlich zu treffen usw. Das ist in etwa das gleiche, was Führungskräfte auf Kooperationsseminaren lernen.

W.W.: Wie waren die Reaktionen der Ausbilder auf diese Seminare? Empfanden sie es als Überlastung, waren sie begeistert oder eher ernüchtert?

P. Meyer-Dohm: Es war eine zusätzliche Belastung, es wurde, wie nicht anders zu erwarten war, nüchtern betrachtet. Es gab kritische Stimmen, aber die größere Zahl der Ausbilder hat den Sinn des eingeschlagenen Weges erkannt.

Dabei möchte ich aber noch eines hinzufügen: Dem Stil von Volkswagen entspricht es, alle diese Dinge zusammen mit dem Betriebsrat durchzuführen. Das ganze Modell der Berufsausbildung und der Ausbilderschulung ist immer in Gemeinsamkeit mit dem Betriebsrat entwickelt worden. So gab es keinerlei Widerspruch zwischen dem Betriebsrat als dem Repräsentanten der Ausbilder und dem Management des Bildungswesens. So etwas kann man nur einführen, wenn man eine breite Akzeptanz aller Entscheidungsträger hat, sonst entsteht irgendwo eine Gegenbewegung. Gleichwohl werden Sie dann feststellen, daß es immer einzelne gibt, die diesen Weg nicht wollen oder damit Schwierigkeiten haben. Wichtig aber ist, daß wir nicht allein das Interesse des Unternehmens dabei im Auge haben, sondern auch das Interesse der Mitarbeiter. Beides gehört zusammen. Und an dieser Stelle muß ich sagen, daß wir vorzügliche Unterstützung durch den Betriebsrat und die IG Metall bekommen haben, und daß es deutlich geworden ist, daß sich unsere Vorstellungen und die der Arbeitnehmervertretung hundertprozentig decken. Allerdings ist Bildungsarbeit normalerweise nie ein großer Konfliktbereich in einem Unternehmen.

Wir müssen auf die Fähigkeit des Individuums setzen

W.W.: Lernen bedeutet für den Menschen, daß er nicht nur in der Schule, sondern sein gesamtes Leben lernen sollte, wenn er nicht einrosten oder erstarren will. Gleiches gilt natürlich auch für ein lernendes Unternehmen. Welches sind Ihre Zukunftswünsche und Visionen für das lernende Unternehmen innerhalb der nächsten ein bis zwei Jahrzehnte?

P. Meyer-Dohm: Auch in den nächsten zehn Jahren wird es noch Unternehmen geben, die man nicht als lernende Unternehmen bezeichnen können wird. Das hängt damit zusammen, daß wir in unserer Wirtschaft Bereiche haben, in denen ein starker Wettbewerb herrscht und Bereiche, in denen weniger Wettbewerb stattfindet, und daß der Herausforderung des Wettbewerbs mitunter auch ganz anders zu begegnen versucht wird als mit einer lernenden Unternehmensform.

Wenn ich langfristig denke, glaube ich, daß wir Veränderungen im Schulsystem bekommen werden. Wenn wir Glück haben, wird die Entwicklung zu mehr

Einfluß der Individualität auf die Gesellschaft führen. Eine Alternative dazu wäre die Expertokratie oder etwas anderes, das nicht mehr so sehr nach Demokratie aussieht; aber bei dieser Vorstellung kommen mir mit Blick auf unsere Geschichte viele Bedenken.

Wenn wir uns darüber klar sind, daß die Komplexität des Berufslebens steigen wird, daß Zukunft nicht irgendwelchen klaren Zielvorgaben folgen wird, daß wir sehr viele Turbulenzen, Störungen bekommen werden, auf die wir jeweils antworten müssen, dann bedeutet das, daß wir auf keinen Fall auf einen ganz bestimmten Wissenskanon setzen dürfen, der ohnehin durch die Informationsüberflutung immer fragwürdiger wird. Statt dessen müssen wir auf die Fähigkeiten des Individuums, sich in dieser Welt zurechtzufinden, setzen. Insofern scheint mir die Entwicklung, die sich bei einem lernenden Unternehmen vollzieht, etwas zu sein, was sich in allen Lebensbereichen zeigt. Wenn es uns nicht gelingt, eine größere Zahl von selbstbestimmten Persönlichkeiten zu erziehen – die natürlich auch bereit sind, sich unter ein Ziel einzuordnen, die sich engagieren und mitgestalten wollen und die die Bänke der Konsumenten verlassen, wo sie nur abgefüttert werden–, dann werden wir den Herausforderungen der Zukunft nicht gewachsen sein. Das gilt für die Unternehmen genauso wie für die gesamte Gesellschaft.

Insofern ist für mich das lernende Unternehmen ein Teil einer lernenden Gesellschaft. Genauso wie ein lernendes Unternehmen nicht permanent neue Informationen aufnimmt, sondern ständig mit dem großen Problem ringt, eine Konsensbildung zu erzeugen, haben wir dieses Problem im gesellschaftlichen Zusammenhang auch. Auch hier geht es um Konsensbildung, auch hier muß man darum ringen, was das Entscheidende ist.

Jeder muß für sich selbst entdecken, was der Mensch ist

Von diesem Prozeß erhoffe ich mir, daß sich aus ihm ein realistisches Menschenbild ergibt. Für mich ist es ein ganz großes Problem, daß wir so viele theoretische Menschenbilder und Menschenbildtheoretiker haben und daß wir so wenig davon wissen, was nun der Mensch wirklich ist und was der Mensch soll. Für mich ist die Botschaft der humanistischen Psychologie die entscheidende. Der Mensch ist von vornherein gut. Aus meiner eigenen, von indischer Philosophie geprägten Weltanschauung würde ich hinzufügen, daß dies auch gar nicht anders sein kann, weil er einen Atman (das Göttliche) in sich trägt. Das bedeutet, daß die Anerkennung der Würde des Menschen, vor allem die meiner Mitarbeiter, eine ganz entscheidende Rolle spielt. Das wiederum schafft Vertrauen und die Bereitschaft, etwas Gemeinsames zu tun, auch in der Auseinandersetzung mit anderen, die vielleicht andere Ideen haben. Den Menschen zu einer freien Persönlichkeit zu erziehen, ist die Aufgabe der Schule. Und wenn ich mir die Geschichte der Pädagogik anschaue, sind das auch überhaupt keine neuen Forderungen.

Deswegen sehe ich das lernende Unternehmen nicht als eine Mode, sondern in der ihm zugrundeliegenden Idee sind Signaturen ablesbar, die ich auch in der Gesellschaft in den verschiedensten in die gleiche Richtung zielenden Kräften bemerke. Wir begreifen, daß wir anders mit der wachsenden Unübersichtlichkeit nicht fertig werden können. Das führt den Menschen notwendigerweise dazu, über sich selbst nachzudenken, und gegenüber denjenigen skeptisch zu werden, die ihm sagen wollen, wie und was der Mensch ist. Denn das muß jeder für sich allein in sich selber ergründen. Nur in dem Augenblick, in dem man in sich selbst entdeckt, was der Mensch ist, weiß man es! Alles andere ist Eitelkeit oder bloßes Kopfwissen. Das Wissen, das alles neu macht, wird vom ganzen Menschen aufgenommen. Erst dann hat man begriffen, was wirklich Kreativität ist, was Arbeit zum und für das Leben bedeutet und wie aus beidem ein Ganzes wird. Aber dahin zu kommen, ist oft ein relativ weiter Weg.

Hindernispädagogik

Reinhard Elsler*

> „Daher heißt meine ewige Devise: Das ganze Problem der wirtschaftlichen Unterentwicklung eines Landes ist ein Erziehungsproblem. Es betrifft die Mentalität, die uralten Volkssitten und Traditionen. Für all das muß man ihnen [den Menschen; R.E.] die Augen öffnen. Jetzt müssen sie ihre Notsituation begreifen lernen, sie müssen sich selbst erkennen – und ihre Möglichkeiten, die sie haben [...].
> Größten Anforderungen müssen wir heute gewachsen sein und ihnen mutig entgegentreten. Die *Freie Welt* darf nicht als eine geographische Größe gedacht werden, sondern als eine Welt mit einem Freiheitsideal, das jeder Mensch in seiner Seele aufrichten sollte, um sich gegen jene Rückschrittstendenzen zu wappnen. Es steht jetzt außer Frage, daß eine *Mobilisation des Geistes* unerläßlich wird, damit die Welt im Sinne des Geistes voranschreiten kann – wirklich voran!“ (Boulad, S.158)

Als ich diesem Gedanken und weiteren Ausführungen Henri Boulads[1] begegnete, welcher sich seit fast 30 Jahren der Erziehung heranwachsender Menschen in seinem Land widmet, bildete sich in mir dasjenige Wort, das nun als Überschrift über diesem Artikel steht: Hindernispädagogik.

Bevor ich nun aber auf diesen Begriff und damit auf die heutige Aufgabe der Erziehung aus meiner Sicht näher eingehe, scheint es mir lohnenswert zu sein, sich noch einmal die Frage klar zu stellen: Muß Erziehung überhaupt sein?

„Noch nie ist soviel über Erziehung gesagt und geschrieben worden wie in unseren Tagen!“ Stimmt dieser Satz, den man gerade in der letzten Zeit so häufig hören und lesen kann? Und wie steht es mit dem Gedanken, der im Hintergrund dieses Satzes gewichtig mitschwingt? „Früher hat sich Erziehung durch das Leben an sich ereignet. Je mehr darüber nachgedacht wird, um so mehr geht es bergab mit der Erziehung.“

Gab es wirklich eine Zeit, in der nicht erzogen wurde? Reden und denken wir über Erziehung deshalb so viel, weil wir unzufrieden sind, desorientiert, insgeheim todunglücklich?

---

* Reinhard Elsler ist Eurythmie- und Oberstufenlehrer an der Freien Waldorfschule Flensburg.

1. Henri Boulad, geb. 1931 in Alexandria. Studierte Theologie im Libanon, Philosophie in Frankreich, Psychologie in den USA. Leiter der Caritas Ägypten.

Aber worüber? Warum? Ist es nicht gleichgültig, was zwischen Geburt und Tod geschieht? Oder ist Erziehung einfach wichtig, um eine ordentliche, gutbezahlte Arbeit zu bekommen, und da Arbeit knapp ist, müssen wir uns um Erziehung kümmern? Aber wer ist wir? Wer kümmert sich um wen? Jeder um seine eigene Erziehung? Oder die Eltern um die ihrer Kinder (wegen der Berufschancen)? Oder die Erzieher um ihre Schülerinnen und Schüler, weil es ihr Beruf ist?

Vielleicht ist das Bedürfnis nach Erziehung auch ein Grundbedürfnis des Menschen, tief in ihm als Wunsch veranlagt, einmal so perfekt zu sein – jeder Mensch für sich –, wie jede Tierart bereits perfekt ist; und zwar bereits perfekt geboren.

Also noch einmal: Gab es eine Zeit ohne Erziehung? Wäre Erziehung somit die Errungenschaft einer modernen Gesellschaft, oder ist Erziehung oder auch Schulung ein zutiefst menschliches Bedürfnis?

Auf beide Fragen kann man mit Ja antworten, und genau darin – in diesem scheinbaren Paradoxon – liegt die anhaltende Motivation, über Erziehung nachzudenken. – Ja, es gab eine Zeit ohne Erziehung:

Ein beglückender, trunkener Rausch,
hingegeben an alle Sinnesfrüchte,
sich im Kreise drehend,
ohne Anfang und Ende,
ohne Gut und Böse, falsch und richtig,
zeitlos, ziellos, erzie(l)hungslos:
staunende, träumende Kinder
im Paradies.

Bis zu dem Moment,
als der geschlossene Kreis verlassen wurde,
an einer Stelle,
in einem Herzen
eine erste Neigung erwachte:
nach Innen:
Aus dem Kreis wurde eine Spirale.

Die Suche nach der Frucht der Erkenntnis,
nach sich selber,
setzte ein.

Das Ende der Spirale:
der Biß in den Apfel, ins eigene Fleisch:
die Selbstwahrnehmung.

Das war das Ende des Paradieses,
des traumhaften Rausches am „eigenen Kindsein im Garten Gottes“.
Aufs Spiel gesetzt und aufgegeben:
das Leben im geschlossenen Kosmos.
Errungen: die Sehnsucht,
diesen Kreis wieder zu finden,
aber nun mit Bewußtsein,
nicht als Kind, nun als Erwachsener
ins Paradies einzutreten:
Es selbst zu schaffen.
(Reinhard Elsler)

Seitdem gibt es Erziehung; ins Leben gerufen von dem Bedürfnis, das Paradies wiederzuerlangen, sich fähig zu machen, bei vollem Bewußtsein den Gipfel zu erreichen. Erziehung kann somit nie bedeuten: Einer zieht den anderen, ob dieser will oder nicht, sondern sie ist in ihrer ursprünglichsten und vornehmlichsten Art und Weise nicht anders zu denken als Selbsterziehung. Und konsequent weitergedacht kann jede andere Erziehung ebenfalls nichts anderes sein als eine öffentliche Selbsterziehung. Wenn man den Gedanken Fröbels: „Erziehung ist Vorbild und Liebe. Vorbild sein kann man übrigens dann am besten, wenn man sich als Ebenbild begreift“, zu Ende denkt, dann ist derjenige, der sich selbst erzieht, in keiner anderen Situation, als daß er sich darauf eingelassen hat, von demjenigen erzogen zu werden, dessen Ebenbild er ist. Ein durch und durch nachparadiesischer Zustand! Und jedes Reden und Schreiben über Erziehung ist als Zeichen zu verstehen, daß wir als Menschheit mehr und mehr und immer deutlicher das Erwachen aus diesem traumhaften Zustand vollziehen und uns gleichzeitig daran erinnern: Es gibt ein Ziel.

In diesem Sinne ist Erziehung nicht das Anbinden an einen Pfahl in den Reihen einer Baumschule, sondern das deutliche Aufstellen eines Pfahles (Selbsterziehung) in die Nähe eines Menschen, an eine Richtung erinnernd.

Und Hindernispädagogik, von der ich nun im folgenden sprechen möchte, ist eine intensive Form der Provokation. Sie soll die Sehnsucht wecken, welche durch die Erinnerung an die ureigenen, nach Vervollkommnung rufenden menschlichen Keime entsteht.

Warum gerade Hindernispädagogik in der heutigen Zeit? Wenn man z.B. den Artikel von Henning Kullak-Ublick, „Erziehung in Zeiten der Sucht“, liest (in: FLENSBURGER HEFTE 50, „Erziehung“), findet man deutliche Antworten auf diese Frage. Ich möchte mir weitere Details über den Zustand unserer Zeit ersparen. Die Freiheit, in die wir gelassen wurden, erkennt man an der Finsternis, die uns zu durchschauen zugemutet wird. Und so sind wir alle, und besonders die entwicklungsgemäß desorientierten Jugendlichen, ununterbrochen als Kinder dieser Zeit in der Gefahr, irgendeiner Sucht zu erliegen, die den Menschen von seiner eigentlichen Suche ablenken soll: Bewußtsein zu erlangen, mit Bewußtsein seine 12 Sinne zu ergreifen. Alle Versuchungen wollen, daß der Mensch steckenbleibt, und zwar solange, bis er diesen Zustand für sich angenommen hat:

Ein gebrochener Mensch, der am Ende ist,
nicht seiner Sehnsucht,
aber seines Willens.
Er hat auf diesen keinen Zugriff mehr.
Er gleicht einem Querschnittsgelähmten,
der nur noch in seinen Träumen laufen kann.

Für den physischen Leib gibt es Reha-Kliniken, in denen bestimmte Muskeln, welche beschädigt oder unterentwickelt sind, wieder aufgebaut werden, indem man bis auf den Millimeter genau eingestellte Maschinen konstruiert und entsprechende Übungen (Hindernisse) entwickelt hat.

Haben nun nicht alle, die auf dem Felde der Erziehung mitwirken, die dringliche Aufgabe, für die *Seele* mit gleicher Intensität und Phantasie *Hindernissituationen* zu schaffen, welche die „drei Muskeln“ Denken, Fühlen und Wollen in die Lage versetzen, Herausforderungen zu erkennen, anzunehmen und zu meistern? Aus dieser *Tätigkeit* allein kann das Ich eine Lebenslust gewinnen, die es dann über die gereichten Glückssurrogate nur lachen läßt.

Waldorfschule – ein erweiterter Erziehungsraum

Nachdem ich nun versucht habe, den Begriff der Hindernispädagogik und die darin liegende Notwendigkeit zum Handeln deutlich zu machen, möchte ich in einem nächsten Schritt den Blick auf eine Erziehungs- und Schulform richten, welche aus keinem geringeren Grund Anfang dieses Jahrhunderts ins Leben gerufen wurde, als eben diese (Seelen-)Räume zu schaffen, in denen das Kind, der Heranwachsende seinen Fähigkeiten und seiner Geschwindigkeit entsprechend sich entwickeln kann, in der Erziehung als Erweckung verstanden wird, nicht auf ein allgemein gesellschaftliches Ziel ausgerichtet ist, sondern auf den einzelnen Menschen mit seinem ureigenen Ziel und Auftrag.

Damit ist ein Erziehungsraum eröffnet worden, der über die Grenzen Geburt und Tod – in beide Richtungen – hinaus gedacht und studiert werden muß. Diese Weite verbietet jede enge Zielsetzung. Und das, was in dieser Weite überhaupt greifen kann, kann nur mit dem Wort Erziehungskunst beschrieben werden. Diesen Begriff hat Rudolf Steiner, der Gründer der ersten Waldorfschule, geprägt, und dieser Begriff ist seitdem das Maß alles pädagogischen Handelns. Erziehung zum Handeln (Wille), Erziehung zur Freiheit (Denken), und ganz dringend möchte ich nennen: Erziehung zum Impuls (Fühlen). Das sind die drei Seelenqualitäten des Menschen, mit denen die Zielrichtungen (Sehnsüchte) umschrieben werden können, die für jeden Menschen gelten.

Und in der Praxis? Wie führt und begleitet die Waldorfpädagogik den einzelnen Schüler auf seinem Weg? Ich möchte das an einem Bereich des Unterrichts deutlich machen, den ich für einen der beeindruckendsten und wirkungsvollsten Kunstgriffe dieser Pädagogik halte: dem sogenannten Erzählteil am Ende des zweistündigen Morgenunterrichts, welcher nach Möglichkeit acht Jahre vom gleichen Klassenlehrer gestaltet wird.

Man stelle sich die Situation eines Erstkläßlers vor. Drei große „Geburten" hat er hinter sich, sagt schon lange mit Selbstverständlichkeit „Ich", weiß was er will, nämlich in die Schule, um nun das, was er für sein Leben braucht, zu lernen. Er ist – und das soll im folgenden „Geburt" heißen – dreimal aufgerichtet, auf die eigenen Füße gestellt, selbständiger geworden: und zwar physisch bei der Geburt aus der Einwicklung in die Streckung, in den eigenen Luft- und Sinnesraum; seelisch beim Eintritt in den Kindergarten, wo er seinen ersten Raum, den er nicht mit seiner Mutter gemeinsam hat, betritt und auch einmal ganz anders sein kann als zu Hause. Und schließlich beim Eintritt in den Klassenraum: Das ist eine geistige Geburt bzw. Abnabelung, bei der plötzlich die Gedankenwelt der Eltern durchbrochen und das Wort des Lehrers zum neuen Maßstab wird.

Wie man deutlich an diesen ersten drei Geburten sehen kann, ist die jeweils neu errungene Selbständigkeit eine relative. Genau betrachtet werden durch Geburten neue Räume eröffnet, neue Abhängigkeiten eingegangen – in Seelenräumen, die allerdings weiter sind als die alten.

Und nun zum pädagogischen Kunstgriff des Erzählteiles. Der nach Bildung durstende Erstkläßler wird natürlich in Schreiben, Lesen und Rechnen unterrichtet, aber am Ende des Hauptunterrichts wird, wie zur Beruhigung der angestrengten Seele, diese in eine Nährlösung getaucht, welche Märchen heißt, die

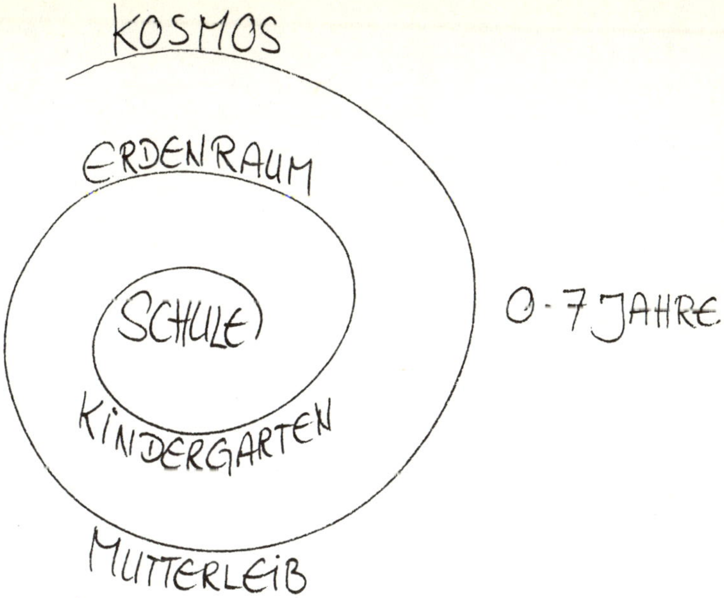

Alle Zeichnungen in diesem Beitrag von Felicia Elsler.

der Lehrer im gesamten ersten Schuljahr seinen Schülern erzählt. Der Schüler hat also nach der Beschäftigung mit all dem, was er lernen will und verstehen muß, nun die Gelegenheit, in der Welt der Märchen zu baden und zu hören, was er für seine Seelenruhe und -entwicklung braucht.

In den Märchen lebt der Schüler in der kosmischen Weite zwischen Gut und Böse mit der Gerechtigkeit als Mitte, und er würde seelisch verdursten, wenn er diese Art der seelischen Beanspruchung nicht erleben und erleiden dürfte.

Hindernisse – seelische Beanspruchung und Nahrung zugleich

So wandert der Waldorfschüler im Laufe der ersten acht Jahre wie auf einer Spirale aus dem kosmischen Umkreis der Märchen über die Legenden und Fabeln, die Erzählungen des Alten Testaments, die Sagen des klassischen Altertums bis hin zu den Biographien großer Frauen und Männer, und er wird auf diesem Weg mehr und mehr zu sich selber geführt – dem Ende der Spirale.

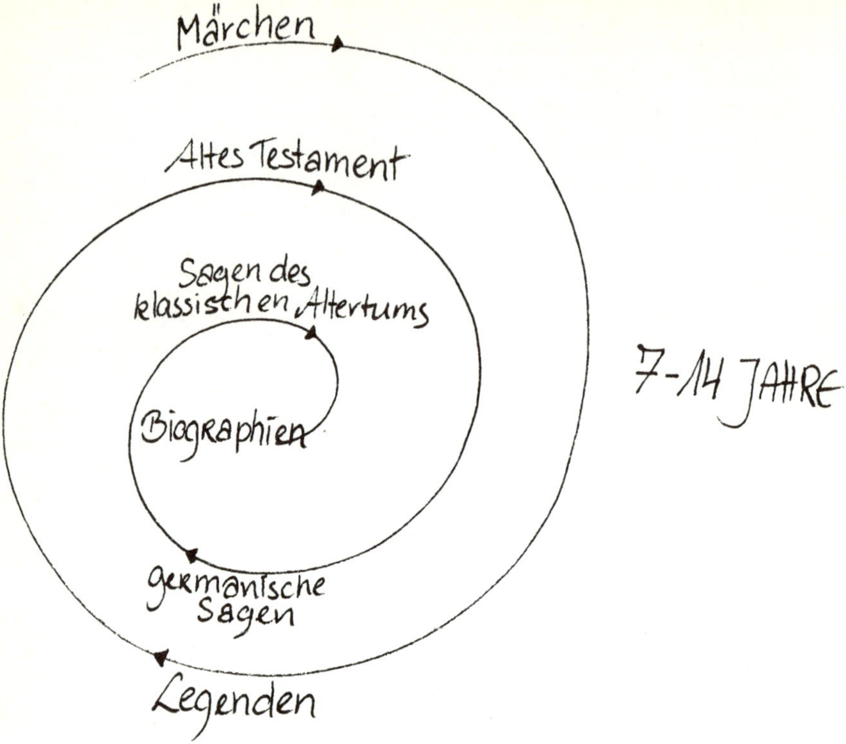

Als Höhepunkt der 8. Klasse kann man gespiegelt zur „Märchenstunde" der 1. Klasse das Klassenspiel erleben, wo nun der einzelne Schüler mit seinen Bewegungen aus seinem Seelenraum, kraft seiner Sprache, buchstäblich in Erscheinung tritt. Eine außerordentliche seelische Belastungsprobe, deren Bestehen oft ungeahnte und überwältigende Glücksmomente hervorruft!

Halten wir also fest, daß der Schüler, während er durch die Augen des Lehrers die Welt erlebt und entlang seiner Gedanken und Worte diese verstehen lernt, stets darauf angewiesen ist, seelisch beansprucht, herausgefordert zu werden – von den Märchen bis zum Klassenspiel –, um in seinem menschlichen Wesen angesprochen zu werden und seine Fähigkeiten spüren und erweitern zu können.

Erkennbar ist, daß ohne diese Hindernisse, die seelische Beanspruchung und Nahrung zugleich sind, eine Orientierung sowie ein Wachsen und Gedeihen für den Schüler nicht möglich sind. Dabei drängt sich die Frage auf: Was ist die altersgemäß rechte Herausforderung für die Kinder?

Schauen wir uns die vier Jahre der Oberstufe in der Waldorfschule an, und zwar als Übung, den Blick für die rechte Herausforderung zu schärfen. Herauszufinden wäre also: Welchen Seelenraum betritt der Schüler mit jedem neuen Jahr, und was wären die angemessenen Aufgaben, denen er sich stellen sollte?

Der Achtkläßler hat das Ende der Spirale erreicht, hat an der Seite der Eroberer die Welt erobert, stand z.B. als „Peer Gynt" auf der Bühne, und ihm liegt, von allen Seiten für seine Bühnenleistung beglückwünscht, „die Welt zu Füßen". Man könnte also denken: Nun bringen wir dem Heranwachsenden noch die letzten naturwissenschaftlichen Gesetze bei und verfeinern seinen Sprachstil, und dann entlassen wir ihn in die Welt.

Aber es kommt ganz anders. Der Neuntkläßler steht ganz unter dem schockartigen Eindruck seiner vierten Geburt und Abnabelung, die er das letzte Jahr zwar nachdrücklich gefordert hat, mit der er nun aber erst einmal zurechtkommen muß. Die Führung des Klassenlehrers ist zu Ende. Die Eltern treten immer mehr in den Hintergrund. Ohne diese Stützen, die ihm wie Krücken erscheinen, die er nicht mehr benutzen will, steht er auf nicht minder wackeligen Beinen wie bei seinen ersten Gehversuchen.

Aber gleichzeitig berührt er doch schon aufs heftigste – ohne einen festen Stand – die Insignien der Erwachsenenwelt: Macht und Erotik, und in deren Dunstkreis die vielen Krücken, die der Erwachsene kultiviert hat, um seinen Mißbrauch von Macht und Erotik zu kanalisieren und zu kompensieren: Alkohol, Nikotin, Pornos, Drogen und alle anderen Süchte und Abhängigkeiten.

Und über all diesen Abgründen stehen die hohen Ideale, die gerade in diesen Jahren so deutlich und fordernd wie nie mehr danach in den Herzen der Jugendlichen schlagen. Sie kämpfen mit den Trieben des unteren Menschen einen erbitterten Kampf. Angefeuert von ihren geistigen Impulsen, getrieben von ihren körperlichen Bedürfnissen stehen sie so einer Erwachsenenwelt gegenüber, der sie den Verrat an ihren Idealen genauso erbarmungslos ins Gesicht sagen, wie sie die Annehmlichkeiten ihrer vor „Spießigkeit triefenden Elternhäuser" selbstverständlich konsumieren.

Der Schwamm ist voll

Was ist zu tun angesichts dieser schmerzhaften seelischen Verwundung und Desorientierung? Welchen Anker kann man werfen, um wieder Bodenkontakt zu bekommen?

Sowohl das Vollstopfen mit theoretischem Wissen (Denken) als auch das endlose Diskutieren mit den streitlustigen Jugendlichen (Fühlen) würden die

Spirale weiter nach innen drehen und ein vermeintliches Ego eher stärken als das wahre Ich aufbauen.

Hier gilt nun als unbedingte Zielrichtung – analog dem kosmischen Umkreis der Märchen, nun aber deutlich irdischer –, den Heranwachsenden, der ja nun vehement seinen Platz in der Welt der Erwachsenen sucht, mit dieser Außenwelt zu konfrontieren, und zwar dort, wo diese Welt gestaltet, mit den Händen erbaut wird. Der Schüler soll sich und den Erwachsenen beweisen können, daß er etwas zur Herstellung dessen beitragen kann, was er tagtäglich – bisher ganz selbstverständlich und entsprechend unbewußt – konsumiert hat.

Also ab auf den Bauernhof, in die Schmiede, zum Schuster, zum Tischler usw.! Kann ich mich nützlich machen, oder kann ich nur große Reden halten? Nun diskutieren nicht mehr die Erwachsenen mit mir, jetzt fordern mich die Gegenstände und Materialien zum Gespräch heraus und sagen mir unerbittlich, ob ich sie richtig behandle.

In diesem Moment betritt der Neuntkläßler einen ganz neuen Raum: Er ist allein mit seinen Talenten, auf niemanden kann er die Verantwortung für Erfolg oder Mißerfolg abwälzen. Es ist eine Zerreißprobe, die ihn genauso schreien lassen will, wie sie ihn verstummen läßt, denn der effektive Handlungsspielraum ist zum Greifen nah geworden. Eine deutlichere Sprache kann in dieser Lebenszeit niemand anderes führen als die stummen Dinge.

Die Waldorfpädagogik spricht in diesem Zusammenhang von der *praktischen Urteilsfähigkeit.*

In dieser so schwierigen Situation der 9. Klasse wird besonders deutlich, was es heißt, keine seelischen Herausforderungen zu stellen bzw. die falschen Hindernisse aufzubauen. Keine Diskussion kann in diesem Alter so befreiend wirken wie ein handwerkliches Praktizieren bei einem Meister, der weiß, was er tut, und der dadurch zum anerkannten und geschätzten Lehrer und Erwachsenen wird.

Wenn man einmal erlebt hat, wie grundverschieden sich ein Schüler in der Schule und am Arbeitsplatz verhält und in Erscheinung tritt, wird die Frage nach der Gestaltung der 9. Klasse und der damit beginnenden Oberstufe immer dringender. Denn auch die Waldorfschule hat das Instrument „praktisches Handeln" über ein dreiwöchiges Landwirtschaftspraktikum hinaus – bis auf wenige Ausnahmen – noch nicht konsequent genug kultiviert und für den pädagogischen Alltag zunutze gemacht.

In diesem Alter gleicht der Schüler einem Schwamm, der vollgesogen ist mit Wissenswertem, auch sein Gemüt ist voll der Bilder, die er acht Jahre aufgenommen hat. Aber nun muß der Schwamm gedrückt werden. Es geht nichts mehr hinein, und er kann nur geleert werden, indem der Schüler zum Handeln aufgefordert wird: „Gib ab, damit du wieder aufnehmen kannst; geh handeln, damit du wieder fragen kannst."

Lernen und Arbeiten müssen zu einem Atemprozeß werden. Wie ein Ein- und Ausatmen lernt dann der Schüler, um wieder handeln zu können, und er handelt, um wieder lernen zu können.

Physische und seelische Landkarten

Nach praktischem Erproben in seiner Umwelt erwacht nun im Schüler der 10. Klasse der Wunsch, hinter die Dinge zu schauen, den Geist zu erkennen, der die sichtbare Welt zusammenhält. Gesetzmäßigkeiten werden gesucht, entdeckt und angewandt. Den Höhepunkt erfährt dieses Bedürfnis im sogenannten Feldmeßpraktikum, wo exemplarisch angewandt werden soll, was man im Geist durchdacht hat: die Funktion eines Theodoliten (Winkelmeßgerät), die Verarbeitung der gefundenen Daten und die Überprüfung in der Wirklichkeit. „Die Welt ist berechenbar, ich bin in der Lage, eine Karte zu erstellen, mir eine Orientierung auf der Erde zu verschaffen."

Dieses Gefühl ist nach dem Fruchtwasser, der Muttermilch, den Märchen und letztlich dem praktischen Handeln nun die Nährlösung des 16- bis 17jährigen. In diesen Bereich will er vorstoßen, dort will er herausgefordert werden.

Die Waldorfpädagogik spricht diesbezüglich von der *theoretischen Urteilskraft.*

In der 11. Klasse wechselt der Schwerpunkt von der äußeren Welt und ihren Gesetzen auf die innere Welt, auf die seelische Landschaft, mit all ihren Höhen und Tiefen. Das Bedürfnis ist groß, nun auch einen seelischen Theodoliten zu besitzen, mit dem alle Berge und Täler, Wege und Irrwege, Weiten und Abgründe erforscht und durchschaut werden können.

Die Parzival-Epoche, die in diesem Schuljahr in der Waldorfschule einen herausragenden Platz einnimmt, ist im Grunde nichts anderes als ein Anlegen einer seelischen Landkarte: eine beglückende Begegnung mit der menschlichen Würde und Bestimmung und eine genauso deutliche Konfrontation mit allen Abwegen und Umwegen. Wie beim Theodoliten ist ein nüchterner Blick oberstes Gebot, damit der Schüler eine Chance bekommt, *selbst* seine Schlüsse zu ziehen, und nicht mit fremden Augen die Landschaft durchmißt.

Die Waldorfschulpädagogik spricht hier von der *seelischen Urteilsfähigkeit,* welche ihre Erprobung im Sozial- und Industriepraktikum findet.

Auch hier sei die Frage erlaubt: Reichen drei Wochen aus, um den Elftkläßler nachhaltig (seelisch) in seiner Welt zu verankern? Müssen wir nicht, wie z.B. in dem Jugendprojekt *Steinschleuder* (siehe dazu: FLENSBURGER HEFTE 46, „Jugendideale“, S.86 ff.), viel stärker mit den Jugendlichen Herausforderungen suchen, welche die Heranwachsenden positiv seelisch belasten und dadurch tragfähig und belastbar machen? Sind wir nicht statt dessen nur Zuschauer der Jugendlichen, wenn sie – provoziert von den Botschaften und Ratschlägen zahlloser Jugendzeitschriften – von einer Schwärmerei und Sehnsucht in die nächste stürzen und im egoistischen Erleiden ihre größte seelische Belastung erleben müssen?

Aufstieg zum Olymp – selbständiges Urteilsvermögen

Kommen wir nun zum Abschluß der Waldorfschulzeit. Der Schüler hat sich orientiert, hat sich physische und seelische Landkarten erstellt, des Menschen Außen- und Innenwelt erforscht, das also, was allen Menschen gemein ist. Nun kommt es auf ihn, auf ihn ganz alleine an! Die dritte Spirale neigt sich dem Ende, dem Nadelöhr, dem Geburtstor zu. Ein ganz und gar neuer Raum muß erschlossen werden, und dafür müssen wir das Bild der Spirale in der Fläche verlassen. Nun steht der Jugendliche vor dem Aufstieg zum Olymp. Er erhebt sich in die Höhe, auf seinen eigenen Füßen stehend, und spürt erstmalig und existentiell, daß nur er allein an diesem Platz steht. Er erlebt sein eigenes, unverwechselbares, von aller Mode und vermeintlichen Sachzwängen unabhängiges Ich.

Er überwindet sein seelisches Gefangensein, indem er *seine Ideale* erlebt, für die er nun kämpfen will und muß! Wir kennen alle diesen wunderbaren Zustand. Er ist das kostbarste Gut, wofür man buchstäblich sein Leben opfern will.

Unendliche, sonnengleiche Energiequellen schlummern und pulsieren in den Jugendlichen, und so hat der Erzieher als vornehmste Aufgabe, diesen Zustand in sich wachzurufen, mit dem Schüler zu brennen und dann mit ihm Räume zu schaffen, in denen er seine Ideale und Talente verwirklichen kann.

Nach dem praktischen, theoretischen und seelischen soll nun, als eine Art Zusammenschau und Erhöhung, das selbständige Urteilsvermögen errungen werden. Darunter ist nicht zu verstehen, daß eine Situation vom Schüler von oben herab kritisiert oder in kabarettistischer Manier karikiert werden soll und er sich somit vom Leben distanziert, sondern er soll lernen, Aufgaben selbständig zu ergreifen und zu lösen.

Die Waldorfpädagogik hat für dieses Bedürfnis die Jahresarbeiten entwickelt. Im Zuge einer Jahresarbeit kann sich der Schüler einer Aufgabe ein Jahr lang widmen, um am Ende in einem Vortrag und/oder einem Werkstück bzw. einer künstlerischen Darbietung eine Probe seines Könnens zu bieten.

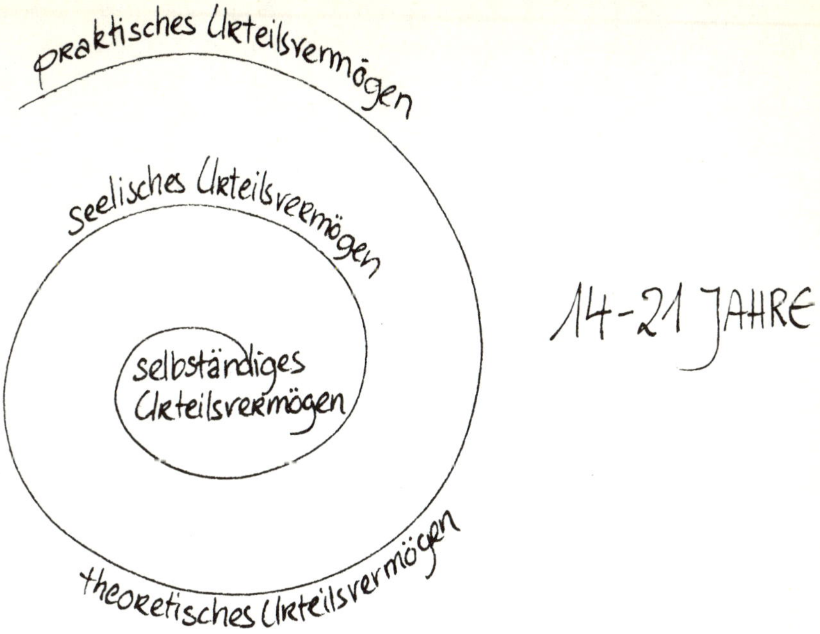

Bemerkenswert hierbei ist, daß das Finden einer originären Fragestellung, die allein durch diesen Schüler lebt und nur von ihm beantwortet werden kann, eine immer größere Hürde zu werden scheint. Fast scheint es, als fänden die Schüler kaum noch einen Ansatz oder genug Mut, die Welt kraft ihrer Ideale aus den Angeln zu heben, zu verändern oder wenigstens mit dem *Wie* ihrer Antworten und Taten zu beeindrucken.

Das Kapital einer Gesellschaft sind ihre Menschen

Zum Schluß will ich noch einen Blick auf die Berufswelt werfen, in die wir die Jugendlichen entlassen. Selbstverständlich kann es nicht in unserem Interesse liegen, daß sie fügsame Rädchen im großen Getriebe der Gesellschaft werden. Nein, sie sollen ihr Veränderungspotential einbringen. Dahin geht das Bemühen eines jeden Erziehers. Aber das darf sich nicht im luftleeren Raum abspielen. Die Welt, die ich verändern will, muß ich erst einmal durchschaut und erlitten haben, um überhaupt ein Recht zu haben, sie zu verändern – und um einen Ansatz dazu zu haben. Also was wird erwartet und von der Berufswelt gefordert?

Wenn man sich mit den Schriften Peter Schneiders beschäftigt (*siehe auch das Interview mit ihm in diesem FLENSBURGER HEFT;* Red.), dann erfährt man, daß bereits vor sieben Jahren ein so großer Konzern wie die Volkswagen AG die Notwendigkeit erkannt hat, seine Lehrlingsausbildung und viele seiner Betriebsstrukturen neu zu gründen und zu gestalten. So ist die Ausbildungssituation in diesem Konzern nach Schneiders Konzept auf drei Kernkompetenzen ausgerichtet worden: Ohne diese, so die Erkenntnis Schneiders, kann weder ein Arbeiter in einem modernen Betrieb einen Platz finden, noch kann umgekehrt ein Betrieb ohne Arbeiter mit diesen Fähigkeiten überleben. Es handelt sich dabei um: Fachkompetenz, Sozialkompetenz und Individualkompetenz.

Fachkompetenz ist für jeden einsichtig und immer schon Bedingung gewesen, und man könnte sie mit der *praktischen und der theoretischen Urteilsfähigkeit* in Verbindung setzen.

Sozialkompetenz wird immer lauter von allen Seiten gefordert. Teamarbeit ist das Schlagwort. In der Waldorfschule ist die Hochzeit für diese Kompetenz (neben der Parzival-Epoche, *seelische Urteilsfähigkeit)* das Theaterspiel der 12. Klasse. Hier lernt gerade der hinter der Bühne, momentan nicht im Rampenlicht Stehende, wie seine Konzentration und sein Mitfühlen die auf der Bühne Agierenden entscheidend tragen können, bzw. wie er das gesamte Werk auch zerstören kann. Derart erprobte soziale Belastbarkeit und geübtes Fingerspitzengefühl werden immer notwendiger werden (man ist geneigt, überlebensnotwendig zu sagen), um sich und dem anderen neue Kraft- und Phantasieräume zu erschließen. Der einzelne ist chancenlos.

Individualkompetenz: Einen Beitrag für die Gemeinschaft zu leisten, macht nur dann einen Sinn, wenn der einzelne sich auch für die gemeinsame Sache verantwortlich fühlen und sich mit ihr identifizieren kann. Oder anders gesprochen: Die Kraftquelle für eine Gemeinschaft ist jeder einzelne Mensch. Konkret heißt das: Der einzelne muß die Fähigkeit haben: 1. Probleme zu erkennen, 2. diese sich zu eigen zu machen, 3. unnachgiebig Wege zur Lösung zu suchen *(selbständiges Urteilsvermögen).* Insbesondere ohne diese letzte Eigenschaft können weder ein Betrieb (Arbeitsgemeinschaft) noch der Arbeiter als Mensch und Individuum überleben. Denn nur die letzte Fähigkeit, die man *üben* muß und zu der man Mut und Geduld braucht, garantiert überhaupt, daß ein Arbeiter wach bleibt, sich weiterbildet und weiterentwickelt, und nur durch diese Anstrengung kann er seelisch-geistig den Alltag überhaupt durchhalten.

Dieses Beispiel mag noch eher ein Einzelfall sein, dennoch greift die Wirtschaft immer entschlossener nach dem letzten (und einzigen) Kapital, das noch weitgehend unausgeschöpft vorhanden ist und erst jetzt erkannt wird: dem selbständigen und innovativen Menschen. Hier begegnen sich also das Ideal der Erziehungskunst und das Bedürfnis der Wirtschaft.

Durch Hindernisse zum Handeln

Zukünftig wird alles davon abhängen, wie selbständig der einzelne Mensch tatsächlich wird, um nicht bloß – auf höherem Niveau zwar, aber doch nicht minder – Diener der Wirtschaft zu werden, quasi als Rädchen im Getriebe, das sich selbst in Bewegung setzt. Es ist Zeit für eine Wirtschaft, die aus Achtung vor dem selbständigen Menschen und in Zusammenarbeit mit ihm Ziele formuliert und Produkte kreiert. Aber dazu braucht es zuallererst den Menschen voller Ideale und Sehnsucht, der sich an seine Aufgabe erinnert, die er sich selbst gestellt hat, bevor er die Erde betrat.

Nichts anderes möchte die Hindernispädagogik hervorrufen. Der Schüler soll durch Hindernisse zum *Handeln* herausgefordert werden, und an diesem Handeln entwickeln sich wie ein seelischer Muskel Selbstwert- und Glücksgefühl, welche wiederum die Erinnerung an die großen Ideale und Vorsätze hervorrufen.

Nur wenn er immer wieder angeregt wird, durch sinnvolle Taten Glücksgefühle zu erreichen, kann der Jugendliche den Verlockungen der Bequemlichkeit und Surrogatbefriedigungen entgehen. Denn nur dann kann er das Niveau des Glücks über die eigene Tat – die auch im aktiven klaren Denken liegen kann – von der passiven Befriedigung unterscheiden.

Wer begreift, daß alle staatlichen Schulabschlüsse lediglich ein bestimmtes Niveau der Fachkompetenz beschreiben, der erfaßt, wie sehr sich die Schulen – auch die Waldorfschulen – verändern müssen, um den einzelnen Schüler wirklich erkennen und nachhaltig fördern zu können, um als Hebamme seiner Lebensimpulse wirken zu können.

Literatur:

Boulad, Henri: Zeugnis der Wahrheit. Bad Sauerbrunn 1991

Lernendes Arbeiten, arbeitendes Lernen

Interview mit Klaus Joachim Fintelmann

von Wolfgang Weirauch

Klaus Joachim Fintelmann, *geb. 1924 in Berlin. Besuch der Volksschule, eines humanistischen Gymnasiums und dann bis zu ihrer Schließung 1941 der Waldorfschule in Dresden. Im Krieg technische Ausbildung und Einsatz als Flugzeuginge-*

nieur und Pilot. Studium Jura, Volkswirtschaftslehre und Philosophie. Sozialwissenschaftlicher Einsatz in der Montanindustrie (Beteiligung an der Einführung der Mitbestimmung).

Seit 1952 pädagogische Tätigkeit in der Hibernia-Chemie/Ruhrgebiet. Auf Grundlage der pädagogischen Menschenkunde Rudolf Steiners Aufbau einer Berufsbildungsstätte, die dann zunächst zu einer Oberstufenschule (Berufsgrundschule Hibernia) und dann zu einer Gesamtschule des beruflichen Bildungsweges ausgebaut wurde – der heutigen Hiberniaschule.

Seit 1972 in der Bildungsforschung tätig; Mittelpunkt seiner pädagogischen und forschenden Tätigkeit bildet die Frage, wie in zeitgemäßer Weise Arbeiten und Lernen verbunden werden kann, sowohl für den heranwachsenden Menschen als auch für den Erwachsenen lebenslang.

In Verbindung damit Schulberatung und Schulentwicklung im In- und Ausland. Mitbegründer der Akademie für Bildungsreform. Gemeinsam mit der Robert-Bosch-Stiftung Initiierung eines Reformprojektes „Praktisches Lernen im Allgemeinbildenden Schulwesen".

Seit 1985 beratend auch in Ägypten tätig: 1989 Gründung der Sekemschule (einer islamischen Schule auf der Grundlage der Pädagogik Rudolf Steiners). 1993 Verleihung des Professoren-Titels durch die Landesregierung Nordrhein-Westfalens.

Schule heute bedeutet: Das Wissen wird weitgehend mit dem Kopf aufgenommen. Daß man aber genauso mit der Hand lernen, daß das praktische Lernen Fähigkeiten vermitteln, ja sogar das Denken anregen kann, ist eine Tatsache, die in unserem Bildungssystem immer noch ein Schattendasein fristet. Weil in unserer Gesellschaft dem Arbeiter Bildung vorenthalten wird und der berufliche Bildungsweg nach wie vor alles andere als eine dem allgemeinbildenden Weg gleichberechtigte Rolle spielt, hat sich der Bildungsforscher Klaus J. Fintelmann zeit seines Lebens diesem Problemfeld angenommen.

Sein Paradestück ist die Hiberniaschule, einer der Pädagogik Rudolf Steiners verpflichtete Schule, die aus der Lehrwerkstatt der Hibernia-Chemie entstand, und die Fintelmann über Jahrzehnte maßgeblich prägte. An dieser Schule wird versucht, mit den Schülerinnen und Schülern lernendes Arbeiten und arbeitendes Lernen vom Kindergarten beginnend schrittweise in immer größer werdenden Perioden durchzuführen. Ein ähnliches Konzept – wenn auch auf gänzlich anderem kulturellen Boden – hat Fintelmann für die Sekemschule in Ägypten entwickelt.

An beiden Schulen wird versucht, an die ursprünglichen volkspädagogischen Intentionen Steiners anzuknüpfen, das praktische Lernen in einer Einheitsvolksschule und einer sich anschließenden Fortbildungsschule, also während der gesamten Schulzeit, in die allgemeine Bildung zu integrieren. Ihre pädagogische Ausrichtung ist somit nicht nur eine Herausforderung an das staatliche Schulwesen sowie die Waldorfschulen herkömmlicher Prägung, sondern gibt der Gesellschaft zugleich innovative Impulse, die heute z.B. von Unternehmen dringender denn je benötigt werden.

Die Waldorfschule – nur eine besondere Form des Gymnasiums

Wolfgang Weirauch: Unser Bildungssystem ist von jeher in zwei Bereiche auseinandergefallen, und zwar in den allgemeinbildenden und den berufsbildenden. Stimmen Sie mir zu, daß die Waldorfschule eigentlich nur das gymnasiale System verändert hat, Rudolf Steiner aber eigentlich vor allem auch eine Veränderung der beruflichen Bildung gewollt hat?

Klaus J. Fintelmann: Zum Leidwesen der Freunde aus dem Waldorfschulbereich habe ich oft gesagt, daß die Waldorfschule eigentlich nur eine besondere Form des Gymnasiums ist. Allerdings waren dies nicht Rudolf Steiners Intentionen; aber durch die bürgerliche Okkupation seiner ursprünglichen Arbeiterschule entstand eine bürgerliche Schule, ein Gymnasium.

Etwas hat mich zeitlebens sehr erschüttert: In einer sehr frühen Konferenz (16.01.1921), die Rudolf Steiner mit den Lehrern der ersten Waldorfschule in Stuttgart abhielt, hat Emil Molt gefragt, warum die Arbeiter ihre Kinder zunehmend von der Waldorfschule nehmen. Steiner antwortet wörtlich: „Sie sind in ihrer ganzen Lebensverfassung [...], in der innerlichen Seelenverfassung [...] nicht in das hinaufzubringen, was man gewöhnlich hat als höhere Schule [...]. Man müßte die Schule einrichten, wie ich es in den Volkspädagogischen Vorträgen beschrieben habe. Dann würde es sich herausstellen, wie man diese Schüler durchbringt zu einer richtigen Bildung. Solange man genötigt ist, etwas von der Schulverfassung des Gymnasiums zu haben, was die reine Bourgeoisieschule ist – es gibt nichts, was nicht zugeschnitten wäre auf die Bourgeoisie –, da wird der Proletarier nicht hineinpassen.“ (GA 300a/1975/16.01.1921/S.261)

Diese Formulierung läßt deutlich erkennen, daß die Waldorfschule bereits nach etwas mehr als einem Jahr seit ihrer Eröffnung nicht mehr die Schule war, die Rudolf Steiner eigentlich, ausgehend von seinen Volkspädagogischen Vorträgen, gewollt hatte (vgl.: 11.05., 18.05., 01.06.1919, in: GA 192). Natürlich ist es ein Glück, daß es die heutige Waldorfschule gibt, aber wir müssen uns auch darüber klar sein, daß sie noch nicht die von Rudolf Steiner gemeinte Einheitsschule ist, die eine Schule gewesen wäre, die die praktische wie die geistige Allgemeinbildung voll umfaßt hätte.

Steiners ursprüngliche Intentionen

W.W.: Die von Rudolf Steiner 1919 eröffnete erste Waldorfschule war eine Einheitsvolksschule, die von allen Kindern ohne Unterschied besucht werden sollte, und die die ersten acht Schuljahre umfaßte. Darauf aufbauend stellte sich Steiner eine „spezialisierte Einheitsschule" vor. Können Sie darstellen, wie diese als eine „Allgemeine Fortbildungsschule" gedacht war?

K.J. Fintelmann: Man muß diese Absichten vor dem Hintergrund der damaligen bildungspolitischen Situation beurteilen. Im Schulartikel der damals (11.08.1919) gerade verabschiedeten Weimarer Verfassung wurde eine mindestens 8jährige Volksschule und eine anschließende Fortbildungsschule bis zur Vollendung des 18. Lebensjahres gefordert. Die Fortbildungsschule sollte die Berufsausbildung ergänzen und sicherstellen, daß alle Heranwachsenden bis zu ihrer Mündigkeit eine allgemeine Bildung erhielten. Etwas später wurde diese Fortbildungsschule „Berufsschule" genannt.

Rudolf Steiner wollte mehr. Er wollte eine Fortbildungsschule, in der

1. nicht nur die theoretische, sondern auch die praktische Berufsausbildung durchgeführt wird; er wollte also die Lehre in die Schule hereinholen;
2. in Verbindung mit der Ausbildung Waren produziert werden, die verkauft werden können;
3. diese produzierende Ausbildung so allgemeinbildend durchgeführt wird, daß alle Heranwachsenden dieser Altersstufe – also auch solche, die anschließend studieren wollen – sie gemeinsam absolvieren können. Es sollte eine praktisch-gymnasiale Fortbildungsschule werden, in der eine Verschmelzung der praktischen und der gymnasialen Bildung stattgefunden hätte.

Diese „spezialisierende Einheitsschule" (Klasse 9 und 10 der vorausgehenden Waldorf-Volksschule) sollte von Alexander Strakosch eingerichtet werden; er sollte auch die dafür notwendige behördliche Genehmigung besorgen. Das gelang ihm nicht. Hatte Rudolf Steiner gemeinsam mit Emil Molt den sozialdemokratischen Kultusminister überzeugen können, daß in der von der Waldorf-Astoria zu errichtenden privaten Volksschule der gerade von der Sozialdemokratie propagierte Einheitsschulgedanke konsequent verwirklicht wurde, so gelang es Strakosch nicht zu zeigen, wie auch in der angestrebten Fortbildungsschule dieser Einheitsschulgedanke realisiert worden wäre. Rudolf Steiner war anderweitig zu sehr gefordert, um selber diese Intention durchzubringen.

So kam es, daß an die Stelle der „Allgemeinen Fortbildungsschule" eine gymnasiale Oberstufe trat; die Waldorfschule wurde eine „Einheitliche Volks- und höhere Schule".

Die Rache des 19. Jahrhunderts

W.W.: Gibt es außer den behördlichen Reglementierungen, der mangelnden Stoßkraft von Strakosch und der Überlastung Steiners andere Gründe, die verhinderten, daß diese allgemeine Fortbildungsschule entstand und die Waldorfschule statt dessen immer mehr zu einem alternativen Gymnasium wurde?

K.J. Fintelmann: Ja, nämlich die sich schnell verändernde Population der Schüler und Lehrer. Ein Kollege von Peter Schneider, Wolfgang Keim, hat vor einigen Jahren für eine Festschrift zu meinem 60. Geburtstag die Population der ersten Waldorfschule untersucht. Dort zeigt sich das starke Abströmen der Arbeiterkinder. Das ist, etwas provozierend formuliert, die schon erwähnte Okkupation durch das Bürgertum. Mit dieser Okkupation einer für Arbeiterkinder gegründeten Bildungsstätte durch das Bürgertum wiederholte sich, was im großen bereits im 19. Jahrhundert geschah, und was ich den Verrat des Bürgertums nenne. Das Bürgertum verriet damals sich selbst, und damit zugleich die damals aufkommende neue soziale Frage. War das Bürgertum bis dahin Träger der gesellschaftlichen wie der individuellen Emanzipation, so verband es sich jetzt mit den sozial retardierenden Kräften: Es entstand der Bildungsfeudalismus. Schule und Bildung wurden jetzt so eingerichtet, daß daraus ein Instrument der Zuteilung von Sozialchancen wird. Das einfache Volk – der Mittelstand und die neue, sich bildende Vielzahl von abhängig Arbeitenden – bekam fortan durch die Volksschule eine „volkstümliche Bildung", die Elite – und als solche verstand sich jetzt das Bürgertum – aber eine „höhere Bildung" durch das Gymnasium.

Aus der gleichen feudalistischen Gesinnung griff nun das anthroposophische Bürgertum nach dieser Stätte einer neuen Pädagogik: Die Schülerschaft war sehr bald überwiegend bürgerlicher Herkunft.

W.W.: Was sich bis heute kaum verändert hat.

K.J. Fintelmann: Genau, es wirkt bis heute nach. Aus meiner Bildungsforschung hat sich ergeben, daß die Population der herkömmlichen Waldorfschulen – auch wenn sich das in letzter Zeit etwas ändern mag – stärker oberschichtenspezifisch als die der Gymnasien ist. Die Gymnasien haben einen stärkeren Anteil an Schülern aus der Arbeiterbevölkerung als die Waldorfschulen. Eine große Ausnahme ist die Hiberniaschule, die immer ganz stark dem Volksschulprofil entsprochen hat.

Die drei großen Innovationen der Industriepädagogik und ihre Sündenfälle

W.W.: Ein großes Defizit der letzten 300 Jahre ist, daß die Berufsbildung aus der allgemeinen Bildung herausgefallen ist. Sie plädieren für eine Industriepädagogik mit einer ganz neuen Qualität des Lernens. Können Sie das – auch anhand der Entstehung der Berufsschulen – ein wenig näher erläutern?

K.J. Fintelmann: Eine Industriepädagogik beginnt für mich damit, daß man sogenannte Lehrwerkstätten einrichtet. Für das berufliche Lernen eigene Räume zu schaffen, war eine völlig neue Innovation. Solche Lehrwerkstätten sind aus den Arbeitsbedingungen industrieller Produktion entstanden. Früher ging der Lehrling zusammen mit dem Meister zur Arbeit und wuchs durch das tätige Mitmachen Schritt um Schritt in seinen jeweiligen Beruf hinein. Aber schon bald bemerkte man, daß die in der industriellen Fertigung erforderliche hohe Spezialisierung nicht mehr erlaubt, daß en passant im unmittelbaren Arbeitsvollzug mitgelernt werden kann. Deswegen wurden abgesonderte Werkstätten, pädagogische Räume für das Lernen, eingerichtet.

Mit der Einrichtung solcher Lehrwerkstätten – es geschah am Ende des vorigen Jahrhunderts – kam es zu einem zweiten entscheidenden Schritt einer neuen Industriepädagogik: der Einführung einer lehrgangsmäßigen Ausbildung. Es wurden Lehrgänge konzipiert, die aufeinander aufbauten und durch die systematisch alles das gelernt wurde, was zu dem besonderen Fachberuf gehört. Diese lehrgangsmäßige Berufsausbildung fand in den Lehrwerkstätten statt. Im Zuge dieser Entwicklung kam es zu dem ersten großen Sündenfall: Man verbannte die Arbeit aus diesen Werkstätten. Sämtliche Aufgaben, die in diesem systematischen Lehrgang verrichtet werden, waren nur noch reine Übungsaufgaben.

W.W.: Es ist wohl nicht gut, aus einer lehrgangsmäßigen Einrichtung die wirkliche Arbeit zu verbannen, denn wenn die Schüler bzw. Lehrlinge nicht wirklich arbeiten, sondern nur Übungsstücke produzieren, wirkt dies doch sicherlich unbefriedigend auf die Schüler?

K.J. Fintelmann: Ja, es muß den jungen Menschen innerlich kränken, wenn er nur an reinen Übungsaufgaben lernt, also Schrott produziert. Als ich mit meiner pädagogischen Arbeit in der Hibernia begann, habe ich darum als erstes dafür gesorgt, daß eine „produzierende Ausbildung“ eingerichtet wurde. Eine Aufgabe war nur dann gelungen, wenn das Ergebnis brauchbar war, aber auch von anderen gebraucht wurde. Eine solche produzierende Ausbildung läßt sich lehrgangsmäßig organisieren, wie damals von der Hibernia gezeigt wurde und auch noch heute Praxis der Hiberniaschule ist.

Schmieden. Foto: © Peter Happel

Die dritte große Innovation neben den Lehrwerkstätten und der Einführung einer lehrgangsmäßigen Ausführung war innerhalb der Industriepädagogik die Entwicklung einer Berufstheorie. Das mittelalterliche Handwerk besaß noch keinen theoretischen Unterbau. Alles existierte noch im unmittelbaren Vollzug. Es gab den rechten Griff und auch das rechte Wort, aber alles war noch ganz einheitlich. Erst mit dem Aufkommen eines naturwissenschaftlichen Bewußtseins kam es auch zu einem Nachdenken über die Arbeit zu einem Auswerten und Planen. Das gerann dann in eine Theorie der Arbeit. In der Berufsausbildung hielt diese Entwicklung Einzug, indem eine Fachtheorie entwickelt wurde, ein fachtheoretisches Lernen.

Aber auch hier kam es wieder zu einem Sündenfall: Diese Theorie wurde nicht am selben Ort unterrichtet, an dem die praktische Ausbildung stattfand. In den Werkstätten hätte eigentlich am Werkstück selber die Theorie entwickelt werden müssen, aber man siedelte sie in den Schulen an, die man dann Berufsschulen nannte.

Natürlich gab es auch Abweichungen. Dort wo man diese Lehrwerkstätten industriell eingerichtet hatte, merkte man recht schnell, daß man Denken und Tun nicht trennen darf. Deshalb wurde in diesen Werkstätten eine eigene Fachkunde eingerichtet, und die Schüler erhielten eine ganzheitliche Ausbildung. Aber nur in großen Werken bekam man diese ganzheitliche Ausbildung, in mittleren Betrieben nicht. Und es trat die Schizophrenie auf, daß die Schüler in der Berufsschule saßen und oftmals den Unterrichtsstoff aus eigener Erfahrung in viel lebendigerer Weise beherrschten, als er überhaupt in der Berufsschule vermittelt werden konnte. Also das Entstehen der Berufsschule, so wie sie entstanden ist, ist ein zweiter Sündenfall der entstehenden Industriepädagogik.

W.W.: Gilt diese Schizophrenie auch noch für die heutige Berufsschule?

K.J. Fintelmann: Die Berufsschule der Moderne versucht, diesen Zwiespalt zu überwinden. Es wurde z.B. das Berufsgrundschuljahr eingeführt, indem Theorie und Praxis gemeinsam vermittelt werden. Aber auch die Berufsschule hat den ersten Sündenfall der Industriepädagogik übernommen, nämlich einen rein abstrakten Lehrgang, in dem genau wie in der Lehrwerkstatt in einem bloßen Üben, z.B. Eisen maßhaltig gefeilt wird oder andere kleine Übungsaufgaben durchgeführt werden. Nur wenige Berufsschulen haben verhindert, daß an solchen bloßen Übungsstücken gearbeitet wurde, indem wirkliche Aufträge hereingeholt wurden.

Die Hiberniaschule ist nicht ausgedacht worden

W.W.: Ist die Hiberniaschule ein Modell zur Integration beruflicher und studienbezogener Bildungsgänge?

K.J. Fintelmann: Ja, sie ist sogar nach wie vor das einzige ganz konsequente Modell dieser Integration. Aber sie ist aus einer anderen Frage entstanden.

Früher wurden die Kinder mit 14, heute mit 16 Jahren in den Beruf entlassen. Das schien mir einfach zu früh, denn ich war der Überzeugung, daß in diesem Alter gerade erst das selbständige Denken entwickelt wird. So entstand in mir die Frage, wie man eigentlich in Verbindung mit dem beruflichen Lernen das Denken schulen könnte. Auch diese Frage entstand durch praktische Erfahrung, die ich in der Mitbestimmung gemacht habe. Im Hüttenwerk Oberhausen war ich Anfang der 50er Jahre daran beteiligt, als dort die Mitbestimmung eingeführt wurde. Es war das eine Mitbestimmung, die noch ganz unmittelbar war: Der einzelne Arbeiter konnte noch selber über seine Arbeitszeiten und seine Arbeitsbedingungen mitreden und mitentscheiden. Das Erlebnis, das ich dabei hatte, war: Dieses Recht ist ganz wichtig, denn Arbeiter sind mündige Menschen, aber sie konnten dieses Recht praktisch nicht wahrnehmen. Schließlich entstand die mittelbare Mitbestimmung, wie sie heute durch das Betriebsverfassungsgesetz die Regel ist, nämlich daß Funktionäre, die besonders geschult sind, anstelle der Arbeiter denken und deren Rechte wahrnehmen.

In mir entstand damals die Frage: Können wir nicht in derselben Zeit, in der man beruflich lernt, das Denken schulen? Ich konnte das – anfangs in wenigen ergänzenden Schulstunden – in einer Lehrwerkstatt der Hibernia AG versuchen. Die jungen Lehrlinge kamen im Alter von 14–16 Jahren, nachdem sie bereits sechs Stunden körperlich hart gearbeitet hatten, in meinen allgemeinbildenden Unterricht, und zwar nach der Mittagsstunde, zu einer Zeit also, in der man nicht sehr aufnahmebereit ist. Trotzdem wirkten die von mir erteilten Bildungsstunden ungeheuer verändernd auf die jungen Menschen, was erwünscht, aber zugleich problematisch war. Sie wurden wach, sie wurden kritisch, aber sie gerieten dadurch in Konflikt zu ihrer hochspeziellen technischen Berufsausbildung.

Die gesamte Hibernia-Idee ist niemals im Stück ausgedacht worden. Pädagogische Fragen habe ich immer am konkreten Tun erlebt. Und so kam auch diese Frage: Was muß eigentlich altersgemäß dem maßhaltigen Feilen und der Maschinenarbeit in der technischen Erziehung vorausgehen? Natürlich wollte ich nicht die Arbeit an der Maschine in Frage stellen, aber ich hatte als sehr deutliches Erlebnis, daß sie im Bildungsgang des jungen Menschen zum falschen Zeitpunkt geschieht und daß anderes vorausgehen müßte. In mir entstand daher die genannte Frage. Ich blickte zunächst auf das Handwerk, wo man noch eine ganzheitliche Arbeit hatte. Denn handwerkliches Tun war immer auf die Herstellung eines ganzen Stückes gerichtet, das seinen Sinn, seine Aufgabe verrät und das darum in sich einen belehrenden Charakter hat. Denn der Stuhl, der wackelt, oder die Schublade, die klemmt, sagt mir, daß sie falsch ist. Das technische Stück sagt mir dies nicht mehr, denn bei einem technischen Stück muß ich die Maße mit einer Zeichnung vergleichen. Weicht das Maßstück auch nur um ein Zehntel Millimeter von der Zeichnung ab, so ist es nicht zu gebrauchen.

W.W.: Sie haben dann in der Hibernia AG eine vorausgehende praktische Allgemeinbildung eingeführt. Können Sie diese bitte kurz schildern?

K.J. Fintelmann: Ja, ich kann das generell sagen. Der Stufe des Technischen muß ein Handwerkliches vorausgehen. Das Handwerk muß sich aus der Kunst, dem Künstlerisch-Gewerblichen heraus entwickeln und muß immer mehr zu der Facharbeit des Handwerks, dem ganzheitlichen Stück, führen. Ich habe mich gefragt, ob es nicht auch im Technischen eine elementare Stufe gibt. Was sind denn eigentlich die elementaren Übungen der technischen Allgemeinbildung?

Elektropraktikum. Foto: © Peter Happel

Das führte dazu, daß alle Lehrlinge vor ihrer speziellen Berufsausbildung zuerst ein Schlosserpraktikum, sodann ein Maschinenpraktikum, ein Chemiepraktikum sowie ein Elektropraktikum absolvierten. Sie lernten dadurch, mit Maß und Norm umzugehen, sie übten sich in einem analytischen Denken, im kombinierenden Denken und im Umgang (Einrichten und Kontrollieren) mit Maschinen.

Ich habe also die Grundelemente der modernen technischen Arbeitswelt aufgesucht und sie durch das Tun und durch ein das Tun begleitendes Denken an diese jungen Menschen herangebracht. Dann erst waren sie in der Situation, in einen Spezialberuf eingeführt werden zu können.

W.W.: Dies geschah in einer industriellen Lehrwerkstatt mit vorgegebenen Lehrverträgen?

K.J. Fintelmann: Ja, das war das Überraschende, und das muß man auch würdigen. Die Lehrverträge beinhalteten, daß nach drei bzw. dreieinhalb Jahren ein Beruf gekonnt werden mußte. Aber wir fingen mit einer „Praktischen Allgemeinbildung" an; bei uns begann man zu schreinern, setzte mit dem Schmieden fort, übte das Treiben und machte dann die genannten Praktika. Dadurch ver-

Sekem – Morgenkreis

Sekemschule

kürzte sich die Zeit der eigentlichen Spezialausbildung in dem dann gewählten Beruf auf 1.1/2 Jahre.

Da auch der allgemeinbildende Unterricht weiterging, standen auch diese 1.1/2 Jahre nicht voll für die Berufsausbildung zur Verfügung. Dieser allgemeinbildende Unterricht lag für die ersten zwei Lehrjahre am Vormittag. Er begann mit zwei Stunden Epochenunterricht, dann folgten Fachstunden und das Mittagessen; die praktische Arbeit beschränkte sich auf den Nachmittag. Ab dem 3. Ausbildungsjahr hatten wir die Praxis auf den Vormittag gelegt, weil wir in die Betriebe hineinwollten und uns dem Schichtbetrieb anpassen mußten. Aber die Schüler absolvierten weiterhin nur zwei Drittel der üblichen Arbeitszeit und kamen insgesamt auf 5/4 Jahre Spezialausbildung.

Das Lernen lernen

W.W.: Wie konnte in so kurzer Zeit das Ausbildungsziel erreicht werden?

K.J. Fintelmann: Das ist ein interessantes Phänomen, denn in großen anerkannten Lehrwerkstätten brauchte man dazu sehr viel mehr Zeit. Steiner spricht in einigen seiner Vorträge über das Lernen des Lernens. Das ist ein Begriff, der später auch allgemein wurde. Steiner sagt dort, daß wir den jungen Menschen nach dem Reifealter die Fähigkeit vermitteln müßten, das Lernen lebenslang auszuüben.

In diesem Zusammenhang wurde mir deutlich, was wir mit dieser praktischen Allgemeinbildung eigentlich tun. Wir vermittelten durch sie die Fähigkeit zu arbeiten und damit verbunden die Fähigkeit für ein berufliches Lernen. Da diese Lernfähigkeit auch in Verbindung mit elementarem technischen Arbeiten vermittelt wurde, war sie zugleich die Fähigkeit, sich zu spezialisieren. Diese Fähigkeit, sich zu spezialisieren, ist aber für ein ganzes Leben erworben, sie geht nicht mehr verloren.

Gerade in der heutigen Zeit – wenn Sie nur an die starke Mobilität denken – ist dies von höchster Wichtigkeit. Kein Mensch lernt heute mehr das, was er noch vor zwanzig Jahren wissen oder können mußte. Immer mehr Menschen üben nicht mehr den Beruf aus, den sie erlernt haben.

Durch unsere neue Ausbildungskonzeption haben wir diese berufliche Lernfähigkeit vermittelt und gezeigt, wie man in ganz kurzer Zeit in die Lage versetzt werden kann, einen hochspeziellen Beruf zu erwerben. Die Menschen, die das mitgemacht haben, haben zugleich eine Kraft erworben, die ihnen auch die Möglichkeit gibt, später in dieser sich entwickelnden Arbeitswelt weiter zu lernen.

Vom Tun zum Denken

W.W.: Können Sie an einem Beispiel praktisch darstellen, wie man den Schülern das Lernen zu lernen praktisch vermitteln kann?

K.J. Fintelmann: Das ist das Resultat einer Methode, die immer vom Tun zum Begreifen fortschreitet. In der Schule ist es in der Regel umgekehrt: Der Begriff wird an die Spitze gestellt, und dort, wo es notwendig ist, wird dieser Begriff mit einer Tätigkeit unterbaut. Im modernen Physikunterricht wird z.B. das Hebelgesetz dargestellt, anschließend wird es demonstriert. Wenn ich aber vom Tun zum Begreifen aufsteige, wenn ich aus der Tätigkeit den Begriff ableite, dann erwerbe ich ein Denken, das einen entwickelnden Charakter besitzt.

Ein Lehrgang für benachteiligte Jugendliche

Ich kann das an einem Beispiel deutlich machen. Ich bekam die Aufgabe, in Krefeld einen Lehrgang für Jugendliche einzurichten, die – wie man im Arbeitsamt sagte – nicht vermittelbar waren. Diese Jugendlichen kamen aus Sonderschulen oder niederen Volksschulklassen, z.B. dem 8. Schuljahr. Angeblich waren sie weder arbeits- noch lernfähig. Während der Lehrgänge versteckten sie sich entweder unter der Werkbank oder zerstörten Gegenstände, es waren also durch Depression oder Aggressivität gekennzeichnete junge Menschen.

Wir haben dafür im Rheinhorst in Krefeld einen berufsbildenden Lehrgang für benachteiligte Jugendliche eingerichtet, der vorbildlich für andere Maßnahmen geworden ist. Es gelang dort zu zeigen, wie solche jungen Menschen, die in der vorausgegangenen Schulzeit in ihrer Lernentwicklung benachteiligt worden waren, arbeitswillig und in Verbindung damit lernfähig werden, sogar so lernfähig, daß sie eine qualifizierte Berufsausbildung machen können.

W.W.: Wie sind Sie vorgegangen?

K.J. Fintelmann: Ich habe zuerst den dort tätigen Ausbildern erklärt, daß sie auf gar keinen Fall die Rede an den Anfang stellen dürften. „Macht es ihnen vor und laßt es sie nachmachen. Wenn sie etwas gekonnt haben, aber auch, wenn etwas daneben gegangen ist, ruft sie zusammen und laßt sie berichten, was sie getan haben; zuerst als Gespräch in der Gruppe, dann auch mit dem einzelnen." Der erste Schritt war also der Bericht, daß man in das Wort überträgt, was man mit den Händen selber getan hat. Anschließend sagte ich ihnen: „Paßt einmal auf, ihr kennt doch alle Gebrauchsanweisungen. Sie sind knapp und klar formuliert, alles Überflüssige ist weggelassen. Versucht jetzt auch einmal so zu sprechen, daß alles Überflüssige weggelassen wird."

Sekemschule

Das Mahad – Bildungsstätte für Erwachsene

Nachdem wir uns auf das Notwendige beschränkt hatten, versuchten wir noch, die rechten Begriffe einzuführen. Es entstand auf diesem Wege eine Fachtheorie. Das war also ein Weg von der Rede über das fachliche Wort zur Fachtheorie. So etwas konnten selbst Kinder lernen, die in der herkömmlichen Schule als nicht lernfähig ausgewiesen waren. Ein solches Lernen, das mit praktischem Tun beginnt und über das Wort zum Begriff fortschreitet, ist etwas, was unserer Schule überhaupt fehlt.

Die Metamorphosen in der Entwicklung des jungen Menschen

Steiner stellte seine pädagogischen Ideen ursprünglich unter dem Gesichtspunkt der Geburten dar, z.B. der Geburt des Ätherleibes mit dem 7. Lebensjahr, der Geburt des Astralleibes mit dem 14. Lebensjahr usw. An einem bestimmten Zeitpunkt meiner Entwicklung fragte ich mich, ob man statt dessen nicht auch den goetheschen Gedanken der Metamorphose denken könnte, z.B. den der Metamorphose vom zweiten in das dritte Lebensjahrsiebt. Wenn man so fragt, dann entdeckt man, daß in jedem Jahrsiebt ein erstes, ein mittleres und ein letztes Drittel vorhanden ist. Die Qualität des jeweiligen Jahrsiebts ist eigentlich nur in dem mittleren Teil vorhanden, z.B. die des zweiten Jahrsiebts befindet sich zwischen dem 9. und dem 12. Lebensjahr. In diesem mittleren Teil lebt das Kind ganz aus der Vorstellung, aus dem Bild heraus, während es im ersten Drittel dieses zweiten Lebensjahrsiebts noch auf das Verwandeln der abklingenden Nachahmungskräfte in die Vorstellungswelt ankommt, und dann ab dem 12. Jahr bereits das Bedürfnis nach begrifflicher Durchdringung auftritt, z.B. die Frage nach der Kausalität.

Die Berücksichtigung solcher Übergänge findet man in den Lehrplanangaben Rudolf Steiners. Daraus entstand für mich die Frage: Müssen wir nicht diese Übergänge von einem zum anderen Lebensjahrsiebt gezielt pädagogisch begleiten, ja, sie durch Erziehung und Unterricht einleiten und gestalten?

W.W.: Haben Sie diesen pädagogischen Metamorphosegedanken in Ihrer Schulkonzeption berücksichtigt?

K.J. Fintelmann: Die eingangs geschilderte Frage, was als praktische Bildung der technischen Berufsausbildung vorangehen muß, zielte schon auf die Gestaltung eines solchen Übergangs. Was zuerst in der Lehrwerkstatt Hibernia als künstlerisch-handwerkliche Vorlehre praktiziert wurde, entwickelte sich zur Mittelstufe – 7. bis 10. Schuljahr – der Hiberniaschule, die aus der Lernwerkstatt heraus aufgebaut wurde.

Fiedeln, 3. Klasse der Hiberniaschule. Foto: © Peter Happel

Als ich dann in Ägypten in Anlehnung an die pädagogische Konzeption der Hiberniaschule die Sekemschule errichtete, habe ich versucht, auch die anderen Übergänge pädagogisch zu gestalten. So den Übergang von dem spielenden Lernen des Vorschulalters (1. Jahrsiebt) zum unterrichtenden Lernen in dem Schulalter (2. Jahrsiebt). Wir sind jetzt in Sekem dabei, den Übergang vom Schulalter in den Beruf und in die Hochschule zu konzipieren, also vom 3. ins 4. Lebensjahrsiebt.

Die Metamorphose vom Kindergarten zur Schule

Dieser Metamorphosegedanke würde die heutige Waldorfschulkonzeption, natürlich auch die der anderen Schulen, wesentlich verändern. Den Kindergarten hat Steiner nicht mehr einrichten können, er spricht aber in den Schweizer Lehrervorträgen von einer Kleinkinderschule, trennt also diesen Kindergarten nicht so stark von der Schule, wie es heute der Fall ist.

An dieser Stelle kann man allerdings sehr mißverstanden werden. Als ein Vorschuljahr eingeführt werden sollte und die Frage aufkam, ob es in der Schule

Mitarbeiter zeigen ihre Arbeiten vom Töpferkurs im Mahad

Auf der Sekemfarm

oder im Kindergarten stattfinden sollte, haben wir uns dafür stark gemacht, daß es im Kindergarten bleibt. Damit meinten wir allerdings nicht die Institution, sondern die Pädagogik. Ich will Ihnen das an einem konkreten Beispiel verdeutlichen. Meine Tochter Anna war hier im Kindergarten Bochum-Langendreer und kam dann in die erste Schulklasse. Nach dem Hauptunterricht, den ersten zwei Stunden, wurden die Kinder nach Hause geschickt. Was tat Anna? Sie lief hinunter in den Kindergarten. Sie war das gewohnt, und sie kam gar nicht auf die Idee, schon nach zwei Stunden nach Hause zu gehen.

Das brachte mich auf den Gedanken: Warum sollte nicht im Anschluß an den Schulunterricht ein spielendes Lernen in der Schule angeboten werden? In Sekem haben wir das dann verwirklicht. Dort bilden Kindergarten und die ersten drei Schuljahre auch baulich eine Einheit. Wir haben einen schrittweisen Übergang vom spielenden zum unterrichtenden Lernen eingerichtet. Mit dem beginnenden 5. Lebensjahr haben die Kinder Kurse in Malen und Stricken, aber auch in einer ersten Fremdsprache (Deutsch), die sie singend und spielend ergreifen. Sie kommen dadurch mehr und mehr in das schulisch organisierte Lernen hinein, dürfen aber auch als Schulkinder immer wieder in ihre Spielgruppe im Kindergarten zurückkehren. Darin liegt also eine metamorphosierende Geste, wie Kindergarten und Schule ineinander übergehen.

W.W.: Wie setzt sich das Konzept des selbständigen Lernens weiter fort? Wie erwirbt ein Schüler während der Schulzeit die Fähigkeit, sich im weiteren Leben eigenständig weiterzubilden?

K.J. Fintelmann: An dieser Stelle möchte ich aus einem meiner Bücher zitieren: „Wie ich das meine, mag folgendes Beispiel erläutern. Technisches Arbeiten vollzieht sich in der Regel nach vorgegebenen Anweisungen, die häufig in Form einer technischen Zeichnung erteilt werden. Zu einer technischen Berufsausbildung gehört darum auch, daß gelernt wird, eine solche Zeichnung zu lesen und nach ihr zu arbeiten. Um diese Fähigkeit durch ein entwickelndes Lernen zu vermitteln, wird in der Hiberniaschule wie folgt vorgegangen: Zuerst gilt es, ein räumliches Vorstellungsvermögen zu schulen. Das geschieht im 6. und 7. Schuljahr durch künstlerische Übungen. Im Hell-dunkel-Malen entstehen durch Schattenwurf plastische Körper. Es wird gefragt, wie z.B. der Schatten eines Kegels aussieht, wenn er zuerst auf den Tisch, dann auf die dahinter aufragende Wand fällt, welche Linie ein Ofenrohr bildet, wenn es schräg in die Wand eingeführt wird und so fort. Dies alles wird zuerst noch nicht konstruiert, sondern malerisch oder als Freihandzeichnung ausgeführt. Was sich so kreativ als innere Vorstellungskraft ausbildet, wird in einem zweiten Schritt durch geometrisches Zeichnen (perspektivisches Zeichnen/darstellende Geometrie) zur Exaktheit gebracht (8. Schuljahr). In einem dritten Schritt (9. Schuljahr) wird in das technische Zeichnen als einer besonderen Form der darstellenden Geometrie (Dreitafel-Projektion) eingeführt; es wird gelernt, wie durch Absprache (Normung) eine von jedem lesbare Darstellungsweise gefunden worden ist (verschiedene Strichstärken, Art der Maßangaben, der Bezeichnung usw.). Parallel dazu verläuft das praktische Lernen. Dabei wird zuerst nach einem dinglichen Vorbild gearbeitet, einem Werkzeugkasten, einer Fußbank und anderem. Hiervon können Form und Maße abgenommen werden. Es gilt, das noch mit den Händen zu Begreifende gedanklich so aufzulösen, daß man erkennt, was man tun muß, um diesen Gegenstand selber herzustellen. Wenn das gelungen ist, lautet die Aufgabe, von dem selber hergestellten Gegenstand eine Zeichnung anzufertigen. Was also in seiner Körperlichkeit durch das eigene Tun voll ergriffen ist, wird nun in eine zweidimensionale und durch Normung bestimmte Darstellung übertragen. Wenn das gelungen ist, ist auch die Fähigkeit erwachsen, solche technische Zeichnungen zu 'lesen', also sie in eine körperliche und exakte Vorstellung zu überführen. Im nächsten Lernschritt wird nun eine technische Zeichnung von einem Gegenstand angefertigt, bevor dieser selbst hergestellt wird. Es wird gelernt, nach der Anweisung einer solchen technischen Zeichnung, die noch eigenhändig angefertigt wurde, zu arbeiten. Den Abschluß dieser Lernentwicklung bildet die Befähigung, nach einer fremdgefertigten, also vorgegebenen Zeichnung zu arbeiten (10. Schuljahr)." (Fintelmann, Klaus J.: Hibernia – Modell einer anderen Schule. Stuttgart 1990, S.38 f.)

Mit einem solchen „entwickelnden Lernen", das vom Tun zum Begreifen geht, wird zugleich mit dem Können und Wissen die Lernfähigkeit geübt und aus einem naturhaften Prozeß in eine selbstbestimmte Fähigkeit überführt.

Die Sekemschule in Ägypten

W.W.: Wie entstand die Schule in Sekem?

K.J. Fintelmann: Abulaish, der Begründer der Sekem-Initiative, wollte eine Beispielschule für Ägypten einrichten. Ich riet ihm, zuerst mit der Erwachsenenbildung zu beginnen. Das fing mit dem sogenannten Morgenkreis an. Alle Mitarbeiter und Schüler stellen sich jeden Morgen in einen großen Kreis und sagen, was sie gestern getan haben und heute machen werden. Dadurch wird das Tun zum Wort, und das Wort wird anschließend wieder zur Tat. Auch in kleineren Kreisen wurde immer wieder während der Arbeitszeit geübt, daß man das, was man tat, auch in Worte kleiden, und daß man das, was man vorhatte, auch begrifflich ausdrücken konnte. Zugleich wurden Bildungskurse eingeführt,

Kinder der Sekemschule

dic in der Arbeitszeit liegen und in denen gemalt, plastiziert und geschnitzt, Kupfer getrieben, aber auch gesponnen und gewebt wird. Immer werden die Mitarbeiter angehalten, das, was sie getan haben, auch zu beschreiben, also auch hier vom Tun zum Wort und zum Begriff zu gelangen.

Das ist ein Beispiel dafür, wie auch der Erwachsene mündig werden könnte. Denn auch bei uns besteht die Schizophrenie: Die Leute wissen über alles Bescheid, sie wissen alles, was sie tun könnten, aber zwischen ihrem Wissen und ihren Taten klafft ein großer Abgrund. Beides hat kaum noch etwas miteinander zu tun.

W.W.: Wie sind Sie bei der Schulgründung in Sekem vorgegangen?

K.J. Fintelmann: Zuerst wurde für die Erwachsenenbildung ein Gebäude – das Mahad – gegründet, in dem die Arbeiter während der Arbeitszeit zweimal in der Woche zwei Stunden lernendes Arbeiten, arbeitendes Lernen erüben. An einem dritten Termin – dem Donnerstagnachmittag – versammelt sich die gesamte Farm, und man spricht über irgend etwas, was die Farm selber angeht. Später haben wir dann einen Kindergarten eingerichtet, der vor allem von denjenigen Kindern besucht wurde, deren Eltern auf der Farm arbeiteten. Anschließend haben wir gewagt, eine Schule einzurichten. Diese Schule habe ich gleich auf allen Stufen anfangen lassen, damit sie ganzheitlich dasteht. Die ersten Abiturabschlußprüfungen sind gerade gemacht worden, bzw. die dem Abitur entsprechenden Abschlüsse. Eigentlich gibt es nach jedem Schuljahr eine Abschlußprüfung und nach der 12. Klasse eine schärfere Schulabschlußprüfung.

Die Steiner-Pädagogik als Brunnen verschiedenster Pädagogikrichtungen

W.W.: Es ist in Sekem also eine ganz ähnliche Situation wie bei der Hibernia AG gewesen: Aus einem bestehenden Betrieb bzw. einer vorhandenen Farm haben Sie eine Schule entstehen lassen?

K.J. Fintelmann: Ja, aber der Weg ist unterschiedlich gewesen. In Sekem stand die Arbeiterbildung am Anfang, die ich in Hibernia noch nicht einführen konnte. Obendrein ist die Schule in Sekem eine islamische Schule. Zur Einrichtung dieser Schule gehört eine Moschee. Es galt, aus der pädagogischen Menschenkunde Rudolf Steiners eine auf das dortige Volkstum, auf die dortige Kultur ausgerichtete Pädagogik zu konzipieren. So entstand die Sekempädagogik. Sekempädagogik ist ein Begriff, der für mich gleichwertig neben dem der Waldorfpädagogik und der Hiberniapädagogik steht. In diesem Punkt bin ich angegriffen worden. Nach meiner Überzeugung ist die pädagogische Menschenkunde Rudolf Steiners der Urgrund; sie hat eine erste Konkretisierung in der Pädagogik der Waldorfschule gefunden, und zwar in der gymnasialen Form. Sie hat eine zweite Konkretisierung in der Heilpädagogik, eine dritte in der Hiberniapädagogik. Letztere sind nicht einfach mit der Waldorfpädagogik gleichzusetzen. Sie sind geschwisterlich miteinander verbunden, da sie aus dem gleichen Wurzelgrund entstanden sind. Die Sekempädagogik ist wiederum nicht identisch mit der Hiberniapädagogik, denn sie ist eben auf das dortige Volkstum ausgerichtet, auf die Religiosität des Islam usw. Natürlich bestehen große Ähnlichkeiten, und das Gemeinsame ist die anthroposophische Menschenkunde Rudolf Steiners. Wenn man diesen Gedanken denken kann, daß die Steiner-Pädagogik ein Brunnen ist, aus dem sich viele verschiedene Schulpädagogikrichtungen entwickeln können, dann werden wir auch in der Lage sein, in ganz anderen Ländern entsprechende Schulen zu gründen, z.B. in Rußland.

W.W.: Hat man dort in Rußland die westliche Waldorfschulpädagogik aufgepfropft?

K.J. Fintelmann: Ja, sie ist aufgepfropft worden, sie ist genauso aufgepfropft worden wie vieles, was wir aus dem Westen dort hingebracht haben. Das war falsch von den Freunden. Es wäre auch falsch gewesen, die Hiberniaschule nach Ägypten zu verfrachten. Als Abulaish bei mir saß und sich für Ägypten die Hiberniaschule wünschte, habe ich ihm widersprochen und ihm gesagt, daß es eine Sekemschule werden, ein ganz eigener Weg werden müsse, auch wenn dies ein Umweg sei.

W.W.: Wie schon erwähnt, ist die Hiberniaschule nicht als normale Waldorfschule gegründet worden. Können Sie die Hibernia-Konzeption und -Entstehungsgeschichte kurz erläutern?

K.J. Fintelmann: Das war für mich eine große Herausforderung. Am Anfang stand ein Bündel von Schulgenehmigungen. Ich bekam die Genehmigung für eine Volksschule, für eine Berufsschule, eine Berufsfachschule, eine Berufsaufbauschule, bis wir die Genehmigung für 12 verschiedene Schultypen besaßen. Alle hatten denselben Schulträger, den Hibernia-Schulverein, und sie hatten einen gemeinsamen Schulleiter, nämlich mich.

Ein Gymnasium hatten wir nicht, sondern ein Institut zur Erlangung der Hochschulreife. Ich bekam dann den Auftrag, für die Schulbehörde einen gemeinsamen Lehrplan aller unserer Schulen zu schreiben. Dieses „Gesamtkunstwerk" entstand 1964.

Zu dieser Zeit war gerade das enzyklopädische Werk der Lehrplanangaben Rudolf Steiners von Stockmeyer herausgebracht worden, durch das sich mir Welten auftaten. Ich entdeckte z.B., daß Steiner für die Engländer ganz andere

Angaben machte als für die deutschen Schulen. Ich lernte aus den verschiedenen Ausführungen Steiners, auf die Hintergrundgedanken zu schauen. Zusätzlich habe ich mich gefragt, welcher Zusammenhang zwischen der „Allgemeinen Menschenkunde als Grundlage einer Pädagogik" Rudolf Steiners (GA 293) und den menschenkundlichen Zyklen Rudolf Steiners, die er schon viel früher gehalten hatte, besteht. Steiner hatte schon vor 1914 gehofft, daß seine anthroposophischen Vorträge die Zuhörer zu praktischem Handeln anregen würden, daß das, was er anthroposophisch gab, in Tätigkeit übergehen würde.

Ich bin auch überzeugt, daß er dort, wo Menschen von ihm beraten Tätigkeitsfelder aufbauten, auf viel größere Eigeninitiative und Selbständigkeit hoffte, als die Menschen tatsächlich entfalteten; er wollte anregen, aber er wollte auch, daß seine Anregungen in innerer Selbständigkeit aufgegriffen, fortgeführt und ausgebaut werden.

Wir könnten an der Art, wie er selber Praxis eingeleitet und begleitet hat, viel lernen. So sollten wir z.B. üben, seine „Allgemeine Menschenkunde als Grundlage einer Pädagogik" aus den anthroposophischen Grundlagen – z.B. der Schrift „Die Geheimwissenschaft im Umriß" (GA 13) – nachzuerfinden; wir sollten nachvollziehen, wie sich diese pädagogische Menschenkunde in die „Erziehungskunst", die er in seinen methodisch-didaktischen Vorträgen darstellt, metamorphosiert hat. Eine solche Übersetzung aus der „Allgemeinen Menschenkunde" in die Methodik wird in der Regel nicht vollzogen.

Bei der Gründung und Konzeption der Hiberniaschule stand ich vor der Herausforderung, fußend auf der Menschenkunde Rudolf Steiners und den Vorbildern der Waldorfschulen eine exemplarische Schule zu gestalten. Das führte dann zu dem bereits geschilderten Bildungsgang in Stufen, zur Konzeption einer praktischen Bildung, die vom Spiel des Kindes in die Fähigkeit zu arbeiten überführt, zu einem sich differenzierenden Bildungsgang, in dem auf allen Stufen Kopf, Herz und Hand gleichwertig und für alle Heranwachsenden gemeinsam gebildet werden.

Ich fragte mich auch, welchen Ursprung und welche pädagogische Berechtigung die Fächer haben, aus welchem gemeinsamen Lernfeld sie hervorgehen, wie sie sich schrittweise differenzieren und spezialisieren. Aus all dem entstand eine Art Baum, ein Kunstwerk.

Auf vieles mußten eigene, aus dem Verständnis der pädagogischen Menschenkunde entsprungene Antworten gefunden werden. Denn der Gesamtlehrplan für die Hiberniaschule war auch insofern eine Herausforderung, als daß Steiner zu seiner Zeit auf vieles noch keine Antwort gegeben hatte, weil die Fragen der Menschen noch nicht da waren.

Lebenslanges Lernen

W.W.: Werfen wir den Blick von der Schule in die Arbeitswelt, in das spätere Berufsleben. Kann man Lernperioden so in das Arbeitsleben einbauen, daß damit die Grundlagen für eine Bildungsgesellschaft gelegt werden?

K.J. Fintelmann: Es gab in den 60er Jahren eine breite Diskussion zu diesem Thema, zur Integration von Arbeiten und Lernen. Als ich vor der Aufgabe stand, die Konzeption der Hiberniaschule wissenschaftlich darzustellen – ich war dazu vom Kultusminister Nordrhein-Westfalens und dem Bundesbildungsministerium aufgefordert worden –, sagte ich, daß ich dies nicht könne, ehe ich nicht eine vergleichende Untersuchung durchgeführt hätte. Ich mußte erst untersuchen, was im übrigen Gebiet der Bundesrepublik und auch im europäischen Ausland in Verbindung von Arbeiten und Lernen geleistet wird, ehe ich die Besonderheit der Hiberniaschule darstellen konnte. Diesen Auftrag bekam ich, und ich stellte ihn unter das Motto: die Integration, die Verbindung von Arbeiten und Lernen. Das lebenslange Lernen war in dieser Fragestellung mit enthalten. Ein Ergebnis meiner Untersuchung war, daß es dem Menschen ermöglicht werden sollte, während seiner Arbeitszeit zu lernen und das Gelernte immer wieder in die Arbeit hineinzubringen. Dadurch entsteht lebenslanges Lernen.

Wir übernahmen damals ein Modell einer Gruppe junger Wissenschaftler des UNESCO-Instituts in Paris, das als Antwort auf die Frage nach lebenslangem Lernen die Idee des Intervall-Lernens gab. Edding, Mitbegründer des Max-Planck-Instituts für Bildungsforschung, und ich haben daraus den Begriff des Periodischen Lernens geprägt. Das bedeutet, daß man in die Arbeitszeit regelmäßig wiederkehrende Lernperioden einbaut, in denen sich der Arbeiter weiterbilden kann.

Das gelingt aber nur dann in vollständigem Maße, wenn schon in der Schule das Bedürfnis nach lebenslangem Lernen geweckt wird. Das kann nur eine Schule leisten, in der bereits Arbeiten und Lernen im Wechsel vollzogen werden. Solch eine Schule muß keine Kopie der Hiberniaschule sein, aber der Grundgedanke der Hiberniaschule und der Schule in Sekem – schon im Kindergarten spielendes Lernen einzuführen und während der ganzen Schulzeit Arbeiten und Lernen im Wechsel durchzuführen – sollte in dieser Schule vorhanden sein. Arbeiten und Lernen muß in der gesamten Schulzeit geübt werden. Dann entsteht auch ein Mensch, der bereit ist, dieses Lernen lebenslang weiter durchzuführen. Denn ein lebenslang wiederkehrendes periodisches Lernen kann nicht von einer Regierung eingeführt werden, sondern es muß als Wunsch im arbeitenden Menschen selber leben.

Arbeit hat immer eine soziale Bestimmung

W.W.: Angenommen, das Kollegium einer Waldorfschule erkennt, daß die Waldorfschulen bisher nur einseitig den allgemeinen Bildungsbereich verändert haben, nicht aber den berufsbezogenen. Sie bemerken ferner, daß ca. 40 % der Lehrlinge eine einmal begonnene Ausbildung wieder abbrechen, sie sehen, daß sehr viele Lernbeeinträchtigte in der Ausbildung nicht in der Lage sind, selbständig zu arbeiten, und sie entdecken die ungenügende Verzahnung von Beruf und Schule. Dieses Kollegium möchte nun, ohne gleich die Hiberniaschule kopieren zu wollen, diesen Defiziten im Rahmen ihrer Möglichkeiten durch eine Oberstufenreform entgegenwirken. Was würden Sie diesem Kollegium konkret empfehlen?

K.J. Fintelmann: Die Antwort dazu habe ich bereits all den Kollegien von Waldorfschulen gegeben, die zu mir kamen und fragten, wie sie Berufsausbildung in ihre Oberstufe eingliedern könnten. Ich sagte: „Ihr müßt zuerst die Arbeit in die Schule hineinbringen! Das muß schon in der Mittelstufe geschehen. Ihr dürft keine Berufsausbildung machen, ehe nicht alle Kinder gemeinsam das Arbeiten gelernt haben. Wenn Ihr das anders macht, dann leistet Ihr der schichtenspezifischen Spaltung der Oberstufe Vorschub. Dann wird Eure Schule zu einer Klassenschule, zu dem, was die Waldorfschule eigentlich überwinden sollte."

Natürlich ist die Waldorfschule allgemein annähernd zu einer schichtenspezifischen Schule geworden, der Königsweg zum Abitur für die intellektuell Vorgebildeten beherrscht die Waldorfschulen genauso wie die Gymnasien, ihre Kinder kommen weitgehend aus dem Bildungsbürgertum. Will man diesen Weg in die Schule integrieren, dann muß man die Arbeit, spätestens mit der Mittelstufe beginnend, in die Schule hereinrufen.

W.W.: Können Sie konkretisieren, was Sie genau darunter verstehen, die Arbeit in die Schule hereinzurufen?

K.J. Fintelmann: Dazu müßte ich kurz definieren, was Arbeit ist. Sie hat drei Faktoren. Sie setzt das menschliche Können voraus. Man muß geschickt sein. Das zweite ist die meisterliche Fähigkeit. Die Arbeit ist auf ein Werk gerichtet, demzufolge muß ich werkhaft arbeiten können. Ich muß die geordnete Abfolge kennen, ich muß wissen, womit ich anfange und womit ich ende. Das ist etwas ganz anderes als die bloße Fähigkeit zu hobeln, zu schmieden, zu schneidern usw. Drittens muß die Arbeit eine soziale Bestimmung haben. Das unterscheidet sie vom Kunstwerk. Durch ihre sozialen Bestimmungen wird menschliche Betätigung zur Arbeit; nur dort, wo ich für andere tätig bin, arbeite ich. Arbeit im heutigen Sinne ist immer auf die Befriedigung von Bedürfnissen anderer gerichtet. Nur wenn wir Aufgaben in die Schule hereinrufen, die eine solche soziale Bestimmung haben, sind sie Arbeit.

Als hier in Witten das Kollegium der Waldorfschule Witten II genau vor dieser Frage stand, riet ich ihnen: „Schaut Euch um, wo ihr Patenbetriebe findet." Natürlich hat jede Schule auch eine Menge Arbeiten im eigenen Gebäude durchzuführen, z.B. Renovierungsarbeiten oder einen neuen Klassenbau zu errichten, eine Werkstatt zu bauen und vieles mehr. Solche Arbeiten sind etwas Wunderbares, weil man sie von der Planung bis zum Abschluß begleiten und durchführen kann, aber sie haben doch einen Nachteil, denn sie sind für einen selber, für die eigene Schule. Je fremder, je anonymer die Arbeit ist, um so besser ist es.

W.W.: Wann soll diese Arbeit in der Schule beginnen?

K.J. Fintelmann: Das kann schon ganz früh, also im Nachahmungsalter beginnen. Was getan wird, und in welcher Selbständigkeit, das wandelt sich mit den Altersstufen. Auch ist Arbeit zuerst freudiges Spiel und nachahmendes Tun, dann wird es immer mehr Aufgabe, wird fremdbestimmt und schließlich ein Opfer, eine Askese. So ist es auch berechtigt, wenn man zuerst etwas für sich selber, für Eltern oder Geschwister macht. Später muß sich die Arbeit vom Eigeninteresse ablösen, sie muß für eine Gemeinschaft sein, zu der man gehört. Sie muß immer mehr für Fremde ausgeführt werden. Eine Schule, die das so will, muß dann Aufträge von außen, wirtschaftliche Aufträge erhalten.

Sie wissen, wie schwierig das ist, denn eine Schule ist immer in einem Ghetto. Trotzdem ist es möglich. Ich begleite derzeit ein Projekt in Nordrhein-Westfalen. Zwölf Pilotschulen, darunter ein Gymnasium sowie Gesamtschulen und Hauptschulen, sind auf dem Weg, Schulen des praktischen Lernens zu werden, und sie alle haben Patenbetriebe gefunden. Eine Schule führt z.B. Zementarbeiten aus, das Gymnasium ist für eine Stadtgärtnerei tätig geworden und vieles andere mehr.

Die Kinder durften arbeiten

Zu Ihrer Frage kann ich aus der ägyptischen Schule ein Beispiel erzählen. Als ich wieder einmal die Schule in Sekem besuchte, sah ich, wie die Kinder des 1. und 2. Schuljahres von Calendula-Blüten die Blätter abzupften, um sie in einem Korb zu sammeln. Die angegliederte Firma stellt Heilmittel her. Nach dem Vorbild der dort tätigen Arbeiter schnitten Kinder Blumenköpfchen von Pflanzen auf den Feldern ab. Die Freude der Kinder beim Zupfen hätten Sie erleben sollen! Natürlich war diese Arbeit nur zeitlich begrenzt, vielleicht eine halbe Stunde. Die Freude, die die Kinder ausstrahlten, kam vor allem daher, daß sie etwas taten, was normalerweise ihre Eltern – erwachsene Menschen also – machten. Sie durften arbeiten. Dabei ist mir klargeworden, daß derartige Ernstsituationen schon im Kindergarten beginnen müßten, daß sie schon im Kindergarten etwas durchführen sollten, was sie ansonsten nur zu Hause tun – z.B. beim Helfen der Mutter im Haushalt.

Wenn wir so etwas fertigbringen wollen, müssen sich die Schulen allerdings sehr wandeln. Patenbetriebe müssen mit der Schule verbunden werden – landwirtschaftliche, gewerbliche, sozialpädagogische und pflegerische. Kurz gesagt: Arbeit sollte auf allen Klassenstufen, altersmäßig entsprechend, in die Schule hineinkommen. Die Art der Arbeit muß aus dem Lebensalter der Kinder bestimmt sein. Zeitlich reicht es, wenn dies anfänglich ein bis zwei Stunden in der Woche sind, also in einer ganz homöopathischen Dosis; später muß es dann immer mehr auch zeitlich einen zum betrachtenden Lernen gleichwertigen Charakter bekommen.

Die Waldorfschule ist ihren Ideen nicht treugeblieben

W.W.: Von diesen Schulen, die das lernende Arbeiten hineinnehmen, gibt es nicht viele, auch wenn sich einige in diese Richtung wandeln. Gehen von den herkömmlichen Waldorfschulen, die diese Impulse nicht aufgreifen, noch entscheidende, gesellschaftsverändernde Impulse aus?

K.J. Fintelmann: Nein, ich glaube nicht. Das sage ich als Bildungsforscher, denn ich begegne der Resonanz auf die Waldorfschulen ständig bei bildungspolitischen Diskussionen. Die Vorbildrolle, die die Waldorfschule einst hatte, ist längst verlorengegangen. Sie war in vielen Bereichen Vorbild, z.B. beim Epochenunterricht. Aber auch dieser Epochenunterricht hat längst Einzug an vielen herkömmlichen Schulen gehalten, genauso die starke Durchkunstung. Und das Jüngste, was von anderen Schulen vielerorts nachgemacht worden ist, ist die „Schulautonomie". In Nordrhein-Westfalen ist es jetzt so, daß alle Schulen eine eigene Schulverfassung bekommen sollen und daß eine eigene Konferenzverfassung eingeführt wird.

Und dabei tritt etwas ganz Bedauerliches ein, was auch schon bei der Einführung der Gesamtschule der Fall war. Als damals die Gesamtschulidee aufkam, wurde intensiv diskutiert. Ich habe dazu auf verschiedensten Tagungen in Berlin und Dortmund gesprochen. Und dabei habe ich erlebt: Man blickte nicht auf die Waldorfschulen, obwohl in ihnen doch die Gesamtschulidee schon seit Jahrzehnten verwirklicht war. Warum blickte man nicht auf die Waldorfschulen? Warum sind sie nicht im Bewußtsein der Allgemeinheit? Im Bewußtsein sind sie meist nur in der Negativform, z.B. durch diesen blödsinnigen Film „Ich rede das Wort".

W.W.: Warum ist das so?

K.J. Fintelmann: Die Waldorfschulen befinden sich in einem Ghetto, obwohl Jahr für Jahr verschiedenste große öffentliche Sommertagungen durchgeführt werden. Ich glaube, daß das vor allem daran liegt, weil sie ihren eigenen Ideen nicht treugeblieben sind. Sie werden als Reformgymnasium angesehen, was sie im Grunde auch sind. Die Waldorfschule wird nicht mehr als eine Schule angesehen, von der gesellschaftlicher Wandel ausgeht und in der Menschen auf eine technische Kultur vorbereitet werden.

Rudolf Steiner konnte keinen sozialen Lernprozeß einleiten

Wenn Lehrer anderer Schulen die Sommertagungen der Waldorfschulen besuchen, lassen sie sich oft von Elementen der Waldorfpädagogik anregen, die sie im eigenen Unterricht umsetzen. Aber diese Elemente bleiben klassenintern und verändern nicht die gesamte Schule. Rudolf Steiner hat mit seiner ersten Waldorfschule einen Impuls für die Veränderung des gesamten Schul- und Bildungswesens geben wollen. Statt dessen sind Schulen entstanden, die mit dem umliegenden Schulwesen nicht korrespondieren, sondern unter sich bleiben. Wie man eine solche öffentlich wirkende Schulbewegung inaugurieren kann, konnte von Rudolf Steiner nicht gezeigt werden. Es war ihm in seiner Zeit nicht möglich, einen solchen sozialen Lernprozeß einzuleiten. Das ist ihm in der sozialen Dreigliederung nicht gelungen, und es ist ebenfalls mit der Gründung der Waldorfschule nicht bewirkt worden.

Als in den 70er Jahren eine Schulreform von den Kultusministern angeordnet wurde, und dann bald alles, was sich so auf Anordnung hin verändert hatte, in den früheren Zustand zurückfiel, hat man gefordert, daß gesellschaftliche Reformen von der Basis zu kommen hätten. Dafür gibt es inzwischen eine Reihe schöner Beispiele, z.B. im Bereich des Umweltschutzes. Diese Art der Basisdemokratie müssen wir Schritt für Schritt lernen. Und dazu gehört, daß wir auch lernen, wie man neue Schulen entwickelt oder besser, wie die Schulen selber Lernen verändern. Das ist mein Tätigkeitsfeld innerhalb der letzten zehn Jahre.

W.W.: Wird das von der Waldorfschulbewegung aufgegriffen?

K.J. Fintelmann: Ich glaube nicht.

W.W.: Warum will man seine Schule nicht verändern, warum möchte man kein Beispiel, kein Vorbild für andere Schulen sein? Liegt es an der Bequemlichkeit, ist es Überlastung, liegt es an den Eltern?

K.J. Fintelmann: Es liegt sowohl an der Population der Eltern als auch an der der Lehrer. Auch die Waldorflehrer sind in der Regel gymnasial vorgebildet und auf herkömmliche Art Lehrer geworden. Zuerst durchläuft man die gymnasiale Ausbildung, dann schließt sich das herkömmliche Studium an, abschließend wird man in die besondere Didaktik der Waldorfschule eingeführt. Der eigentliche wirkliche Umbruch ist nicht vorhanden.

Ich berate zur Zeit die neue Waldorfschule in Witten (Witten II); sie ist eine Schule im Aufbau und von Anfang an mit der Absicht gegründet worden, eine Schule des praktischen Lernens zu sein. Die Eltern wollen diese Schule; trotzdem ist es sehr schwierig, dieser Idee treuzubleiben, weil wir alle immer sehr schnell in alte Denkgewohnheiten zurückfallen. Denn eine Schule des praktischen Lernens zu werden, heißt eine ganz neue Art einer Rudolf Steiner-Schule zu konstituieren. So geht es auch, wenn eine bisherige Waldorfschule eine Schule des praktischen Lernens werden will, wie z.B. die in Evinghausen. Das habe ich den Kollegen aus Evinghausen gesagt: „Ihr müßt wissen, daß Ihr eine ganz neue Gründung vollzieht, was auch dazu führen wird, daß Eltern und Kinder die Schule verlassen. Es kann auch dazu führen, daß Lehrer fortgehen. Statt dessen aber werden neue und interessante Eltern kommen. Das ist ein ungeheuer schwieriger Prozeß, aber es kann gelingen."

Den gleichen Stellenwert für das berufliche Lernen!

W.W.: Sie sind fast Ihr ganzes Leben in der beruflichen Bildung tätig gewesen. Haben Sie eine Vision, wie sich in den nächsten ein, zwei Jahrzehnten die Integration von beruflicher und allgemeiner Bildung entwickeln wird? Und in welchem Kontext werden darin die Waldorfschulen stehen?

K.J. Fintelmann: Die eine, heute heftig diskutierte, Gefahr ist die Zweigliedrigkeit des Schulwesens. Man wird ein sehr konservatives Gymnasium aufbauen und bewahren, daneben wird es die Gesamtschule geben, die auch sehr stark Elemente des praktischen Lernens haben wird. In diese Richtung könnte die Entwicklung gehen. Wahrscheinlich wird diese Entwicklung nicht abzuwenden sein. Es ist aber anzunehmen, daß die Gesamtschulen dann eine Oberstufe mit integrierter beruflicher Bildung wie in der Hiberniaschule haben werden, so daß die Studienbefähigung nicht mehr ausschließlich durch das Gymnasium vermittelt wird. Ich denke also an eine an das berufliche Lernen anknüpfende Hochschulberechtigung, die den gleichen gesellschaftlichen Stellenwert hat wie die durch das Gymnasium gebildete. Man wird dann sehen, daß die Abstimmung über diese beiden Richtungen durch die Füße erfolgt. Die Zeichen gehen alle in diese Richtung. Wenn man z.B. den Meistern heute die Studienerlaubnis erteilen will, so ist das aus diesem Denken heraus gestaltet. Wenn heute die Absolventen der Fachhochschulen von der Wirtschaft interessanter gefunden und eher eingestellt werden als die Absolventen von Universitäten, so geht das ebenfalls in diese Richtung. Deswegen kann man hoffen, daß auch die allgemeine Schulentwicklung in diese Richtung gehen wird. Das wird dann eine Schule, die wirklich den Namen Gesamtschule verdient. Sie wird sich grundständig ausbauen, also mit dem Kindergarten beginnend, und sie wird eine eigene Oberstufe haben, also die Hochschulberechtigung verleihen.

Wie in dieser Entwicklung die Waldorfschulbewegung drinnenstehen wird, kann vermutlich nicht generell beantwortet werden. Es bestehen aber starke Hoffnungen, denn bei einer ganzen Reihe von Rudolf Steiner-Schulen besteht das Bedürfnis, eine eigene pädagogische Prägung zu entwickeln. Vielleicht ist dies ein Weg, daß sich eine Schule durch einen inneren Prozeß so verwandelt, daß sie aus ihrem Puppengehäuse Waldorfschule herausschlüpft und sich als eine neue Rudolf Steiner-Schule eigener pädagogischer Art in die Welt stellt. Sie kann dann auch einen besonderen Namen tragen. Es ist nicht meine Vorstellung, daß diese Schulen alle die Hiberniaschule kopieren müssen, denn sie sollen in ihrer pädagogischen Konzeption frei sein, und zwar genauso frei wie die Hiberniaschule gegenüber den anderen Waldorfschulen gewesen ist.

Das Ständige ist der Wandel

Interview mit Tankred Trautmann und Reinhard Wittenfeld

von Klaus-Dieter Neumann

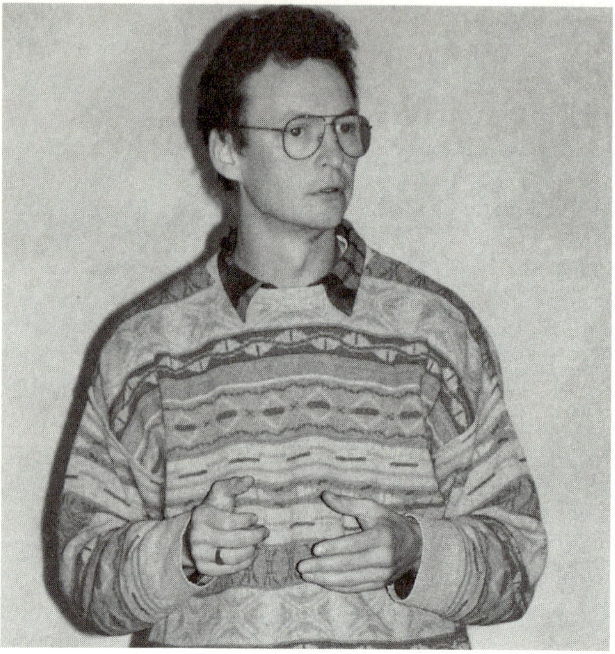

Tankred Trautmann, *geb. 1954. Nach dem Studium für das Lehramt an Grund- und Hauptschulen sowie der Psychologie und Pädagogik seit 1986 als Klassenlehrer an der Rudolf Steiner-Schule Nordheide und der Hiberniaschule tätig. Schwerpunkte: praktische Bildung in der Unter- und Mittelstufe, Mitarbeit in der Schulentwicklungsplanung.*
Veröffentlichungen zum Thema: „Integrative Erziehung und Bildung. Neue Ansätze zur Verbindung von Arbeit und Lernen in der Schule", in: Stefan Leber (Hg.): „Die Pädagogik der Waldorfschule und ihre Grundlagen", Darmstadt ³1992; mit dem Kakenstorfer Kreis (Hg.): „Dokumentation der Fachtagung Bildung und Beruf. Neue Formen beruflicher Bildung in der Wirtschaft und in der Waldorfpädagogik", Kakenstorf 1991.

Reinhard Wittenfeld, *geb. 1956. Er kennt die Hiberniaschule auch aus Schülersicht. Nach dem Abitur 1977 im Studienkolleg studierte er Kunst und Theologie. Seit 1982 arbeitet er als Lehrer an der Hiberniaschule. Schwerpunkte: Kunsterziehung und Berufsbildung; außerdem vielfältige Mitarbeit in der Selbstverwaltung der Schule, der Pädagogischen Forschungsstelle und der Weiterentwicklung der praktischen Bildung.*

Die Hiberniaschule ist wohl die bekannteste, aber nicht die einzige Waldorfschule, an der die Integration von beruflicher und praktischer Bildung in einen ganzheitlichen Erziehungs- und Bildungsgang der Schule betrieben wird. Seit einigen Jahren gibt es an einer Reihe von Waldorfschulen – z.B. Krefeld, Stuttgart-Kräherwald, Kassel, Nürnberg – neue Ansätze zur Verbindung von beruflichem und schulischem Lernen. Und eine Anzahl weiterer Schulen bemühen sich um eine stärkere Einbeziehung von praktischen Elementen, eine Reform der Oberstufe und den Aufbau eines integrativen Bidungsganges. Bei aller unterschiedlichen Ausgestaltung und den jeweils spezifischen Entwicklungsbedingungen an jedem Ort gibt es grundlegende Aufgaben, Gestaltungsprinzipien und auch Probleme, die bei einer solchen Schulentwicklung zu beachten sind. Wenn auch die Hiberniaschule eine gewisse Sonderstellung einnimmt, weil sie aus der betrieblichen Berufsbildung hervorgegangen und nicht zunächst als allgemeinbildende Schule entstanden ist, so kann doch an ihrem Modell exemplarisch deutlich werden, welche Aufgaben, Prinzipien und pädagogischen Ideen mit den noch verhältnismäßig neuen Schulentwicklungen verbunden sind. In Anknüpfung an das vorangehende Interview mit Klaus J. Fintelmann wird im folgenden wieder die Hiberniaschule als Beispiel genommen, um sie weiter vorzustellen und einige dieser Grundfragen zu erörtern.

Ein integrativer Erziehungs- und Bildungsgang verspricht einen höheren Bildungserfolg

Klaus-Dieter Neumann: Aus welchen Motiven sind in den vergangenen Jahren an einigen Waldorfschulen neue Ansätze zur Verbindung von praktischem, beruflichem und schulischem Lernen entstanden?

Reinhard Wittenfeld: Die Gründe hängen damit zusammen, daß der lebenspraktische Wert von Schulabschlüssen zunehmend in Zweifel gezogen wird. Hinzu kommt, daß die Zukunftsperspektive der Schüler immer früher von Bedeutung wird. Indem man ein Kind auf eine bestimmte Schule schickt, legt man sich bereits auf die am Ende stehende Abschlußberechtigung fest. Und innerhalb des gesamten Berechtigungswesens für die allgemeinbildenden Schulen in Deutschland fehlt die berufliche Bildung. Wenn man aber Bildung auch als Qualität versteht, dann darf Erziehung nicht nur Wissensvermittlung sein, sondern muß auch Befähigungen vermitteln. Ein Schulmodell, das die praktische Bildung in den Unterricht integrieren will, strebt eine ganzheitliche Erziehung an, die Elemente der praktischen, künstlerischen und theoretischen Bildung verbindet. Diese Integration verspricht einen höheren Bildungserfolg. Deshalb rückt bei den Waldorfschulen die ganzheitliche Bildung, also auch die Integration praktischer Elemente, immer mehr in den Vordergrund.

Man kann zudem beobachten, daß in der Oberstufe der Waldorfschulen – also ab der 9. Klasse – die Klassenstärken zahlenmäßig abnehmen. Und wenn man die betreffenden Schüler befragt, warum sie etwa in der 9. oder 10. Klasse die Waldorfschule verlassen, dann kommt von denjenigen, die das Abitur anstreben, zusammenfassend etwa folgendes Urteil: Die Waldorfschule mag eine besondere Bildungsqualität haben, aber wenn ich trotz allem ein Abitur machen muß, das sich an einer gymnasialen Oberstufe orientiert, dann frage ich mich, ob es nicht besser ist, gleich in die gymnasiale Oberstufe einer anderen Schule zu wechseln, weil das einfach ökonomischer ist. Man muß dann nämlich nicht ein bis eineinhalb Jahre für das Abitur an der Waldorfschule hart arbeiten, sondern kann bereits mit dem 9. Schuljahr kontinuierlich damit beginnen.

Auf der anderen Seite gibt es Argumente von denjenigen Schülern, die davon überzeugt sind, das Abitur ohnehin nicht zu schaffen. Wenn sie weiter Waldorfschüler bleiben, haben sie am Ende der 12. Klasse einen Hauptschulabschluß. Diese abgehenden Schüler wissen aber, daß sie den Hauptschulabschluß an anderen Schulen früher bekommen, so daß sie mit dem, was sie im Leben vorhaben, wesentlich früher beginnen können. Ich denke dabei natürlich an die berufliche Ausbildung. Die Reaktion einer Waldorfschule auf die zweite Gruppe von Schülern, die im Grunde sehr weltlich denken, könnte sein, Elemente der praktischen und beruflichen Bildung mit anzubieten.

K.-D.N.: Denken Sie, daß die Zahl dieser weltlich denkenden Schüler und Eltern zunimmt?

R. Wittenfeld: Zur Zeit sieht es so aus, allerdings kann das auch eine Modeerscheinung sein.

K.-D.N.: Das Ausdünnen der Klassen in der Oberstufe wird auch durch die steigende Arbeitslosenzahl und den immer stärkeren Qualifikationsdruck für einen späteren Beruf bedingt sein.

Die Eltern wollen eine vielfältige Ausbildung ihrer Kinder

Tankred Trautmann: Sicher. – Aber viele Eltern sehen auch, daß die vereinseitigte Ausbildung zum Abitur letztlich auch nicht zum gewünschten Bildungserfolg führt. Denn zum einen steigen auch die Zahl der Studienabbrecher und die akademische Arbeitslosigkeit beständig. Und zum anderen erkennen sie, daß die Erziehung und Ausbildung ihrer Kinder mehr sein muß, als auf die Einbahnstraße Abitur und Studium geschickt zu werden. Eine ganzheitliche Erziehung bietet hier eine Alternative an. Und in den Aufnahmegesprächen für die ersten Klassen kann man sehr wohl erleben, daß die Eltern gerade nach einer Schulform suchen, in der nicht das Abitur im Mittelpunkt steht, sondern eine vielfältige Ausbildung der Kinder. Und zu dieser vielfältigen Ausbildung gehört auch das praktische Lernen.

Es gibt auch noch einen anderen, menschenkundlichen Aspekt: Wenn man den Erziehungsgang des Kindes als einen Inkarnationsweg in die Erdenverhältnisse hinein sieht, dann erhalt die Anbindung der Kinder an die Lebensverhältnisse über das praktische Lernen einen besonderen Bildungswert.

Eine schwer zu lösende Aufgabe

K.-D.N.: Welche grundlegenden Schwierigkeiten ergeben sich bei dem Versuch der Integration des praktischen und beruflichen Lernens in einen Erziehungs- und Bildungsgang?

T. Trautmann: Die Hiberniaschule hat hier aufgrund ihrer Entwicklung einen Sonderstatus. Aber wenn man diese Integration in einer bestehenden Waldorfschule neu entwickeln will, stößt man auf das klassische Handicap der deutschen Bildungslandschaft, nämlich auf das zweigleisige Bildungssystem. Praktische berufliche Bildung ist kein Bestandteil des ersten Bildungsweges. Diese Klippe muß man also überspringen, und man muß eine neue Kombination zwischen beruflichem Bildungsweg und allgemeinbildendem schulischen Lernen finden. Man hat dann mit unterschiedlichen, teilweise auch konkurrierenden Behörden zu tun, trifft auf verschiedene Referatsleiter in den Ministerien und Behörden und vieles mehr. Man versucht also etwas zusammenzufügen, was in der herkömmlichen Bildungslandschaft nicht zusammengehört.

K.-D.N.: Ist der Arbeitsaufwand für eine solche Schulform erheblich größer als der für eine herkömmliche Waldorfschule?

T. Trautmann: Wenn man eine konventionelle Waldorfschule aufbaut, hat man feste Ansprechpartner, die mindestens vom Hörensagen Waldorfschulen kennen. Wenn man aber die praktische Bildung in irgendeiner Form in das eigene Schulangebot hineinbringt, dann ist das für die Schulamtsleiter und alle weiteren Zuständigen der Ministerien meistens Neuland. Und dann fängt es an, schwierig zu werden.

R. Wittenfeld: Das ist die technische Seite der Medaille. Die Integration praktischer Bildung erfordert, daß man ganz neue Wege gehen muß, weil man sich nicht auf Vorgänger berufen kann.

Dann gibt es noch ein wesentliches Problem, mit dem man latent zu kämpfen hat. Denn der Begriff *praktische Bildung* ist inhaltlich noch nicht gefüllt. Unserer Vorstellung nach müßte die praktische Bildung mit wirklicher Arbeit zu tun haben, und das bedeutet, daß sowohl Schüler als auch Lehrer in Arbeitsprozesse einsteigen müssen. Praktische Bildung hat erst dann einen bildenden Wert, wenn das, was man tut, also die Arbeit am Produkt, auch in der Gesellschaft landet.

K.-D.N.: Das Produkt der Arbeit muß also verkauft werden?

R. Wittenfeld: Zum Beispiel, zumindest muß es nutzbar gemacht werden. Man muß wirklich arbeiten, nicht nur lernen. Dann aber tut sich ein neues Feld von Problemen auf, das mit dem Rechtswesen zu tun hat: Darf eine Schule überhaupt produktiv tätig sein? Und eine zweite Frage kommt hinzu: Wollen wir das als Lehrer und Schule überhaupt? Von der Biographie des Lehrers her müßte man diese Frage eigentlich verneinen. Denn Lehrer sind eher an der Vermittlung von Wissen und Fähigkeiten interessiert, sind aber von ihrer Sozialisation, von ihrer Ausbildung her nicht daran interessiert, in der Dienstleistung oder Produktion tätig zu sein.

Die Entwicklung der Hiberniaschule

K.-D.N.: Wie ist die Hiberniaschule in den 50er Jahren entstanden, und wie hat sie sich entwickelt?

R. Wittenfeld: Die Hiberniaschule als Sonderentwicklung ist zunächst nicht als Schule entstanden, sondern aus der Produktion hervorgegangen. In ein relativ großes Werk hat sich schrittweise eine Schule integriert. Es begann damit, daß in diesem Werk auch Lehrlingsausbildung stattfand, also Menschen da waren, die bereits einen Beruf erlernten. Die Idee von Klaus J. Fintelmann war es, den umgekehrten Weg zu beschreiten, nämlich in die berufliche Ausbildung auch die Allgemeinbildung zu integrieren (*siehe auch das Interview mit Klaus J. Fintelmann in diesem FLENSBURGER HEFT;* Red.). Er begann z.B. damit, Menschenkundeepochen in die berufliche Bildung einzubringen oder allgemein Elemente der Waldorfpädagogik aufgrund der volkspädagogischen Vorträge Rudolf Steiners. Daraus entstand schließlich eine Schule, die auf der beruflichen Bildung fußte; zu der beruflichen Bildung kam die Waldorfschule hinzu. Inzwischen hat sich das ganze Gebilde gedreht, denn jetzt besteht eine Waldorfschule, die berufliche Bildung betreibt.

K.-D.N.: Wie war die Entwicklung im einzelnen? Wann kamen Jugendliche und Kinder von außen hinzu?

R. Wittenfeld: Zunächst war das Schulangebot nur für Lehrlinge, die einen von vier Berufen erlernten, die in dem großen Betrieb der Hibernia AG als Lehrberuf angeboten wurden. Später stellte sich heraus, daß die Lehrlingsausbildung in dieser Größenordnung unter Rentabilitätsgesichtspunkten für den Betrieb nicht mehr machbar war. Die Mitarbeiter der damals schon so genannten Hiberniaschule beschlossen daraufhin, sich selbständig zu machen. Unter abenteuerlichen Umständen, nahezu ohne Eigenkapital, haben sie diesen hindernisreichen Weg mit viel Enthusiasmus erfolgreich beschritten. Sie bauten diese konzeptionell völlig neue Schule an einem eigenen Ort auf. Und nach und nach kamen aus dem Ruhrgebiet Eltern mit ihren Kindern hinzu.

Für die Eltern stand dabei überhaupt nicht im Vordergrund, daß es sich um eine Waldorfschule handelte, sondern für die Eltern war entscheidend, daß sie sich nicht von vornherein festlegen mußten, welche berufliche Laufbahn – eine akademische, handwerkliche oder eine im Dienstleistungsbereich – ihre Kinder einstmals einschlagen sollten. Sie konnten sich Zeit lassen und abwarten, was aus den Kindern wird. Denn neben dem allgemeinbildenden Unterricht erlernt man an dieser Schule auch ein Handwerk, und das hat für den jungen Menschen immer eine aufbauende und stärkende Wirkung. Auch heute kommen viele Eltern zu uns, weil sie für ihre Kinder ganz speziell die Hiberniaschule und nicht irgendeine Waldorfschule bzw. eine andere Regelschule wollen.

K.-D.N.: Wie groß ist das Einzugsgebiet der Hiberniaschule? Schicken auch Eltern aus anderen Städten, in denen Waldorfschulen bestehen, ihre Kinder in die Hiberniaschule nach Herne, weil sie speziell diese Schule wollen?

T. Trautmann: Das Einzugsgebiet hat ungefähr einen Radius von 30 km um die Schule herum, geht also weit in die Nachbarstädte hinein. Die Hiberniaschule hat auch einen eigenen Schulbusverkehr mit Strecken bis zu 40 km. Das heißt, daß die Schule auch von Kindern aus Bochum, Recklinghausen und Gelsenkirchen besucht wird. Diese Kinder könnten auch auf andere Waldorfschulen gehen.

K.-D.N.: Was sind weitere wesentliche Charakteristika des Modells der Hiberniaschule?

T. Trautmann: Wir vermitteln nicht nur eine berufliche Ausbildung, sondern versuchen auch, die Bildung umfassend praktisch zu machen. Das beginnt bereits in der Unterstufe, indem handwerkliche Tätigkeit in den Stundenplan mit aufgenommen wird. Soweit ist das allerdings noch nichts besonderes gegenüber einigen anderen Waldorfschulen. Wesentlich wird dann aber der gesamte Kursbereich der 7. bis 10. Klasse, in welchem die Schüler nach und nach in einzelne Gewerke eingeführt werden. In dreiwöchiger Kursform werden die Unterrichte erteilt, also nicht mehr in rhythmisierten Fachstunden, sondern als Kurse, und zwar mit der deutlichen Zielsetzung, Produkte herzustellen, die auch wirklich gebraucht werden.

K.-D.N.: Werden die Produkte verkauft?

T. Trautmann: Nicht alle. Für den Verkauf der Produkte sorgt die Hibernia-Betriebsgesellschaft. Allerdings sind das hauptsächlich die Produkte, die aus dem Bereich der Berufsausbildung kommen, also aus der 11. und 12. Klasse.

Modelle sind nicht einfach übertragbar

K.-D.N.: Warum ist das Modell der Hiberniaschule nicht einfach auf eine Waldorfschule oder auf eine andere Regelschule übertragbar?

R. Wittenfeld: Die Hiberniaschule ist zunächst ein Modell, das auch von uns immer wieder kritisch angeschaut werden muß, z.B. wegen der vielfältigen Genehmigungsverfahren. Die Berechtigungslage ist immer zweispännig, denn die Hiberniaschule ist kein reiner Betrieb, aber auch keine reine Schule. Sie ist beides. Und in Deutschland bestehen für schulisches und betriebliches Lernen völlig verschiedene behördliche Zuständigkeiten.

K.-D.N.: Die da wären?

R. Wittenfeld: Zum einen die Kultusministerien der Länder für das schulische Lernen, zum anderen das Wirtschaftsministerium für das berufliche Lernen. Die Schule untersteht der Hoheit des jeweiligen Bundeslandes, während die Berufsbildung vom Bund geregelt wird. Also auch hier noch mal verschiedene Zuständigkeiten.

K.-D.N.: Man hat also reiche Gelegenheit, den Umgang mit Behörden zu lernen.

R. Wittenfeld: Ja. Wenn man sich auf diese Schwierigkeiten einläßt, hat man aber noch lange keine Ausformung dessen, was man erreichen will. Es gibt dann z.B. noch die Kritik, daß eine wie auch immer geartete praktische Bildung letztlich nur auf Kosten schulischer Qualifikation geht. Es gibt also auch Tendenzen, die die praktische Ausbildung für diejenigen, die einen akademischen Beruf ergreifen wollen, als Hindernis sehen. In diesem Spannungsfeld stehen wir mit der Hiberniaschule. Das ist ein gewolltes Spannungsfeld, das immer wieder neu geregelt werden muß.

K.-D.N.: Können Sie dafür noch ein Beispiel geben?

R. Wittenfeld: Schauen wir uns die 12. Klasse an. Am Ende der 12. Klasse steht eine berufliche Qualifikation, eine Berufsabschlußprüfung. Das Ganze findet aber in einer Waldorfschule statt. Und zur Waldorfschule gehört eigentlich in der 12. Klasse das Schauspiel, das in gewisser Hinsicht aus pädagogischen Gründen unabdingbar ist. Nun müssen wir aber zugunsten der Berufsausbildung auf die Qualitäten des Schauspiels verzichten.

Auf der anderen Seite haben bei uns alle Oberstufenschüler, also auch diejenigen der 12. Klasse, einen sehr intensiven Musikunterricht. In der Oberstufe gibt es zwei Chöre und ein Orchester, und pro Jahr haben wir zwei große Aufführungen mit der kompletten Oberstufe. Das bedeutet, daß in den akuten Phasen die Sonderproben auch in die Produktionszeit fallen. Aus der Interessenslage der Ausbilder ist das natürlich ein Problem, denn die Auszubildenden bzw. Schüler stehen in dieser Zeit nicht zur Verfügung. Meistens sind sogar diejenigen, die sie am meisten brauchen, nicht anwesend. Dadurch leidet natürlich die Berufsausbildung. Wir stellen immer wieder fest, daß diejenigen, die eine besondere musikalische Begabung haben, oft auch diejenigen sind, die in den Werkstätten unabkömmlich sind.

Zurückhaltung und Ungläubigkeit der Eltern gegenüber neuen Wegen

T. Trautmann: Das gesamte Spannungsverhältnis ist für eine neu zu gründende Schule kaum zu bewältigen. Das Funktionieren des Modells der Hiberniaschule kann man nur aus ihrer gewachsenen Gestalt heraus verstehen, weil die allgemeinbildende Schule zu der praktischen, der handwerklichen Bildung hinzugekommen ist und nicht umgekehrt. Sie hat jetzt den Status einer Gesamtschule eigener Art.

Wenn man aber eine Schule neu gründet oder eine bestehende Schule neu ausrichten will, dann muß die praktische Bildung erst auf andere Art hineinwachsen. Aber diesen Prozeß, seine Notwendigkeit, seinen pädagogischen Sinn und vor allem auch die Tatsache, daß der Ausbildungsanspruch wirklich eingelöst wird, kann man den Eltern nur sehr schwer vermitteln. Es gibt neu gegründete Schulen, die mit ihren Eltern Jahr für Jahr zu uns zum Tag der offenen Tür fahren, um ihnen die Hiberniaschule zu zeigen. Wenn man die ganzen Zusammenhänge nur auf Elternabenden erzählt, stößt man oft auf große Zurückhaltung und Ungläubigkeit.

R. Wittenfeld: Ich möchte noch einen weiteren Aspekt hinzufügen. Der inhaltliche Schwerpunkt des Unterrichtstages wird von den Waldorflehrern oft so erlebt, daß sich der gesamte Unterricht um den inhaltlichen Kern der jeweiligen Epoche herum gruppiert. Das ist auch das Erlebnis vieler Schüler und Eltern. Wenn man nun mit der 7. Klasse beginnend ein praktisches Kurssystem einführt, macht man die erstaunliche Feststellung, daß die Kursinhalte zum Kernerlebnis der Schüler werden. Das Wichtigste für unsere Mittel- und Oberstufenschüler ist die praktische Tätigkeit.

Dadurch verliert die normale Epoche des Waldorfschulunterrichts natürlich nicht an Wert, aber die Situation, in der die Epochen- und die Fachlehrer stehen, wird eine gänzlich andere. Denn man unterrichtet nicht Schüler, die nur den Epochenunterricht und einzelne Fachstunden haben und dann nach Hause gehen, sondern man steht Schülern gegenüber, deren zentrales Erleben die Kurse sind und die zumindest in der Phase der praktischen Bildung immer die Frage haben: Wozu ist das gut? Deshalb steht man nun auch im Epochenunterricht vor ganz anderen Fragen. Diese neuen Fragen müssen dann z.B. die Deutsch- oder Geschichtslehrer aufgreifen, denn sie müssen die praktische Ausbildung mittragen, indem sie ihren Epochenunterricht in diese eingliedern.

Zusammenschluß von Schulen im Kakenstorfer Kreis

K.-D.N.: Was ist der Kakenstorfer Kreis, welche Aufgaben und Ziele hat er?

T. Trautmann: Der Kakenstorfer Kreis ist 1986 als ein Zusammenschluß von zunächst niedersächsischen Waldorfschulen entstanden, die im Bereich der praktischen Bildung tätig werden wollten. Im Kern waren das zuerst die neu gegründeten Schulen in Kakenstorf – also die Rudolf Steiner-Schule Nordheide –, Wolfsburg und Braunschweig. Durch die enge personelle Verbindung zur Hiberniaschule kam diese auch sehr bald hinzu, ebenso die Waldorfschule Hamm. Zunächst ist es ein Zusammenschluß, um sich gegenseitig auszutauschen und konzeptionell zu stärken. Wir haben diesen Kreis nach dem Entstehungsort genannt, da die Initiative aus Kakenstorf kam. Dieser Kreis versteht sich als eine Arbeitsgemeinschaft im Bund der Freien Waldorfschulen. Später kamen dann noch weitere Schulen aus Niedersachsen, Nordrhein-Westfalen, Hamburg und Bremen hinzu. Alle diese Schulen wollen in irgendeiner Form praktische Bildung realisieren.

K.-D.N.: Wird dort konkret an einem integrativen Bildungs- und Erziehungskonzept gearbeitet?

T. Trautmann: Ja, es gibt immer einen Teil konzeptioneller Grundlagenarbeit, ferner den Erfahrungsaustausch, wie die integrative Bildung jeweils an den einzelnen Schulen umgesetzt wird. Bei der Grundlagenarbeit steht auch die Frage im Vordergrund, ob die praktische Bildung eine berufliche Ausbildung sein muß oder ob man auch sinnvoll praktische Bildung betreiben kann, ohne auf den Gesellenbrief hinzuarbeiten.

Neue Anforderungen an das Schulwesen

K.-D.N.: Welche neuen Anforderungen stellen sich aufgrund des gesellschaftlichen Wandels heute an das Schulwesen?

T. Trautmann: Ein Aspekt ist der Wandel der Kinder selbst, daß sie nämlich mit ständig zunehmenden Schwierigkeiten in die Schule kommen und Schule immer mehr therapeutische Wirkungen haben muß, damit auch im Großklassenbereich eine wirkliche Lernatmosphäre entstehen kann. Wir haben es heute mit Verhaltensauffälligkeiten und Entwicklungsstörungen zu tun, die die Kinder zwar noch nicht zu Sonderschülern machen, die aber doch so ausgeprägt sind, daß ein Unterrichten in einer Klassenstärke von 35 bis 40 Schülern sehr schwierig wird. Hier stellt sich auch die interessante Frage, inwieweit praktische Tätigkeit therapeutisch wirken kann. Heilpädagogische Schulen haben auf diesem

Sektor einen großen pädagogischen Vorsprung und eine Erfahrung, die auch wir immer stärker machen.

R. Wittenfeld: Mein persönlicher Eindruck ist, daß es allgemein in der Schulbildung ein Defizit im emotional-seelischen Bereich gibt. Dieses Defizit wird mittlerweile bereits im körperlichen Habitus festgestellt. Deshalb muß man sich fragen, wie man die Schule in diesem Bereich kultivieren kann, so daß nicht bereits bei sehr jungen Schülern die Neigung zur Gewalt ausbricht. Ich denke, daß jede praktische Tätigkeit sehr viel von dem Aggressionspotential der Schüler paralysiert.

Wir haben an der Hiberniaschule die Schüler seit jeher immer sehr stark beteiligt, wenn es um die praktische Einrichtung und Gestaltung der Schule ging. Viele Dinge in unserer Schule sind von den Schülern selbst gemacht worden, und so erleben sie das, was sie hergestellt oder mit in die Wege geleitet haben, nicht als etwas Fremdes, sondern als Eigenes. Das hemmt die Gewalt- und Zerstörungsbereitschaft, und ich denke, daß man das auch im allgemeinen an den Hiberniaschülern ablesen kann.

Die Lehrer können nicht so tun, als würde es die neuen Technologien nicht geben

K.-D.N.: Welche Aufgaben stellen sich der Schule durch die neuen Technologien?

R. Wittenfeld: Das ist ein weites Feld. Die relevanten Auswirkungen der neuen Technologien beginnen bei einem PC im Kinderzimmer und enden bei kompliziertesten Produktionstechniken. Die Schule muß zunächst weitgehend akzeptieren, daß alle derzeit verfügbaren Technologien in der Produktion oder anderweitig in der Gesellschaft verwendet werden. Als Lehrer einer Schule kann ich mich nicht danebenstellen und so tun, als würde es diese Technik nicht geben.

An der Hiberniaschule geht es uns weniger darum, was man von diesen neuen Technologien alles wissen und lernen kann, sondern vielmehr um die Frage, wo und wie man sie praktisch einsetzen kann. Dabei müssen wir darauf achten, daß die Tendenz, von der Technik abhängig zu werden, relativiert wird. Praktisch sieht das so aus, daß wir in der 9. und 10. Klasse mit EDV-Anlagen arbeiten, und zwar so, daß sie zur Herstellung eines Produktes genutzt werden. Wir erstellen z.B. Briefe und unsere Schulzeitung in diesem Computerkurs. Wir arbeiten also nicht, um uns nur irgendwie zu beschäftigen, sondern es muß immer ein konkretes Produkt am Ende stehen, das benötigt wird. Durch diese Verbindlichkeit gerät man nicht in Abhängigkeit von der Maschine. Allerdings befinden wir uns in diesem Bereich noch im Versuchsstadium.

Die Ganzheit erfahren, um sich sinnvoll spezialisieren zu können

K.-D.N.: Welche Anforderungen sind mit der zunehmenden Spezialisierung des Berufslebens verbunden?

T. Trautmann: Wenn sich einzelne Arbeitsbereiche auf immer kleinere Einheiten spezialisieren, sind sie, wenn ein gemeinsames Produkt hergestellt werden soll, auf die Zusammenarbeit mit anderen angewiesen. Diese Spezialisierung erfordert ein organisatorisches Zusammenwachsen der unterschiedlichen Bereiche, weil sie voneinander abhängig sind. Wenn man ganzheitlich autark wirtschaftet, braucht man nicht nach links und rechts zu schauen, aber wenn man sich nur noch auf einen Bereich spezialisiert, ist z.B. die Abhängigkeit von den Zulieferern sehr groß.

Elektropraktikum an der Hiberniaschule. Foto: © Peter Happel

Diese Spezialisierung kann nur dann mit Sinn erfüllt werden, wenn man zumindest in der schulischen Bildung gelernt hat, zunächst einmal die Ganzheit zu sehen, dann erst die einzelnen Teile. Wir setzen also der zunehmenden Spezialisierung entgegen, möglichst große Ganzheiten zu bewältigen, also Produktionsabläufe von Anfang bis Ende durchzumachen. Es bleibt dabei natürlich nicht aus, spezialisiert bzw. arbeitsteilig vorzugehen, aber wir versuchen immer, den Gruppenzusammenhang zu wahren. Eine Untersuchung von Luzius Gessler der Lebensläufe ehemaliger Hiberniaschüler zeigt, daß sich die ehemaligen Schüler um so eher in einem neuen spezialisierten Beruf zurechtfinden, je mehr sie die Ganzheit kennengelernt und erlebt haben.

Anfang der 70er Jahre lief an der Hiberniaschule ein Modellschulversuch, geleitet von Peter Schneider, und dazu gehörte auch die Untersuchung des beruflichen Bildungsweges der ehemaligen Hiberniaschüler. Dabei zeigte sich, daß sie besonders fähig sind, neue Berufe bzw. Aufgaben zu ergreifen, die nicht ihrer Ausbildung entsprechen. Kaum einer der Hiberniaschüler arbeitet in dem hier bei uns gelernten Beruf. Fast alle haben eine zweite, teilweise auch eine dritte Ausbildung hinter sich und bringen als starkes Motiv in ihren neuen Beruf mit ein, daß sie bei uns an der Hiberniaschule gelernt haben, in vielfältigen Situationen zu arbeiten.

Individuelle Sinnfindung und soziale Verantwortung

K.-D.N.: Wie kommen Jugendliche zu einer individuellen Sinnfindung und zu einem selbstbestimmten Handeln aus sozialer Verantwortung?

R. Wittenfeld: Wichtig ist, ob man trotz der eigenen beruflichen Spezialisierung noch eine Übersicht über das gesellschaftliche Umfeld hat bzw. weiß, was die anderen Menschen tun. Als Hiberniaschüler habe ich die Gewißheit, daß ich in der Lage bin, gegebenenfalls auch in andere Berufsfelder zu wechseln. Man weiß, daß man nicht vor einer Wand oder schwarzen Kiste stehen wird, und hat das Vertrauen, auch etwas anderes lernen zu können.

Luzius Gessler stellt in seiner Studie fest, daß Hiberniaschüler auch geneigt sind, etwaige Notwendigkeiten in ihrer Berufssituation zu ergreifen. Um es konkret zu machen: Ein ehemaliger Hiberniaschüler beginnt seine Arbeit in einem Krankenhaus, leidet an den dortigen Zuständen und ergreift dann die Chance, verschiedene Mißstände zu beseitigen. Das ist unsere Hoffnung, daß wir unsere ehemaligen Schüler befähigt haben, sich in ihrer jeweiligen Situation entsprechend einzusetzen.

Wenn man sich auf einem breiten Sockel ausgebildet hat, sehr vielfältig auch mit der Hand gearbeitet hat, dann kann man sich später verhältnismäßig mühelos spezialisieren. Wenn ein Hiberniaschüler das Abitur in der Tasche hat, wird er sich ganz anders für seinen späteren Lebensweg entscheiden können als jemand, der nur eine gewöhnliche Schule durchlaufen hat und dem die praktische Seite des Lebens eher fremd ist. Unser Bestreben ist es, daß sich ein Hiberniaschüler auf einer breiten Grundlage bewußt entscheiden kann, wenn der Zeitpunkt der Entscheidung gekommen ist.

K.-D.N.: Das war jetzt das Ergebnis einer Entwicklung. Dem steht in unserer Gesellschaft die allgemeine Tendenz gegenüber, daß den Menschen jeglicher Lebenssinn und auch der Lebensinhalt zunehmend verlorengeht. Wie kann man pädagogisch wirken, damit die Schülerinnen und Schüler zu einer individuellen Sinnfindung und sozialer Verantwortung kommen?

T. Trautmann: Die Lebenszusammenhänge, in denen eigenverantwortliches Handeln möglich ist, werden allgemein immer enger. Das eigenverantwortliche Handeln wird immer weniger gefragt. Viele Lebensabläufe sind strukturiert und festgelegt. Deswegen steht die Schule auch immer mehr vor der Aufgabe, grund legende Erfahrungsbereiche der Kinder in das Schulprogramm mit aufzunehmen. Die Lebensverhältnisse vieler Kinder sind so eng geworden, daß viele wichtige Erfahrungen im alltäglichen Leben nicht mehr gemacht werden. Sie haben keinen Einblick mehr in die Arbeitswelt der Eltern, und wenn sie in der Stadt wohnen, fehlen ihnen elementare Begegnungsmöglichkeiten mit der Natur.

Auf alles das muß die Schule nun mit entsprechenden pädagogischen Maßnahmen in ihrem Bildungsprogramm reagieren. Es müssen elementare und grundlegende Erfahrungen ermöglicht und dann die Kinder schrittweise an Handlungsmöglichkeiten herangeführt werden. Nehmen Sie z.B. ein Zeltlager und die reichen Erfahrungsmöglichkeiten, die es bietet. Und dann kommen die praktischen Fragen: Wie organisiert man ein Zeltlager? Wie baut man die Zelte auf? Wie organisiert man während des Zeltlagers das Kochen? Wie macht man ein Feuer? Die Grunderfahrungen und auch Fähigkeiten für diese Tätigkeiten wurden früher von den Kindern wie selbstverständlich mitgebracht, heute aber fehlen sie immer mehr als Lebensgrundlage.

Um überhaupt eigenverantwortliches Handeln zu ermöglichen, muß man erst einmal die Räume schaffen, in denen es möglich werden kann. Teilweise sind dies ganz banale, grundlegende Dinge, die man einrichten muß und die früher klassischerweise nicht zum Unterricht gehörten. Aber heute werden sie zu wichtigen Erfahrungs- und Bildungsinhalten.

Sind die Lehrer heute überfordert?

K.-D.N.: Eigentlich müßten die Eltern und Lehrer über die genannten Fähigkeiten verfügen, um die Kinder entsprechend erziehen zu können. Sie müßten ihren Lebenssinn gefunden haben und zu einem selbstbestimmten Handeln aus sozialer Verantwortung fähig sein. Nun ist aber festzustellen, daß diese Qualitäten mehr und mehr verlorengehen und immer mehr Kinder verwahrlosen – vor allem in den Großstädten –, weil die Eltern nicht fähig sind, sie zu versorgen, geschweige denn zu erziehen. Wolfgang Nowak, Staatssekretär im sächsischen Kultusministerium, konstatiert daher eine Überforderung der Lehrer:

„Die Lehrer werden heute total überfordert, weil sie jedes Problem dieser Gesellschaft lösen sollen, von Aids über Drogen bis zum Rechtsradikalismus. Die Eltern verlangen nämlich, daß die Lehrer in der Erziehung ihrer Kinder da erfolgreich weitermachen, wo sie selbst gescheitert sind. So ein Lehrer muß dann mit kleinen Kindern fertig werden, in denen schrecklich hohe Erwartungen der Eltern drinstecken und die schon im Laufstall mit Steinen geschmissen haben, wenn ihnen mal ein Wunsch nicht erfüllt wurde." (Der Spiegel, Nr.41, 07.10. 1991, S.67)

Sehen Sie angesichts der gesellschaftlichen Probleme auch diese Überforderung der Lehrer, insbesondere wenn die Eltern jegliche Verantwortung für die Erziehung auf die Schule abwälzen?

R. Wittenfeld: Ja, sicher. Allerdings kann das Nachdenken über diese Probleme zu eigenartigen Überlegungen führen. Man könnte z.B. daraus die Schlußfolgerung ziehen, daß unsere Gesellschaft sehr viel mehr Lehrer und viel weniger Kinder bräuchte.

Man kann mit dieser Situation auch sehr unterschiedlich umgehen. Ich kann z.B. die gesellschaftlichen Brennpunkte und Probleme anschauen, nebeneinander stellen oder summieren und versuchen, auf alle Brennpunkte zu reagieren. Aber dann bin ich notgedrungen überfordert. Es wird sich herausstellen, daß das ein Faß ohne Boden ist. Ich kann auch versuchen, mit den Schülern ein Gespür dafür zu entwickeln, was alles in der Gesellschaft nicht in Ordnung ist. Aber auch in diesem Falle bleibt es Betrachtung bzw. Analyse. Dabei darf es nicht bleiben.

Unsere Idee ist es daher, zumindest versuchsweise ins Handeln zu kommen, und wir vertrauen darauf, daß derjenige, der zu handeln gelernt hat, nicht nur die Problematik einer Sache feststellt, sondern daß das „gebildete Ich" die Chance zum Handeln ergreift. Dann findet man auch den Sinn. Man findet ihn über Handlungsmöglichkeiten.

T. Trautmann: Natürlich nehmen die Schüler die schwerwiegenden Probleme des heutigen Lebens wahr, aber sie sind dankbar dafür, wenn sie bemerken, daß es sich trotz dieser Schwierigkeiten lohnt, in das Leben einzusteigen. Es wird erlebbar, daß man den Menschen trotz aller gegebenen Schwierigkeiten wieder Handlungsräume für sinnvolle Tätigkeiten eröffnen kann. Das vermittelt den Schülern ein befriedigendes Gefühl. Vieles empfinden sie gar nicht mehr als Schule, sondern als sinnvolle Einführung in das Leben. Dadurch kommen die Kinder auch schneller über alle Moden und gesellschaftlichen Einflüsse, unter denen sie im Grunde leiden, hinweg. In alle diese kurzlebigen Zeitgegebenheiten sind wir Lehrer gar nicht mehr so eingespannt, die Schuler erleben sie aber ganz unmittelbar.

„Wir gehen spannenden Zeiten entgegen"

K.-D.N.: Was ist Ihrer Ansicht nach die zentrale Aufgabe der schulischen Erziehung?

T. Trautmann: Erziehung zur Lebenstüchtigkeit.

K.-D.N.: Und was ist grundlegend für den Aufbau eines Lernweges zu beachten, der zur Lebenstüchtigkeit führen soll?

T. Trautmann: Die Vermittlung von grundlegenden Lebenszusammenhängen. Wir dürfen nicht nur abstraktes Wissen vermitteln, sondern müssen bemüht sein, daß dieses Wissen von den Schülern zur Anwendung gebracht werden kann.

R. Wittenfeld: Wobei anzumerken ist, daß wir alle heute doch überhaupt nicht mehr sicher sind, wie die Lebenszusammenhänge in zehn Jahren im einzelnen aussehen werden. Die Wissenswahrheiten, die ich heute verkünde, sind in zehn Jahren womöglich von relativ geringem Wert. Vielleicht sind sie aber auch ganz elementar und von großer Wichtigkeit. Wir erleben jeden Tag, daß wir das nicht genau wissen. Wir erziehen und bilden Kinder für eine Welt aus, die wir in ihrer konkreten Gestalt nicht kennen. Wenn man zur Lebenstüchtigkeit erziehen will, ist daher die wichtigste Grundvoraussetzung, daß man im eigenen Lebensumfeld selbst lebenstüchtig ist, daß man die menschlichen Grundfertigkeiten vermitteln und Anlagenvielfalt ermöglichen kann.

T. Trautmann: Ich möchte ein einfaches Beispiel aus einer Übstunde der 8. Klasse bringen, in der die Rechtschreibung geübt wird. Welchen Sinn macht es, Fehler anzustreichen, die angesichts der Rechtschreibreform in Zukunft keine Fehler mehr sein werden? Das fragen sich nicht nur Schüler, sondern auch der unterrichtende Lehrer.

R. Wittenfeld: Oder eine andere Fragestellung: Was soll ein relativ hochwertiger Fremdsprachenunterricht in einer Welt von Maschinen, die immer besser in der Lage sind, Texte in andere Sprachen zu übersetzen? Wo liegt der Grund, heute noch Russisch oder Englisch zu lernen, wenn ich mich weiterhin in meiner Muttersprache artikulieren kann und der Rest vom Computer bewältigt wird? Wer diese Möglichkeit der Nutzanwendung erfaßt hat, muß nach einem anderen Grund suchen, Sprachen zu lernen. Dieser Grund liegt hauptsächlich in dem bildenden Charakter der Sprachen, nicht in ihrer Anwendungspraxis. Wir gehen spannenden Zeiten entgegen!

Auf die menschenbildenden Inhalte konzentrieren

K.-D.N.: Versuchen Sie, die gesellschaftlichen Entwicklungstendenzen zu erfassen und auf die daraus resultierenden Anforderungen in der Bildungspraxis zu antworten?

T. Trautmann: Man muß darauf schauen, welche Hauptmerkmale diese neuen Anforderungen haben. Ich greife beispielsweise einmal Gruppenfähigkeit und Flexibilität heraus. Diesen Anforderungen kann man nachkommen, und man muß sich bemühen, Bildungszusammenhänge in der Schule zu entwickeln, die diese Fähigkeiten vermitteln. Wenn man aber auf jede konkrete gesellschaftliche Anforderung, die aus Politik oder Wirtschaft an die Schule herantritt, antworten wollte, würde man den Ansprüchen nur hinterherhecheln. Dann müßten sehr viele Bildungsinhalte, die gesellschaftlich mittlerweile sehr bedeutend geworden sind, zusätzlich in den Unterricht hineingenommen werden. Wenn man aber Schule auf das konzentriert, was menschenbildende Inhalte sind, löst man sich von der inhaltlichen Überfrachtung.

K.-D.N.: Wie können individuelle, soziale und fachliche Kompetenz in der Schule vermittelt und entwickelt werden?

T. Trautmann: Alle drei Fähigkeiten gehören naturgemäß zum menschlichen Leben, und sie wirken zusammen. Die Schülerinnen und Schüler sind in die Klassengemeinschaft eingegliedert und haben dort ihre sozialen Möglichkeiten und müssen auch ihre sozialen Konflikte austragen, durch die sie lernen können. Die Klassengemeinschaft ermöglicht ihnen, sich mit anderen Schülern zu verbinden, sich aber auch von ihnen abzusetzen. Soziale und individuelle Kompetenz erwachsen aus dem vielfältigen Leben in der Klassengemeinschaft auf dem Weg zur Selbstbestimmung und Verantwortung. Die fachlichen Fähigkeiten bündeln sich in der Frage, wie sich die Jugendlichen in Arbeitsabläufe eingliedern können. Es geht darum, mit welchen Fähigkeiten sie in diese Abläufe hineingehen

Schreinern. Foto: © Peter Happel

und mit welchen erweiterten Fähigkeiten sie wieder herauskommen. Vor diese Frage werden sie bei uns in den Werkstätten und allen Unternehmungen immer wieder gestellt. Wie bewährst Du Dich im Lebenszusammenhang?

Stufen des Bildungsganges

K.-D.N.: Welche wesentlichen Stufen sind im Lernprozeß der Gesamtentwicklung des Kindes und Jugendlichen zu unterscheiden, und wie sind sie bei der Einrichtung eines integrativen Bildungsganges zu beachten?

T. Trautmann: Es hat keinen Sinn, sich einen Bildungsgang auszudenken, sondern man muß auf die Entwicklung des Kindes und Jugendlichen sehen und ihr im Entwurf des Bildungsganges nachgehen. Dann kann man zunächst eine Übergangsphase vom ersten zum zweiten Lebensjahrsiebt erkennen. Sie ist noch von der Ganzheitlichkeit des Erlebens im ersten Jahrsiebt geprägt. Als zentrale Figur steht in diesem Alter die Kindergärtnerin oder die Lehrerin der 1. Klasse. Sie vermittelt ein hohes Maß an Vertrauen und Verläßlichkeit. Zur Gestaltung dieser Ganzheit gehören auch schöne Räumlichkeiten, feste Gewohnheiten und Abläufe, die den Kindern vertraut sind. Man schafft also eine Lebensform, die ihnen Geborgenheit und Sicherheit vermittelt.

Aus dieser Form wollen die Kinder dann aber zunehmend herausgehen. Und wenn man sie dabei nicht in bloß ausgedachte Vorgaben drängt, sondern sie entwicklungsgemäß begleitet und anleitet, kann man beobachten, daß sie vor allem auch in die Tätigkeit wollen. Sie wollen ihre gewachsenen Kräfte in der Lebensumgebung erfahren und erproben. Sie brauchen also Lernangebote, durch die sie ihre Fähigkeiten auch praktisch einsetzen können.

Die dritte Phase beginnt mit dem Übergang zum Jugendalter, eine Zeit, in der man sich fragt, wie man mit zunehmendem Urteilsvermögen in der Welt steht und welche Handlungsmöglichkeiten man hat. Das ist die Frage nach der Sinnhaftigkeit und dem eigenen Platz in der Welt. Allmählich erwacht dann auch die Frage nach der eigenen Schicksalsgestaltung. Man beginnt in dieser Zeit zu erspüren, daß man ganz eigene Fähigkeiten hat und wie sehr man sich von den anderen unterscheidet. Es fehlt dann aber noch der Motivationssprung, eine weiterführende Ausbildung zu absolvieren.

Wie veranlagt man die Motivation für ein lebenslanges Lernen?

K.-D.N.: Wie kann man die dauerhafte Motivation für ein lebenslanges Lernen bei den Schülerinnen und Schülern konkret veranlagen?

T. Trautmann: Am besten geschieht das dadurch, daß man ihnen Lebens- und Arbeitszusammenhänge nicht als geschlossene Bereiche erklärt, sondern auch größere Zusammenhänge aufzeigt und ihnen immer wieder zu vermitteln versucht, daß man ein Thema niemals abschließend behandeln kann. Ich versuche z.B., den Hauptunterricht so zu gestalten, daß am Ende einer Epoche immer offene Fragen bleiben. Wenn man sich in ein Thema auch noch so sehr vertieft, man muß immer deutlich werden lassen, was man noch nicht behandelt hat und was man noch nicht weiß. Offene Fragen können den Menschen im späteren Leben veranlassen, ein Thema noch einmal neu aufzugreifen.

Im Bildungsgang einer Waldorfschule werden immer wieder Rückgriffe auf schon behandelte Themen vorgenommen, und die Schülerinnen und Schüler erleben, daß auch diese Weiterführung nicht mit einem Stoffgebiet abschließt. Demgegenüber begegnet den Jugendlichen heute der größte Teil des Lebens so, daß fast alles fertig, vorstrukturiert und abgeschlossen erscheint, so daß kein Lernimpuls mehr nötig ist, um damit umzugehen. Man braucht nur an eine

Gebrauchsanweisung für irgendein Gerät zu denken: Sie führt den Menschen an das Gerät heran, und dann ist Schluß. Das nimmt den Lernimpuls, sich in eine Sache weiter zu vertiefen.

R. Wittenfeld: Ich möchte noch einen weiteren Gesichtspunkt anführen: Das Bild, das der Mensch von sich selbst hat, bestimmt auch den Motivationsgrad der Lernbereitschaft. Immer dann, wenn ich mich ganz mit dem identifiziere, was ich *bin*, brauche ich nicht mehr zu lernen. Sobald ich einen Studien- oder Berufsabschluß habe, *bin* ich etwas. Wenn ich so denke, habe ich ein Eigenverständnis von mir, daß mich mit dem identifiziert, was ich darstelle. Dann bin ich fertig, sehe meine eigene weitere Entwicklung nicht und lebe in dem Glauben, nichts mehr lernen zu müssen.

Die Bremer Universität hat einmal eine Untersuchung durchgeführt, in der einerseits Studenten erfaßt wurden, die einen Basisberuf haben und anschließend studieren, und andererseits Studenten, die gleich nach dem Abitur studieren. Man hat herausgefunden, daß die Studenten mit Abitur immer die Tendenz haben, strukturelle Abschlüsse anzustreben. Das beginnt bereits im Gymnasium, man überspringt immer die nächste Hürde – also das Zeugnis und die Versetzung in die nächste Klasse –, und dann *ist* man schließlich Abiturient und *hat* letztendlich das Abitur. Im Studium setzt sich das entsprechend fort.

Auf der anderen Seite stehen Studenten, die anfangen zu studieren, weil sie ein eigenes Ziel haben, und alles, was sie während ihres Studiums leisten, dient dem Erreichen dieses Zieles. Sie absolvieren die Schritte des Studiums, weil sie wissen, warum, weil sie ein bestimmtes eigenes Vorhaben verfolgen, für das man lernen muß.

Der Mensch muß sich immer wieder öffnen

K.-D.N.: Wäre es nicht auch ein Manko, wenn man nur dann motiviert wäre zu lernen, wenn das Lernen einem bestimmten beruflichen Ziel dient?

R. Wittenfeld: Das ist klar. Ich wollte jetzt auch nur den Aspekt zum Ausdruck bringen, daß es sich lohnt zu lernen und eine andere Motivation zum Tragen kommt, wenn man sich ein wirkliches Ziel setzt. Das muß eine eigenes Ziel sein, und es darf nicht nur systemimmanent und strukturell aus irgendwelchen Lernzusammenhängen resultieren. Sonst komme ich eines Tages aus diesen Zusammenhängen heraus, weil ich meinen Schein in der Tasche habe, und denke dann, daß ich fertig bin und nicht mehr zu lernen brauche.

T. Trautmann: Das kann man auch auf andere Lebensbereiche übertragen. Wenn ich z.B. die Ehe nach der Heirat als etwas Abgeschlossenes betrachte, mache ich mir keine Sorgen mehr, denn ich *bin* verheiratet. Hat man eine solche Haltung, wird man nicht darüber nachdenken, wie sich Eheleben entwickelt, sondern man lebt in einem scheinbar fertigen und abgeschlossenen System. Erst nach einigen Jahren wird man vielleicht begreifen – vielleicht ist es dann schon zu spät –, daß man dieses Verhältnis pflegen und entwickeln muß, also daß man auch lernen muß. Ehe ist kein abgeschlossenes System, sondern eine auf die Zukunft gerichtete offene Lebensgemeinschaft, die von der Gestaltungskraft der Menschen abhängt. Diese Lebensgemeinschaft entwickelt sich nur dann, wenn sich auch die beiden beteiligten Menschen entwickeln.

Aber der Mensch ist daran gewöhnt, große Teile des Lebens als abgeschlossen zu erklären, z.B. durch eine bestandene Prüfung als erledigt zu betrachten. Das aber verhindert das lebenslange Lernen. Die Bereitschaft zum Lernen setzt erst ein, wenn man sich selbst und seine Lebensumstände als offen auffaßt. Das gilt für die Schule, das Studium, den Beruf und für alle anderen Lebensumstände. Wenn man mit 35 Jahren seine privaten und beruflichen Lebensverhältnisse für abgeschlossen erklärt, dann stagniert man in der eigenen Entwicklung und macht einen Rückschritt. Erst wenn man sich wieder öffnet, hat man neue Lernmöglichkeiten, die nicht von außen an einen herantreten, sondern von innen entwickelt werden können.

Deswegen sollten auch schulische Inhalte diese Offenheit behalten, und man sollte den Schülern immer vermitteln, daß der jeweilig durchgenommene Lernstoff von innen entwickelt werden muß. Der Schüler muß das selbst wollen. Wenn man statt dessen aber Schule so versteht, daß am Ende der Schullaufbahn eine abprüfbare Allgemeinbildung steht, dann ist das ein abgeschlossenes System. Wer über diese Allgemeinbildung verfügt, schließt mit der besten Note ab, wer nur teilweise über sie verfügt, mit einer schlechteren. Man muß aber wissen, daß das Leben sehr viel mehr bietet als das, was durch die Abituranforderungen von den jungen Menschen verlangt wird.

Den Jugendlichen zeigen, wo ihre wirklichen Fähigkeiten liegen

K.-D.N.: Im staatlichen Schulwesen gibt es auch kaum eine klare Vorstellung von einer individuellen Sinnfindung des Menschen, zu der immanent der Entwicklungsgedanke gehört. – Wie kann speziell der jugendliche Mensch während der Pubertät motiviert werden, in der Schule für das Leben zu lernen?

R. Wittenfeld: Wir haben zu diesem Thema gerade eine Tagung bei uns gehabt, auf der z.B. ein Kollege dargestellt hat, wie er dieses Problem in seiner

Schmieden. Foto: © Peter Happel

Klasse erlebt. Seine Quintessenz war, daß die Pubertät ein Alter zu sein scheint, in dem die Jugendlichen vordergründig feststellen, was sie alles nicht können. Sie haben zwar zu vielen Dingen im Leben eine Beziehung, oft aber nicht die entsprechenden Fähigkeiten, die sie sich wünschen. Immer dann, wenn wir diesen Jugendlichen zeigen können, wo ihre wirklichen Fähigkeiten liegen, lohnt sich für sie das Leben und die Schulausbildung wieder. Dieser Kollege hat ein Beispiel gegeben, wie gerade diejenigen, die sich in dieser Phase sehr vom Leben zurückziehen, auch sehr an sich selbst zweifeln, oftmals jetzt Dinge, die sie bewegen, in Lyrik oder Prosa verfassen, wie sie es vorher nicht fertiggebracht haben. An diese vorhandene Qualität kann man als Lehrer anknüpfen und den Schüler motivieren, weiter daran zu arbeiten.

T. Trautmann: Für die innere Haltung des Lehrers gegenüber seinen Schülern ist es wichtig, daß er in diesem Lebensalter herausfindet, was der Schüler eigentlich als Individualität will. Das kann manchmal lediglich ein inneres Zwiegespräch mit dem Schüler sein. Wenn man nachspürt, was ein Schüler z.B. in einer bestimmten Lernsituation ausdrücken will, kann sich ein gegenseitiges Verstehen entwickeln. Wenn die Lehrer nicht nur anordnen, was die Schüler zu lernen haben, sondern innerlich offen bleiben, kann sich daraus eine Vertrauensgrundlage für den Schüler entwickeln, und er wird für neues Lernen motiviert sein.

Elemente praktischer Bildung im Kindergarten und in der Unterstufe

K.-D.N.: Nehmen wir an, eine Schule will einen handwerklich-praktischen Bereich in einer Schule ab der Mittelstufe (7.–10. Klasse) einführen. Gibt es bereits in der Unterstufe oder gar im Kindergarten unterstützende und aufbauende Elemente für einen integrativen Erziehungs- und Bildungsweg, die man berücksichtigen und pflegen sollte?

T. Trautmann: Ja, auf jeden Fall. Rudolf Steiner hat z.B. eigenartiger Weise beschrieben, daß man das alltägliche Leben und Arbeiten mit in das Spielen im Kindergarten hineinnehmen müsse, um die Kinder im Spiel, in der nachahmenden Tätigkeit an diese Arbeiten heranzuführen.

K.-D.N.: Sie denken dabei an Hausarbeiten, wie z.B. Brotbacken, Wäsche waschen usw.?

T. Trautmann: Ganz genau. Man könnte natürlich auch einen Ölwechsel beim Auto im Kindergarten vornehmen, so daß nicht nur Hausarbeiten oder althergebrachte handwerkliche Tätigkeiten Gegenstand der Wahrnehmung und des Spiels werden.

Für die ersten Schuljahre gilt dann, daß die Bildungsinhalte an den praktischen Dingen des Lebens entwickelt werden sollten. Man kann z.B. einkaufen gehen und daran rechnen lernen, man kann kochen, Rezepte entwickeln und daran schreiben lernen usw. Man muß den Kindern an den praktischen Dingen zeigen, daß Kulturtechniken zur Bewältigung der Lebensaufgaben notwendig sind. Man kommt heute im Leben eben nicht aus, ohne Schreiben und Rechnen zu können. So hat man also schon im Grundschulalter Möglichkeiten, das Lernen an das praktische Leben anzubinden. In den weiteren Klassenstufen kann man daran anknüpfen und das praktische Lernen vertiefen und spezialisieren.

Etwas ganz anderes ist es, daß eine Berufsausbildung zur Schneiderin oder zum Schneider eigentlich in der 1. Klasse mit dem Stricken beginnt. Das ist ein exemplarischer Bereich, der von der 1. bis zur 12. Klasse kontinuierlich durchgeht. Das erste Heranführen an textiles Arbeiten findet im Handarbeitsunterricht statt.

K.-D.N.: Welche praktisch-handwerklichen Tätigkeiten gibt es sonst noch in der Unterstufe der Hiberniaschule?

T. Trautmann: Wir beginnen z.B. mit dem Schnitzen und Plastizieren in der 4. Klasse. Normalerweise beginnen diese ein Jahr später. Wie andere Waldorfschulen auch haben wir in der 3. Klasse die Feldbau-Epoche. Es geht aber weniger darum, was man an anderen Unterrichtsinhalten hat, als darum, wie man die gesamten Unterrichtsinhalte praktisch orientiert.

Erlernen grundlegender Fähigkeiten in der Mittelstufe

K.-D.N.: Welche Aufgaben stellen sich für die Mittelstufe?

R. Wittenfeld: Es geht für die Schülerinnen und Schüler in diesem Alter darum, kennenzulernen, was in der Welt alles geschieht. Im Epochenunterricht lernen sie alles Wesentliche, was sie über die Welt wissen müssen. Aber das allein ist nicht ausreichend, denn besonders Stadtkinder leiden daran, daß sie viele elementare Naturwahrnehmungen und Kenntnisse nicht mehr haben. Also gehen wir mit den Klassen in vielfältiger Weise in die Praxis. Wenn man dann mit einer Klasse mit Axt und Keil einen Baumklotz auseinanderspaltet, üben sie eine Tätigkeit aus, die sie normalerweise nicht mehr kennen oder gar gewohnt sind. An einer solchen Tätigkeit wird sinnfällig, wie der Prozeß der Arbeit vor sich geht. Es wird deutlich, wie ein Keil wirksam ist. Diese Wirksamkeit kann gut erinnert werden, weil sie gesehen und praktiziert worden ist, und sie kann mit den Bereichen der Technik verbunden werden, in denen sie auch heute noch vorkommt. Das erleben z.B. unsere Elft- und Zwölftkläßler, die an schnellaufenden Maschinen arbeiten. Dort taucht das Problem des vorlaufenden Spaltes auf, also daß der Spalt immer vor dem Keil hergetrieben wird. Ich kann die Schüler dann immer an den Prozeß des Baumspaltens erinnern.

Der Mensch begegnet hier also der Materie, und zwar immer unter dem Aspekt, wieder ein Stückchen mehr von der Welt kennenzulernen. Ich verinnerliche besser, daß die Milch von der Kuh kommt, wenn ich die Tätigkeit des Melkens wenigstens einmal gesehen, am besten aber selbst ausgeführt habe. Genauso muß ich wissen, daß die Bretter an der Wand einstmals Teil eines gewachsenen Baumes gewesen sind und daß mein Eßbesteck irgendwann einmal eine ganz andere Materieform gehabt hat. Dieses arbeitende Lernen kann man vielleicht am besten mit dem Erlernen von Schwimmen und Fahrradfahren vergleichen. Denn diese Fähigkeiten verschwinden nicht wieder, vielleicht „rosten" sie ein bißchen, aber wer sie einmal erlernt hat, der verliert sie nicht wieder. Andere Dinge dagegen verlernt man sehr viel schneller. Man braucht z.B. nur Erwachsene zu fragen, ob sie noch schriftlich die dritte Wurzel ziehen können. Meist sind solche Lernstoffe wieder im Unvermögen verschwunden. Ich kenne

Maschinenpraktikum. Foto: © Peter Happel

kaum einen Erwachsenen, der das noch kann, obwohl man es während der Schulzeit konnte.

Wenn man aber während der Mittelstufe vergleichbare Qualitäten – also wie Schwimmen oder Fahrradfahren – durch arbeitendes Lernen in das Wissen hineinbringen kann, dann werden diese grundlegenden Fähigkeiten auch lange anhalten. Es tritt dann eine bemerkenswerte Umkehrung ein: Wenn man in der Mittelstufe z.B. Spielzeug baut, das sich bewegt, wenn man irgendwo dran dreht usw., dann werden in den späteren Klassenstufen physikalische Gesetze nicht mehr theoretisch sein, denn sie haben einen Erfahrungshintergrund. Man weiß dann z.B., daß die Kraft groß sein muß, wenn der Hebelarm kurz ist. Als Bildungsempfehlung gilt also, Vorgänge zuerst anschaubar und erfahrbar zu machen und sie dann ins Ideelle zu heben. Erst macht man etwas mit der Hand, dann mit dem Kopf.

K.-D.N.: Welche Handwerkskurse werden an der Hiberniaschule gegeben?

R. Wittenfeld: Das sind meines Wissens 32 verschiedene Kurse. In den ersten Klassen hat das Handwerk natürlich nur propädeutische Ausmaße, erst in den späteren Klassen lernt man auch vermehrt Maschinen kennen. Durch die verschiedenen Kurse lernt man nach und nach, daß im Leben alles mit allem zusammenhängt. Wer den Winkel als Meßgerät irgendwo kennenlernt, kann ihn später überall im Leben anwenden. Wer Buchbinden betrieben hat, hat eine Ahnung davon, wie die Wirkung von Klebstoffen ist, und kann auf dieses Grundwissen z.B. für die ganz komplizierten Klebetechniken in der Metallindustrie zurückgreifen.

Deswegen ist es am besten, wenn man alle handwerklichen Tätigkeiten aufeinander abstimmt. Man sollte auch Doppelungen vermeiden, so daß man in jedem Gewerk nur die speziellen Neuerungen erlernt. Und wenn etwas wirklich neu ist, so werden Sie bei den Schülern auch kein Problem mit der Motivation haben, denn es ist spannend.

Vertiefung der Fähigkeiten und Erlernen eines Basisberufes in der Oberstufe

K.-D.N.: Wie geht es in der Oberstufe weiter, wann fangen berufsspezifische Kurse an?

R. Wittenfeld: Mit Beginn der 11. Klasse nutzen wir alles, was die Schüler bis dahin erlernt haben, und versuchen, für jede Schülerin und jeden Schüler eine Spezialisierungsmöglichkeit einzurichten, damit sie einen Basisberuf erlernen können. Diese Ausbildung wird am Ende der 12. Klasse mit einer Prüfung in einem Handwerk abgeschlossen. Die Schüler durchlaufen also eine zweijährige handwerkliche Bildung.

Natürlich kann man sich fragen, ob es sinnvoll ist, Handwerke zu unterrichten, die gesellschaftlich eigentlich nicht mehr gefragt sind. Warum bietet die Hiberniaschule keine Dienstleistungs-, Buchhaltungs- oder EDV-Berufe an? Darüber haben wir uns lange Gedanken gemacht. Eine Idee, die dahinter steckt, daß wir in traditionellen Handwerken ausbilden, ist die, daß Lernzusammenhänge erst dann wirklich sinnvoll sind, wenn derjenige, der eine Tätigkeit ausübt, dafür auch die Verantwortung trägt. Jemand hat nur dann ein Erfolgserlebnis und Lust, etwas zu tun, wenn sein Produkt hinterher auch gebraucht wird. Wenn jemand dagegen eine Tätigkeit ausüben muß, die hinterher so intensiv nachgeprüft wird, daß man sie eigentlich gar nicht hätte leisten müssen, z.B. eine Gehaltsabrechnung für einen Betrieb, dann macht das nicht sehr viel Sinn. So etwas kann man noch nicht in die Verantwortung der Schüler geben. Ein wichtiges Kriterium unserer praktischen Bildung ist es also, daß wir nur Dinge vermitteln, die in einem großen Maße von den einzelnen Schülerinnen und

Schülern selbst verantwortet werden können. Und das führt zu eher handwerklich ausgeprägten Berufen.

K.-D.N.: Und dann machen sie also eine Gesellenprüfung?

R. Wittenfeld: Sie absolvieren eine Prüfung, die von uns gestaltet und verantwortet wird. Sie ist der Gesellenprüfung gleichwertig, aber nicht gleichartig. Sie wird als Gesellenprüfung anerkannt. Wir haben aber für die Gesellenprüfung noch Bereiche belassen, die in vielen Berufen schon herausgenommen worden sind, z.B. planerische und gestalterische Aufgaben. Wir versuchen, den ganzheitlichen Aspekt mit in die Prüfung hineinzunehmen. Wir sind auch der Auffassung, daß ein Schüler in der Prüfung noch etwas lernen kann, z.B. indem er etwas bearbeitet, was er noch nicht perfekt beherrscht, so daß er seine Fähigkeiten auch innerhalb des Prüfungsprozesses daran weiterentwickeln kann. Der Entwicklungsgedanke zieht sich also bis in die Prüfung hinein, und es geht nicht darum, ein fertiges Raster gelernt zu haben, an welches sich dann eine Prüfung anschließt. Unsere Prüfung ist weniger standardisiert, und wir legen mehr Wert auf individuelle Prüfungsstücke.

K.-D.N.: Und diese Abschlußprüfung macht jeder Schüler, auch diejenigen, die das Abitur anstreben?

R. Wittenfeld: Ja, ein beruflicher Abschluß ist für alle unsere Schülerinnen und Schüler verbindlich. Es ist auch die Voraussetzung für unser Abitur, daß man einen beruflichen Abschluß hat.

Berufsausbildung und Sozialpraktikum sind Voraussetzungen für das Studienkolleg

K.-D.N.: Wie geht es dann in der 13. und 14. Klasse weiter?

R. Wittenfeld: Das ist die Kollegstufe, für die sich die Schüler anmelden müssen und in der man die allgemeine Hochschulreife absolvieren kann. In dieser Kollegstufe übernehmen wir natürlich auch die Konzeption der Waldorfschule, also Epochenunterricht usw. Allerdings kämpfen wir zur Zeit um einen Modus, wie man in diesen beiden Jahren auch praktische Bildung weiterführen kann. Natürlich muß man hier einen ganz anderen Maßstab anlegen, denn wir haben bereits qualifizierte Menschen vor uns – schließlich haben sie eine Berufsausbildung –, die tätig werden könnten. Unsere Idee ist es, daß die Schüler jetzt nicht weitere praktische Tätigkeiten erlernen sollten, sondern sie eigentlich Gelegenheit bekommen müßten, ihre Fähigkeiten anzuwenden. Eine Möglichkeit, die auch verbindlich ist, gibt es dazu bei uns: Jeder, der in unser Studienkolleg aufgenommen werden will, muß ein fünf- bis sechswöchiges Sozialpraktikum leisten. Dadurch kommen die jungen Menschen in die Situation, ihre erworbenen Fähigkeiten anwenden zu können. Die Kollegstufe schließt in der 14. Klasse mit dem Abitur. Die Abiturprüfung nehmen wir im Verbund mit Vertretern der zuständigen Kultusbehörde selbst ab. Es gibt auch die Möglichkeit, in einem Jahr – also am Ende der 13. Klasse – die Fachhochschulreife zu erwerben.

K.-D.N.: Ist die Hiberniaschule eine Ganztagsschule?

T. Trautmann: Die Hiberniaschule entwickelt sich von der 7. Klasse an immer mehr zu einer Ganztagsschule. In der 7. Klasse sind die Schüler ein halbes Jahr bis 15.00 Uhr in der Schule, in der 8. und 9. Klasse das ganze Jahr über. Und ab der 11. Klasse bis 16.30 Uhr. Eine Ganztagsschule bringt sehr viele Vorteile, denn man hat ganz andere gemeinsame Erfahrungsbereiche.

K.-D.N.: Wie ist es in der 13. und 14. Klasse?

R. Wittenfeld: In diesen Klassen endet der Schulbetrieb mittags.

Ständige Entwicklung als fester Bestandteil des Modells

K.-D.N.: Ist das Modell der Hiberniaschule auch Wandlungen unterworfen?

R. Wittenfeld: Die ständige Entwicklung muß sogar fester Bestandteil dieses Modells sein. Ich selbst bin jetzt im 13. Jahr an dieser Schule tätig, und ich habe den Eindruck, daß dieser riesige Komplex nur dann funktioniert, wenn alle Beteiligten bereit sind, ständig an sich zu arbeiten und Dinge zu ändern. Das bedeutet, daß das, was wir jetzt in diesem Interview besprochen haben, in einiger Zeit schon wieder ganz anders sein kann. Die Hiberniaschule ist für mich so lange Hiberniaschule, wie sie in der Lage ist, immer wieder neu aussehen zu können.

Damit kommen wir auch zum Anfang unseres Gespräches zurück, denn daran wird deutlich, daß man das Modell Hiberniaschule nicht einfach auf eine andere Schule übertragen kann, außer indem man sagt: Das Ständige ist der Wandel.

T. Trautmann: Der Modellversuch Hiberniaschule hat in den 70er Jahren mehr oder weniger festgeschrieben, was Hiberniaschule zu sein habe. Aus dieser Zeit gibt es immer noch Bücher und Bilder, die diese damalige Phase tradieren. So gibt es natürlich noch vieles, das in der damaligen Zeit entstanden ist und das heute immer noch durchgeführt wird. Man muß deshalb genau unterscheiden lernen, was einerseits Tradition oder Gewohnheit ist, was andererseits aber Urbild sein kann.

Die Markus-Stiftung

Peter Brodersen*

1. Übersicht

Goetheanistischer Bildungsorganismus

Eine freiheitliche Ordnung von Kultur, Staat und Wirtschaft

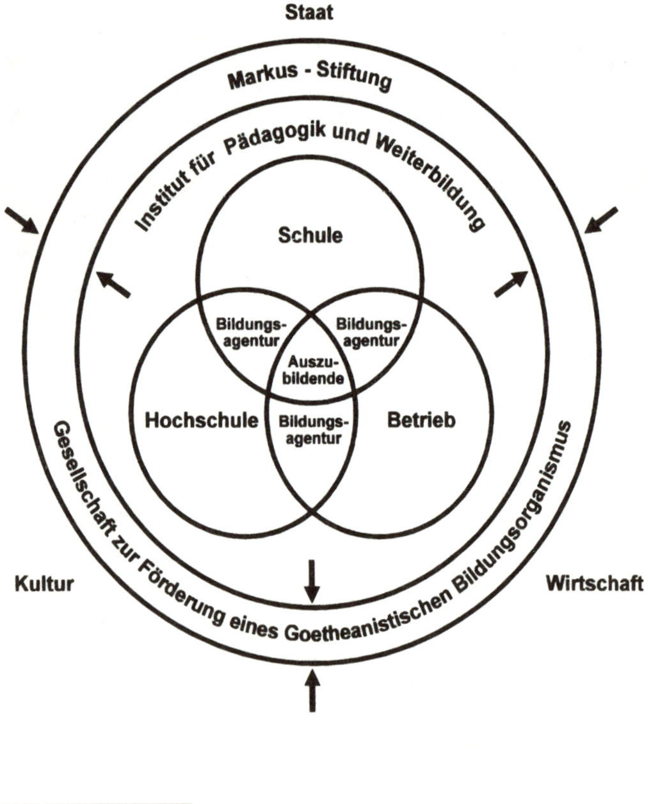

* Peter Brodersen ist Oberstufenlehrer an der Freien Waldorfschule Flensburg.

2. Zielsetzung

Die *Markus-Stiftung* ist eine gemeinnützige *Gesellschaft zur Förderung eines Goetheanistischen Bildungsorganismus*, in dem durch Kooperation von Schulen, Hochschulen und Betrieben freie Kapazitäten im Verbund wirksam werden. Durch diesen Verbund wird eine Hülle geschaffen, in der Auszubildende neue Wege der Berufsbildung und des Studiums gehen können. Auf diesen Wegen soll die Entfaltung der Persönlichkeit in der polaren Spannung von Selbstverwirklichung und Übernahme sozialer und konvivialer Verantwortung ermöglicht werden.

Mit der *Bildungsagentur* und dem *Institut für Goetheanismus in Pädagogik und Weiterbildung* übernimmt die Markus-Stiftung eine Vermittlung zwischen alter und junger Generation, ähnlich wie die Plazenta die Inversion zwischen dem Mütterlichen und dem Kindlichen vollzieht.

Innerhalb des Goetheanistischen Bildungsorganismus wird eine freiheitliche Ordnung von Kultur, Staat und Wirtschaft angestrebt, so daß diese drei Glieder in der Natur und im Sozialen in einer solchen inneren Vernunft wirken, wie im menschlichen Organismus das Nerven-Sinnessystem, das Herz-Lungensystem und das Stoffwechselsystem als Dreiheit eine harmonische Synthese bilden.

Das Institut für Goetheanismus in Pädagogik und Weiterbildung, die Bildungsagentur und die *Lazarus-Projektgruppe Nord* sind Organe der Markus-Stiftung, welche dem Freiheitsprinzip entsprechen wollen und dieses Freiheitsprinzip zugleich fördern.

3. Institut für Goetheanismus in Pädagogik und Weiterbildung

Zur Schaffung eines Bildungsorganismus

- *erzeugt* das Institut die Leitideen auf der Grundlage des Goetheanismus und der von Rudolf Steiner daraus entwickelten „Philosophie der Freiheit", welche als Wurzel der Anthroposophie angesehen werden kann;
- *erarbeitet* das Institut geeignete Organisationsformen, die den Kooperationsverbund von Schulen, Hochschulen und Betrieben in die Lage versetzt, für die Auszubildenden eine Hülle abzugeben, in der diese sich selbständig und frei entwickeln können;
- *entwickelt* das Institut Konzepte zur Übernahme des Goetheanismus in bestehende Aus- und Weiterbildungsgänge an Schulen, Hochschulen und in Betrieben.

In diesem Zusammenhang organisiert das Institut Seminare, Workshops, Fachtagungen; es betreibt praxisorientierte Forschung für öffentliche und private Institutionen; es entwickelt Modellversuche; sucht und pflegt die Zusammenarbeit mit Personen und Einrichtungen, die eine ähnliche Zielsetzung verfolgen.

4. Die Bildungsagentur

Die Bildungsagentur *vermittelt* zwischen den Organen des Bildungsorganismus und den Auszubildenden, indem das Freiheitsprinzip durch die ältere Generation vorgelebt und von der jüngeren Generation nachgeahmt, aufgegriffen und verwirklicht wird. Eine große Rolle spielt dabei das selbständige Lernen, welches sowohl individuell als auch gesellschaftlich der zeitgemäße Weg der Selbstentwicklung ist. Goetheanistisch ist die Struktur des Lernens durch die Polaritäten von Erkennen und Handeln, von Individualität und Universalität und von Tradition und Innovation bestimmbar, die durch die integrative Kraft der Person selbständig und immer wieder neu zu einem Ganzen gesteigert werden müssen. Durch diese integrative Fähigkeit verwirklicht sich die Person im Einklang mit der Natur und entwickelt sich selbst.

Für die Organisation des Lernens folgt daraus der kontinuierliche Wechselbezug von Theorie und Praxis, von Studieren und Arbeiten, von Einzel- und Gruppenlernen. So wird die Praxis als notwendiges und eigenständiges Lernfeld verstanden, wird ein ganzheitliches Lernen durch Integration von Praxis (und nicht Subordination als „angewandte Theorie") zu erreichen versucht. Deshalb ist beruflich-betriebliche Arbeit des Studierenden integraler Bestandteil des Studiums. Durch das regelmäßige „Umsetzen" des studienmäßig Gelernten am Arbeitsplatz und des praktisch Gelernten ins Studium wird die Fähigkeit der *Selbstqualifikation* als Kern beruflicher Kompetenz ausgebildet. In diesem Kontext soll das Studium so weitgehend wie möglich individualisiert, d.h. an die biographischen Besonderheiten der einzelnen Studierenden angepaßt werden.

Zu diesem wechselseitigen Transfer gehört auch die Tätigkeit des Studierenden als *Multiplikator:* Er qualifiziert sich stellvertretend, um das Gelernte an seine Arbeitsgruppe in seinem Betrieb weiterzugeben und greift Probleme und Fragestellungen von dort auf, um das Lernen in seiner Studiengruppe zu konkretisieren (Fallstudien, Projektmethode etc.). Studieren ist damit zugleich Ausbildung als Multiplikator und Moderator für beruflich-betriebliche Lernprozesse.

Die biographische Natur eines solchen Studierens erfordert ein ausführliches Beratungsgespräch am Anfang und eine kontinuierliche Begleitung des Studierenden während seiner Ausbildung.

Diese Aufgaben übernimmt die Bildungsagentur. Sie entwickelt individuelle Wege des Studiums und der Berufsausbildung, welche die Entfaltung der Persönlichkeit in der polaren Spannung von Selbstverwirklichung und Übernahme sozialer und konvivialer Verantwortung ermöglichen soll.

5. Lazarus-Projektgruppe Nord

Die Lazarus-Projektgruppe Nord ist eine unabhängige offene Werkstatt für aktive Jugendliche, die sich selber organisieren und qualifizieren wollen. Sie befassen sich mit der Wissenschaft und Technik des Entwurfs, der Herstellung und des Gebrauchs goetheanistischer Darstellungen, wozu auch die Werbung und der Vertrieb zählen.

Mit der Produktion und dem Vertrieb goetheanistischer Darstellungen, welche Wechselbeziehungen zwischen Mensch, Umwelt und Technik ins Bewußtsein der Menschen heben und dabei auf die interdisziplinäre Behandlung aufmerksam machen wollen, bildet sich ein Zweckbetrieb der Markus-Stiftung. Damit lernen die Jugendlichen, die Bedürfnisse anderer aus den Erträgnissen ihrer Leistungen zu befriedigen. Sie sind im wahrsten Sinne des Wortes gemeinnützig tätig.

Ein erstes Projekt wurde mit der Tagung „Umdenken – Umschwenken“ im November 1993 in Flensburg ins Leben gerufen. Der große Erfolg dieser Tagung ist der *Selbstorganisation* und *Selbstqualifikation* junger Menschen zu verdanken, die sich dafür eingesetzt haben, daß die Notwendigkeit eines „Umdenkens – Umschwenkens“ der Stellung des Menschen in der Natur ins Bewußtsein der Teilnehmer gelangen konnte.

Weitere Tätigkeitsfelder werden sein:

a) Gestaltung und Planung von Werbung und Öffentlichkeitsarbeit unter Einbeziehung des Goetheanismus für die gesellschaftlichen Interaktionsbereiche Kultur, Staat und Wirtschaft;

b) Gestaltung und Planung von didaktischen Lehrmitteln, welche zu einer Überwindung der Entfremdung von Mensch und Natur beitragen, und zwar für die institutionellen Bereiche Vorschule, Schule, Hochschule, berufliche Bildung, Erwachsenenbildung und Museen;

c) Gestaltung und Planung von goetheanistischen Orientierungshilfen für die Bereiche und Funktionen: betriebliche Organisation, Verkehrsplanung, Stadt- und Regionalplanung, Objektplanung.

6. Die Markus-Stiftung – Geschichte und Struktur

Geschichte:

25.02.1992: Gründung der Flensburger Bildungskonferenz mit Teilnehmern aus Schulen, Hochschulen und Betrieben (16 Konferenzen wurden bisher durchgeführt).

21.11.–27.11.1993: Tagung, „Umdenken – Umschwenken. Goetheanismus – Brücke zwischen Mensch und Welt an der Schwelle zum 3. Jahrtausend", unter der Schirmherrschaft von Dr. Hildegard Hamm-Brücher.

Pfingsten 1994: Beginn der Zusammenarbeit mit Prof. Dr. Peter Schneider von der Universität-Gesamthochschule Paderborn. Entwicklung eines Konzeptes für eine Stiftung zur Förderung des Goetheanismus in Pädagogik und Berufsbildung. Weiterreichung des Konzeptes an die Industrie- und Handelskammer zu Flensburg.

September 1994: Präsentation der Markus-Stiftung als Idee während der Fachtagung „Arbeiten und Lernen" in Paderborn.

Herbst 1994: Gründung der Lazarus-Projektgruppe Nord.

November 1994: Kolloquium mit Wissenschaftlern in Paderborn; Darstellung der Markus-Stiftung.

Januar 1995: Gründung der Markus-Stiftung GmbH.

23.02.–25.02.1995: 1. Arbeitskolloquium mit Prof. Dr. Peter Schneider in Flensburg zur Schaffung eines Bildungsorganismus.

25.02.1995: Feierliche Begründung der Markus-Stiftung mit Grußworten vom Stadtpräsidenten, Bundestagsabgeordneten und dem Deutschen Gewerkschaftsbund.

29.09.–01.10.1995: 2. Arbeitskolloquium mit Prof. Dr. Peter Schneider zur Schaffung eines Bildungsorganismus.

Struktur:

Die Markus-Stiftung ist eine gemeinnützige Gesellschaft mit beschränkter Haftung. Rechtsorgane der Gesellschaft sind die Geschäftsführer, die Gesellschafterversammlung, das Kuratorium.

7. Abschluß

Die Markus-Stiftung will zur Kompatibilität von Mensch und Natur beitragen aus der erkenntnismäßigen Vermittlung zwischen dem Geistigen im Menschenwesen und dem Geistigen im Weltenall, und zwar ganz im Sinne von Johann Wolfgang von Goethe.

Johannes Rogalla von Bieberstein
Die These von der Verschwörung 1776–1945
Philosophen, Freimaurer, Juden, Liberale und Sozialisten als Verschwörer gegen die Sozialordnung
216 S., kt. DM 33,00 / ISBN 3-926841-36-2

Jimmy Carter
Frieden schaffen im Gespräch
Ein Impuls für die nächste Generation
Jan. 1996, ca. 200 S., kt. DM 32,00
ISBN 3-926841-71-0

Carola Cutomo
Medialität, Besessenheit, Wahnsinn
188 S., kt. DM 19,80 / ISBN 3-926841-19-2

Klaus Engels
Destruktive Kulte im Spannungsfeld von Kirche und Gesellschaft
212 S., kt. DM 28,00 / ISBN 3-926841-46-X

Hans-Diedrich Fuhlendorf
Rückkehr zum Paradies oder Erbauen des Neuen Jerusalem?
Geschichtsbetrachtungen in apokalyptischer Zeit
352 S., kt. DM 39,00 / ISBN 3-926841-37-0

Wolfgang Gädeke
Anthroposophie und die Fortbildung der Religion
448 S., Ln. DM 48,00 / ISBN 3-926841-23-0
kt. DM 36,00 / ISBN 3-926841-24-9

Dieter Hornemann
Geheimnisvolles Afrika
Anthroposophische Arbeit im Urwald
102 S., 32 farb. Abb., kt. DM 26,00
ISBN 3-926841-60-5

Johannes Kiersch
Fragen an die Waldorfschule
148 S., kt. DM 19,80 / ISBN 3-926841-33-8

Peter Krause
Das Judasproblem
Von den spirituellen Hintergründen der Gewalt
128 S., kt. DM 19,80 / ISBN 3-926841-38-9

Peter Krause
Feuer in Tschernobyl
Die Ukraine nach dem SuperGAU
168 S., 37 farb. Abb., kt. DM 28,00
ISBN 3-926841-58-3

Anschrift, Abo- und Bezugsbedingungen siehe Impressum, 2. Umschlagseite.
Alle Titel auch im Buchhandel erhältlich.
Preisänderungen vorbehalten.

Peter Krause, Faustus Falkenhahn (Hg.)
Einsam – gemeinsam
Jugend im Gespräch
192 S., kt. DM 22,80 / ISBN 3-926841-43-5

Ernst-Martin Krauss
Holzwege, Steinwege ...
Erlebnisse mit Elementarwesen
92 S., Großformat, 13 farb. Abb., geb. DM 56,00
ISBN 3-926841-35-4

Jukka Kuoppamäki
Einsam – gemeinsam
Jugendliche singen Lieder mit Jukka Kuoppamäki
Musikkassette, DM 22,00

Andreas Meyer (Hg.)
Seele und Geist
Ansätze zu einer spirituellen Seelentherapie
160 S., kt. DM 26,00 / ISBN 3-926841-47-8

Heinz Schimmel (Hg.)
Tanz der Seelen
Der Tod als Verwandler der Seele. Die Totentanzdichtung von Joachim Fernau und ihre eurythmische Darstellung
108 S., 14 farb. Abb., kt. DM 25,00
ISBN 3-926841-53-2

FH 11
Über Tod und Sterben
3. Aufl., 264 S., kt. DM 24,80
ISBN 3-926841-11-7

FH 13
Hexen, New Age, Okkultismus
3. Aufl., 196 S., kt. DM 19,80
ISBN 3-926841-08-7

FH 14
Erneuerung der Religion
Die Christengemeinschaft, Sakramente, Kirche und Kultus
4. Aufl., 184 S., kt. DM 16,80
ISBN 3-926841-07-9

FH 15
Waldorfschule und Anthroposophie
3. Aufl., 132 S., kt. DM 9,80
ISBN 3-926841-00-1

FH 16
Kulturvergiftung: Rauschgift, Sucht und Therapie
2. Aufl., 228 S., kt. DM 16,80
ISBN 3-926841-21-4

FH 17
Kulturvergiftung: Alkohol
2. Aufl., 160 S., kt. DM 16,80
ISBN 3-926841-34-6

FH 18
Biologisch-dynamische Landwirtschaft, Ökologie, Ernährung
2. Aufl., 184 S., kt. DM 19,80
ISBN 3-926841-03-6

FH 19
Musik
2. Aufl., 184 S., kt. DM 16,80
ISBN 3-926841-06-0

FH 20
Sexualität, Aids, Prostitution
2. Aufl., 170 S., kt. DM 14,80
ISBN 3-926841-09-5

FH 21
Aids
164 S., kt. DM 14,80 / ISBN 3-926841-10-9

FH 22
Erkenntnis und Religion
Zum Verhältnis von Anthroposophischer Gesellschaft und Christengemeinschaft
132 S., kt. DM 14,80 / ISBN 3-926841-13-3

FH 23
Engel
2. Aufl., 172 S., 9 farb. Abb., kt. DM 19,80
ISBN 3-926841-15-X

FH 24
Direkte Demokratie / 1789–1989
240 S., kt. DM 14,80 / ISBN 3-926841-16-8

FH 25
Rechtsleben und soziale Zukunftsimpulse
Von der Dreigliederungsidee Rudolf Steiners zur Volksgesetzgebung
244 S., kt. DM 16,80 / ISBN 3-926841-17-6

FH 26
Michael
Januskopf Bundesrepublik
184 S., 8 farb. Abb., kt. DM 16,80
ISBN 3-926841-22-2

FH 27
Strafprozeß, Strafvollzug, Resozialisierung
224 S., kt. DM 16,80 / ISBN 3-926841-20-6

FH 28
Naturwissenschaft und Ethik
204 S., kt. DM 16,80 / ISBN 3-926841-25-7

FH 29
Freie Schule
248 S., kt. DM 19,80 / ISBN 3-926841-28-1

FH 30
Märchen
224 S., kt. DM 16,80 / ISBN 3-926841-29-X